KB266988

주식 대가의
성공 투자 비결

시장을 이긴

주식 대가의
성공 투자 비결

ⓒ 이한득, 2026

초판 1쇄 발행 2026년 1월 29일

지은이	이한득
펴낸이	이기봉
편집	좋은땅 편집팀
펴낸곳	도서출판 좋은땅
주소	서울특별시 마포구 양화로12길 26 지월드빌딩 (서교동 395-7)
전화	02)374-8616~7
팩스	02)374-8614
이메일	gworldbook@naver.com
홈페이지	www.g-world.co.kr

ISBN   979-11-388-5368-2 (03320)

주식 투자로 부자가 되고 싶은 여러분을 위한 주식 고수의 길라잡이

시장을 이긴

주식 대가의 성공 투자 비결

이한득 지음

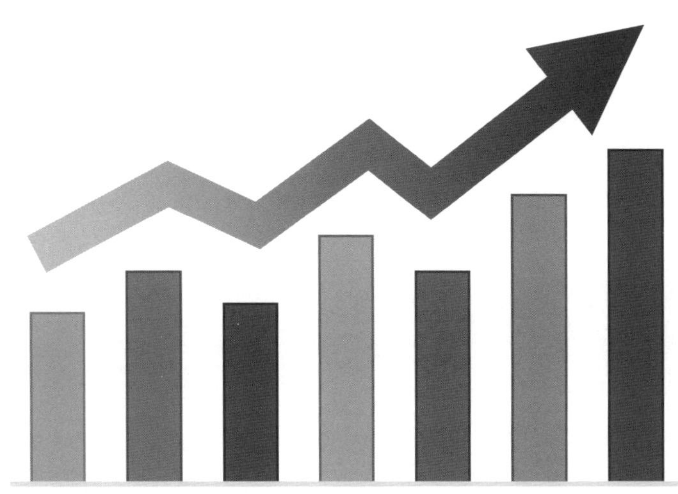

'좋은 기업'과 '좋은 주식'을 찾아 '좋은 투자' 하기

좋은땅

주식 투자 대가들의 성공 방식을 따라가 본다

"어떻게 주식 투자를 제대로 할 수 있을까?", "어떻게 주식 투자로 부자가 될 수 있을까?"

모든 주식 투자자가 해답을 알고 싶어하는 질문입니다. 이와 같은 궁금증에 대한 해답을 찾을 수 있는 실천적인 방법에 대해 생각해 보았습니다. 사람들이 주식에 투자하는 주된 목적은 부자가 되는 것입니다. 실제로 주식 투자를 통해 엄청난 부자가 된 사례들을 찾아볼 수 있습니다. 주식 투자에서 탁월한 성과를 올려 많은 재산은 물론 높은 명성을 얻은 주식 대가들의 투자 방식에 앞의 질문에 대한 해답이 숨겨져 있다고 보았습니다. 주식 대가들의 사례를 분석하여 성공 방식에 대한 해답을 찾아내는 접근 방법입니다. 주식 투자를 통해 뛰어난 성과를 거둬 부자가 된 대가들의 성공 비결을 찾아내고, 배우고, 실행한다면 주식 투자의 성공에 한층 빠르게 다가갈 수 있을 것이라고 기대했습니다.

주식 투자의 성공 방식에 관심을 가지게 된 이유는 주식 투자에서 손실을 보는 투자자들을 주변에서 많이 보았기 때문입니다. 부자가 되기 위해 주식에 투자하지만, 현실에서 주식 투자를 통해 부자가 되는 사람은 많지 않습니다. 우리나라에서 2020년 주식시장이 활황세를 보일 때에 높은 투자 수익을 기대한 많은 개인 투자자들이 주식 투자에 뛰어들었습니다. 그렇지만 2021년 중반 이후 주식시장이 하락하면서 개인 투자자들의 상당수는 손실을 경험했습니다. 금융 지식 없이 주식시장 상승에 편승하여 이익을 기대하고 주식시장에 뛰어드는 것은 마치 불나방이 밝은 빛에 정신을 빼앗겨 뜨거움에 불타 죽을 줄도 모르고 불길 속으로 뛰어드는 것과 같습니다. 최근에는 디지털 매체를 통해 가짜 전문가들이 투자 성공을 위한 유일하고 절대적인 방법을 알려 주겠다면서 준비 없이 주식 투자에 나선 개인 투자자들을 잘못된 정보로 현혹하는 경우도 많습니다.

성공적인 주식 투자는 높은 성과를 전제로 합니다. 대다수 투자자들에게 주식 투자의 최우선 목적은 이익 달성이기 때문입니다. 주식 투자를 제대로 한다면 투자 성과가 좋을 것입니다. 반대로 성과가 좋다면 투자를 제대로 했다고 평가할 수 있습니다. 투자 성과를 제대로 측정하기 위해서는 수익률과 기간을 모두 살펴봐야 합니다. 장기간 계속해서 높은 수익률을 올려야 진짜로 주식 투자를 제대로 한 것입니다. 단기적인 성공은 행운의 결과일 가능성이 높습니다. 장기간에 걸쳐 계속 뛰어난 성공을 이루었다면, 이는 분명 실력의 결과일 것입니다.

주식 대가들은 주식 투자에서 뛰어난 성공을 달성한 인물들입니다. 주식 투자의 성공 사례를 살펴보면 이례적으로 장기간에 걸쳐 주식시장을 훨씬 초과하는 높은 투자 성과를 올린 주식 투자의 대가들이 있습니다. 이들은 짧으면 십여 년, 길게는 수십 년 동안 주식시장을 능가하는 투자 성과를 거두었습니다. 이와 같은 주식 대가들의 성공은 행운이나 우연보다는 능력의 결과로 보입니다. 장기간 지속된 높은 성과는 투자 실력이 좋다는 증거입니다. 장기간의 높은 성과는 주식 대가들이 보통의 전문가들을 뛰어넘는 차별화된 특출한 통찰력이나 투자 방식을 보유하고 있음

　시장을 이긴 주식 대가의 성공 투자 비결

을 의미합니다.

　주식 대가의 대표적인 인물로 버크셔 해서웨이의 최고경영자인 워런 버핏이 꼽힙니다. 워런 버핏은 오로지 주식 투자만으로 세계 최고 부자의 반열에 올랐습니다. 워런 버핏은 60년 가까운 기간 동안 주식시장에 비해 연평균 2배에 가까운 수익률을 기록했습니다. 워런 버핏은 저평가된 주식을 찾아내서 장기간 보유하다가 주가가 적정 수준 이상으로 상승하면 매각하여 이익을 실현하는 사업 방식을 일관되게 유지했습니다. 워런 버핏의 성공 비결 중의 하나는 회계와 재무에 대한 뛰어난 지식입니다. 워런 버핏은 회계 지식에 통달했고, 재무분석과 가치평가의 달인입니다. 이와 같은 지식을 갖고 있어 회계 정보를 분석하고 기업가치를 평가하여 내재가치에 비해 시장가치가 훨씬 낮은 저평가된 기업을 찾아내서 장기간 투자할 수 있었습니다.

　주식 대가들의 성공 비결을 찾아내서 따라 할 수 있다면 주식 투자에서 성공할 확률이 높아질 것입니다. 많은 투자자들의 관심이 집중된 유명한 주식 대가들의 투자 방식은 여러 서적이나 자료들을 통해 많이 알려져 있습니다. 주식 대가들의 투자 방식을 여러 측면으로 나누어 살펴보면 알려진 부분과 그렇지 않은 부분이 있습니다. 그리고 실천하기 쉬운 부분과 그렇지 않은 부분이 있습니다. 주식 대가들의 모든 성공 비결을 완벽하게 파악하기는 불가능합니다. 성공 비결의 일부라도 파악할 수 있는 주식 대가를 찾아내서 구체적인 내용을 살펴보았습니다.

　주식 대가들의 투자 철학이나 원칙은 성공 투자를 위해 매우 중요하고, 많은 부분이 투자자들에게 어느 정도 알려져 있습니다. 하지만 주식 대가들의 투자 원칙은 심리적 요인과 관련된 고차원의 영역에 속해 있어 일반 투자자들이 알면서도 제대로 실천하지 못하는 경우가 많습니다. 일반 투자자들은 투자 원칙과 더불어 주식 대가들이 어떤 기준으로 주식에 투자하는지에 대한 구체적인 내용을 궁금해할 것으로 보았습니다. 투자 성공의 핵심은 주가 상승 가능성이 높은 종목을 선정하고 투자하는 것이기 때문입니다. 주식 대가들의 투자 방향성이나 원칙은 알면서도 막연하다고 느끼면서 실천하기 어렵다면, 투자 기준은 구체적이어서 알고 나면 활용하기가 용이합니다. 이에 따라 투자할 때 적용하는 방향이나 원칙은 물론 세부적인 종목 선정 기준을 중심으로 주식 대가들의 성공 비결을 알아보았습니다.

주식 대가들은 각자 개발한 독특한 투자 방식을 갖고 있었습니다. 주식 대가들의 세부적인 종목 선정 기준을 모두 찾아내기는 어렵습니다. 대부분의 주식 대가는 자신들의 투자 방향이나 원칙은 밝히면서도 구체적인 투자 전략과 방식은 공개하지 않기 때문입니다. 그렇지만 다행스럽게 몇몇 주식 대가들은 집필한 서적을 통해 자세하게 투자 원칙과 전략, 종목 선정 기준 등의 투자 방식을 소개했습니다. 많은 연구자들에 의해 주식 대가들의 성공 비결을 분석한 수많은 자료도 발간되었습니다. 이와 같은 서적과 자료를 통해 주식 대가들의 내적인 통찰력까지는 알아내지 못하더라도 주식 투자에 대한 접근 방식은 상당 부분 파악할 수 있습니다.

주식 대가들의 성공 비결은 투자에 관한 전문 지식이 부족한 개인 투자자들에게 상당한 도움이 될 것으로 기대됩니다. 주식 대가들의 성공 비결에 관한 공부를 통해 주식 투자에 대한 접근 방식을 합리적이고 체계적으로 개선할 수 있기를 기대합니다. 투자 대가들의 성공 비결을 실천하기 위해서는 회계와 재무 지식에 관한 공부가 필요합니다. 회계와 재무 지식을 강화하고 주식 대가의 성공 비결에 관한 공부를 기반으로 투자 원칙과 방식을 확립하고 실천해 나간다면 분명 주식 투자의 성과는 좋아질 것입니다.

성공 투자를 위해 주식 대가들의 성공 비결을 따라가 보겠습니다. 모든 투자자에게 적용될 수 있는 유일무이한 성공 방식은 찾기 어렵고, 아마 존재하지도 않을 것입니다. 자신만의 투자 방식을 만들어 가야 합니다. '투자 대가 따라하기'와 '스스로 재무 역량 강화'를 통해 자신 만의 투자 원칙을 확립하고 투자 전략을 개발하면서 주식 투자에 대한 통찰력을 얻고 모든 투자자들이 부자 되기를 기대하겠습니다.

목 차

3장

주식 대가들의 투자 접근법

4장

주식 대가에게 배우는 성공 투자의 교훈

1장

주식 대가들은 누구인가?

주식 대가는 장기간에 걸쳐 주식 투자에서 높은 성과를 거둔 투자 전문가입니다. 주식 대가들은 탁월한 성과를 통해 투자 능력을 증명했습니다. 주식 대가들의 투자 원칙과 전략, 종목 선정 기준은 성공적인 투자를 위한 검증된 접근 방식으로 볼 수 있습니다. 주식 대가의 성공 방식을 실천한다면 주식 투자에 성공할 가능성이 높아질 것입니다.

모든 분야에는 일반인이나 보통의 전문가들보다 뛰어난 대가들이 존재합니다. 주식 투자 분야에도 대가들이 있습니다. 주식 투자를 통해 장기간에 걸쳐 높은 성과를 올린 투자의 귀재들입니다. 벤저민 그레이엄, 피터 린치, 워런 버핏 등이 대표적인 인물들입니다. 주식에 관심 있는 투자자라면 한 번은 들어 보았을 이름입니다. 이들 대가는 주식 투자 분야에서 세계 최고의 전문가로 누구에게나 인정받고 있는 인물들입니다. 주식 대가들은 위대한 투자자(great investor) 또는 전설적인 투자자(legendary investor), 구루 투자자(guru Investor) 등으로 불립니다.

주식 대가들은 장기간 주식시장을 능가하는 높은 투자 성과를 통해 자신들의 능력을 증명했습니다. 주식 대가들의 뛰어난 투자 성과는 일반 투자자들에게 선망의 대상입니다. 탁월한 투자 성과는 주식 대가들의 투자 원칙과 전략에 일반 투자자들이 모르는 성공 비결이 숨겨져 있을 것이라는 신비감을 불러일으킵니다. 많은 분석가들이 투자 포트폴리오 조사, 인터뷰 등을 통해 주식 대가의 성공 비법을 찾아내기 위해 노력했습니다. 몇몇 주식 대가는 스스로 서적을 집필하여 자신들의 투자 방식을 공개했습니다.

주식 투자에서 성공할 수 있는 투자 방식을 찾아내기 위해 주식 대가들의 사례를 분석하는 것에는 분명히 한계점이 있습니다. 주식 대가들은 각자 독특한 접근 방식을 사용했기 때문에 모두에게 존재하는 공통점을 찾기가 어렵습니다. 이것은 성공 투자에는 각자에게 적합한 수많은 방법이 있음을 시사합니다. 그리고 주식 대가들의 방법을 그대로 따라 한다 해도 성공을 보장하지 못합니다. 주식 대가들이 투자했을 당시와 지금의 경제와 금융시장 환경이 상당히 다르기 때문입니다. 투자의 결과는 개인적인

능력과 더불어 금융시장 상황에 따라 달라질 수 있다는 점에 유의할 필요
가 있습니다. 따라서 주식 대가들에 대한 분석을 통해 성공 투자를 위한
유일한 절대적인 방법을 찾기를 기대하는 것은 무리입니다.

여러 한계점이 있음에도 불구하고 대가들의 투자 사례를 참고하는 것
은 유용할 것으로 보입니다. 주식 대가들의 접근 방식은 높은 성과를 통
해 이미 검증된 방법입니다. 뛰어난 투자 성과를 거둔 주식 대가들의 투
자 방식을 파악하고 성공 투자의 공통적인 요인을 찾아내서 실천한다면,
투자에 성공할 가능성은 높아질 것입니다. 주식 대가들의 투자 철학과 원
칙, 전략은 일반 투자자들에게 성공 투자를 위한 좋은 길잡이 역할을 해
줄 것입니다. 이와 같은 기대를 갖고 주식 대가들의 투자 원칙과 구체적
인 전략을 살펴보면서 일반 투자자라도 따라할 수 있는 성공 비결을 찾아
보겠습니다.

▌ 주식 대가 선정 기준과 방법

주식 투자에서 장기간 주식시장을 능가하는 높은 투자 성과 달성했고, 다수의 분석 자료에 공통적으로 대가로 꼽혔으며, 투자 원칙과 전략, 구체적인 투자 기준을 파악할 수 있는 인물을 주식 대가로 선정했습니다.

주식 대가들은 장기간에 걸쳐 높은 성과를 거둔 투자 전문가들입니다. 주식에 투자하는 사람들의 목적은 대부분 재산 증식입니다. 따라서 일반 투자자들의 주식 대가에 대한 관심의 초점은 높은 성과를 장기간 유지할 수 있었던 방법일 것입니다. 투자자들의 관심에 호응하여 투자 분야 전문가들의 성공 요인을 분석한 서적들이 많이 발간되었습니다. 단행본 서적 이외에도 주식 대가들을 소개하고, 투자 전략을 분석한 투자 전문 정기 간행물이나 언론 기사 등도 많습니다. 이와 같은 여러 자료를 참고하여 주식 대가 풀(pool)을 찾아내고, 이들 중에서 구체적인 투자 전략을 파악할 수 있는 주식 대가를 선정하였습니다.

주식 대가 풀(pool) 찾기

우선 투자 전문가들을 소개하거나 연구 분석한 다양한 서적과 자료들을 조사하여 주식 대가 풀(pool)을 구성하였습니다. 대부분의 서적은 몇몇 주식 대가를 엄선하여 분석했습니다. 언론 기사들은 특정 인물을 자세하게 소개한 자료가 많았습니다. 반면에 수십명의 투자 대가를 간략하게 소개한 자료나 서적도 있습니다. 이와 같이 다양한 자료를 조사하여 찾아낸 투자 대가는 모두 169명에 달했습니다.

주식 대가를 분석하거나 소개한 여러 서적 중에서 많은 주식 대가를 다룬 서적 2가지를 소개하겠습니다. 여러 투자 분야에서 장기간에 걸쳐 뛰어난 성과를 달성한 대가들을 분석하여 공통적인 특징을 도출하거나, 많은 주식 대가들을 간략하게 소개한 서적입니다.

『초과수익 바이블』에서 조사한 10년 이상 투자한 대가들의 연복리 수익률 추정치

이름	수익률 (운용 햇수)	이름	수익률 (운용 햇수)	이름	수익률 (운용 햇수)
리처드 데니스 [*3]	120%(19)	조지 소로스	29%(34)	루 심프슨	20.3%(24)
마이클 마커스	120%(10)	에디 램퍼트	29%(16)	월터 슐로스 [*1]	20%(49)
제프리 우드리프	118%(10)	폴 튜더 존스	26%(19)	R. C. 페리	20.8%(20)
부루스 코브너	87%(10)	스콧 램지	25.7%(11)	프렘 왓사 [*2]	20%(15)
랜디 맥케이	80%(10)	폴 라바 [*3]	25.5%(23)	톰 냅 [*1]	20%(18)
빅터 스펜렌데오	72%(19)	마틴 츠바이크	25%(19)	애드워드 소프	19.8%(29)
에드 세이코타	60%(30)	J. 로버트슨 [*4]	25%(20)	B. S. 셔먼	19.6%(20)
w. 에크하르트 [*3]	60%(13)	M. 스타인하트	24.7%(28)	D. 아인혼	19.4%(17)
길 블레이크	45%(12)	찰리 멍거 [*2]	24%(12)	스티브 클라크 [*2]	19.4%(11)
J. 그린블라트 [*2]	45%(19)	조 비딕	24%(10)	G. 마이켈리스	18.4%(15)
윌리엄 오닐	40%(25)	리즈 슈발 [*3]	23.1%(23)	빌 루안 [*1]	18%(14)
짐 루벤	40%(10)	워런 버핏 [*2]	23%(54)	글렌 그린버그	18%(25)
짐 로저스 [*4]	38%(11)	브루스 카쉬	23%(25)	잭 드레퓌스	17.7%(12)
S. 드러켄밀러	37%(12)	스탠 펄미터	23%(18)	대니얼 러브	17.6%(15)
로버트 윌슨	34%(20)	H. 사이들러 [*3]	22.8%(23)	마틴 휘트먼	17.2%(21)
제임스 시몬스	34%(24)	F. G. 파라메스	22.52%(14)	A. 밴던버그	16.6%(33)
릭 게린 [*2]	33%(19)	제리 파커 [*3]	22.2%(23)	세스 클라만	16.5%(25)
제프 비닉	32%(12)	셸비 데이비스	22%(45)	T. 로 프라이스	16%(38)
루이스 베이컨	31%(15)	마틴 테일러	22%(11)	톰 루소	15.8%(24)
데이비드 본더먼	30%(20)	S. 에이브러햄 [*3]	21.7%(19)	피터 컨딜	15.2%(33)

이름	수익률 (운용 햇수)	이름	수익률 (운용 햇수)	이름	수익률 (운용 햇수)
R. 드리하우스	30%(12)	톰 클로거스	21%(26)	존 템플턴	15%(38)
톰 생크스 *3	29.7%(22)	B. 그레이엄 *1	21%(20)	존 네프	14.8%(31)
피터 린치	29.2%(13)	앤서니 볼턴	20.3%(27)	필립 캐럿	13%(55)

주 1) 운용햇수 단위는 연(year), 수익률은 책이 발간된 2014년 기준으로 계산한 것으로 보임.

  2) 이름 옆의 * 표시는 투자 스타일을 의미. *1 정량분석가, *2 정량–정성분석가, *3 추세 추종 트레이더, *4 거시경제 투자

자료: 『초과수익 바이블』(프레더릭 반하버비크 지음), p. 20

『초과수익 바이블』(프레더릭 반하버비크 지음)에서는 투자 대가 69명의 성과를 조사했습니다.[*] 이들 대가들의 평균 투자 기간은 21년, 평균 수익률은 32%에 이르렀습니다. 일부 대가들은 상당한 차이로 시장을 능가했습니다. 투자 스타일을 정량분석가, 정량-정성분석가, 추세 추종 트레이더, 거시경제 투자 등의 4가지로 구분했습니다. 저자는 주식 대가 중에서 정량분석가와 정량-정성 분석가 스타일의 대가들을 집중적으로 분석하고, 이들 대가들의 투자 원칙과 접근 방식을 체계적으로 정리한 결과를 제시했습니다.

주식 대가를 소개한 다른 서적은 『위대한 투자자 위대한 수익률』(매그너스 안젠펠트 지음)입니다. 저자는 수익률을 기준으로 전 세계적으로 최고라고 일컬어지는 투자 전문가 99명을 선정하고, 이들 대가들의 주요 경력과 투자 철학을 간략하게 설명했습니다.[**] 이 책에 선정된 투자 대가들은 평균적으로 25년간 주식시장 전체보다 거의 12%나 높은 수익률을 기록했습니다. 저자는 대가들의 투자 전략이 개인별로 커다란 차이가 있고,

---

[*] 『초과수익 바이블』, 프레더릭 반하버비크 지음, 이건·서태준 옮김, 에프엔미디어, 2017

[**] 『위대한 투자자 위대한 수익률』, 매그너스 안젠펠트 지음, 정윤미 옮김, page2, 2022

 시장을 이긴 주식 대가의 성공 투자 비결

공통적인 특징이 많지 않음을 발견했습니다. 이에 따라 저자는 구체적인 전략보다는 대가들의 투자 원칙과 투자에 대한 접근 방식에서 배울 수 있었던 교훈을 다음과 같은 12가지 공통점으로 정리했습니다.[*]

1. 자신의 투자 리듬을 파악한다.
2. 자신의 장단점을 파악한다.
3. 잠재력이 아니라 위험을 고려한다.
4. 시장에 변화가 생기면 투자 전략을 바꿀 수 있도록 준비한다.
5. 남들에게 전해들은 정보만으로 투자 결정을 내리지 않는다.
6. 감정 때문에 판단력이 흐려지는 일이 없도록 주의한다.
7. 자신이 이해하지 못하는 것에 투자하지 않는다.
8. 절도 있게 대처하고 부지런히 일한다.
9. 평판이 좋은 기업이 아니면 거래하지 마라. 그리고 자신의 평판도 항상 잘 관리하라.
10. 시장의 효율성을 과소평가하지 마라. 그렇다고 해서 시장이 완벽할 거라고 과대평가해서도 안 된다.
11. 실수는 잘못이 아니다. 하지만 실수에서 교훈을 얻지 못하는 것은 잘못이다.
12. 세상만사가 그러하듯 투자에서도 인내심은 매우 훌륭한 덕목이다.

저자는 투자 전략에 따라 스타일을 가치 투자, 역발상 투자, 정성적 투자, 성장주 투자, 정량적 투자, 트레이더 등의 5가지로 구분하고 비중을

---

[*] 『위대한 투자자 위대한 수익률』, 44페이지

조사했습니다. 대체로 한 명의 대가는 한 가지 전략을 사용하지만, 여러 전략을 동시에 사용하는 주식 대가들도 상당히 많았습니다. 중복된 경우를 포함하여 전략별 비중을 살펴보면 가치 투자 전략을 사용하는 주식 대가 비중이 52%로 가장 많았습니다. 다음으로 역발상 투자 25%, 정성적 투자 22%, 성장주 투자 20%, 정량적 투자 13%, 트레이더 12% 등의 순서였습니다. 절반 정도가 기초적 요인을 분석하여 저평가된 주식을 찾아내고 장기 투자하는 가치 투자자였습니다. 저자의 조사에 따르면 가치 투자자들은 벤저민 그레이엄의 전통적 기본 모형을 그대로 따르기보다 자신들만의 독자적인 투자 모형을 개발하여 사용하였습니다.

조사 가능한 주식 대가 선별

많은 주식 대가 중에서 투자 전문가를 분석한 다수의 언론 기사나 서적에서 공통적으로 꼽힌 인물들을 대상으로 주식 대가를 선별하였습니다. 주식 대가들을 소개한 자료를 통해 주식 대가들의 성과는 비교적 쉽게 알 수 있었지만, 구체적인 투자 원칙과 전략, 기준을 파악하기는 쉽지 않았습니다. 원칙이나 전략 방향을 제시하더라도 세부적인 투자 기준을 밝힌 주식 대가는 많지 않았기 때문입니다.

주식 대가들이 직접 출간한 서적 또는 다른 연구자들의 분석 자료를 통해 투자 원칙 및 전략과 더불어 구체적인 투자 기준을 모두 파악할 수 있는 주식 대가로 심층 조사의 범위를 제한했습니다. 투자 원칙과 전략은 파악할 수 있더라도 구체적인 종목 선정 기준을 알 수 없는 주식 대가들

 시장을 이긴 주식 대가의 성공 투자 비결

은 제외했습니다. 주식 대가의 방식을 실제 투자에 적용해 볼 수 있기 위해서는 구체적인 투자 기준을 알아야 하기 때문입니다.

다행스럽게도 일부 주식 대가들은 직접 저술한 서적에 자신의 투자 원칙과 전략을 자세하게 밝혀 놓았습니다. 몇몇 주식 대가들은 집필한 저서를 통해 자신들의 투자할 때에 적용하는 세부적인 투자 기준까지도 공개했습니다. 주식 대가가 직접 밝히지는 않았지만, 다른 연구자들의 분석을 통해 투자 기준을 파악할 수 있는 경우도 있었습니다. 이와 같이 구체적인 투자 전략과 세부적인 투자 기준에 관해 조사가 가능한 주식 대가를 선정하여 조사하였습니다.

[핵심 정리] 주식 대가 선정 기준

① 장기간 주식시장을 능가하는 높은 투자 성과 달성
② 다수의 분석 자료에 공통적으로 대가로 꼽힌 인물
③ 투자 원칙과 전략, 구체적인 투자 기준 파악 가능
④ 주식을 중심으로 투자하여 성공한 투자 전문가

투자 대가들의 투자 대상은 광범위했습니다. 주식뿐만 아니라 채권, 파생상품, 원자재 등과 같은 다양한 상품에 투자했습니다. 그 중에서 주로 주식에 투자하여 성공한 대가들을 중심으로 투자 방식을 파악했습니다. 주식이 다른 투자 대상에 비해 구조가 단순하면서 보편적인 투자 상품이라서 투자 기준을 명확하게 파악하기 쉽기 때문입니다. 수많은 주식들이 거래되고 있어 주식 대가들의 성공 투자 방식을 실제 적용하기도 용이합니다. 주식 투자는 주로 재무 지식을 통한 가치 평가와 회계 지식을 통한 기업 분석을 바탕으로 결정됩니다. 기본적인 재무와 회계 지식을 갖춘 투자자라면 투자 대가들의 접근 방식을 쉽게 이해하고 따라 할 수 있을 것입니다.

▎ 선정된 주식 대가들

여러 자료 조사를 통해 세부적인 투자 기준을 파악할 수 있는 13명의 주식 대가들을 선정했습니다. 주식 대가들은 대부분 투자 관련 업무를 직업으로 가진 투자 전문가였습니다.

주식 대가들이 직접 집필한 저서를 우선해서 살펴보고, 다른 분석가들이 작성한 여러 자료를 추가로 검토하여 투자 원칙과 전략, 그리고 종목 선정 기준을 구체적으로 파악할 수 있는 13명의 주식 대가들을 선정하였습니다. 선정된 주식 대가에는 주식 투자 분야에서 명성이 높은 유명 인물들이 많이 포함되어 있습니다. 1983년 출생하여 90세가 넘는 고령에도 불구하고 지금까지 높은 투자 성과를 유지하고 있는 워런 버핏이 대표적인 주식 대가라고 할 수 있습니다.

주식 대가들은 대부분 주식 투자를 직업으로 하는 투자 전문가였습니다. 주식 대가들의 상당수는 투자회사를 설립하여 고객의 자산을 맡아 운용하였습니다. 펀드매니저로 투자회사에 고용되어 고객 자산을 운용한 주식 대가도 있었습니다. 회계나 재무 분야의 교수도 있습니다. 예를 들면 벤저민 그레이엄과 마틴 츠바이크는 전문 투자자와 교수 경력을 병행했습니다. 조셉 피오트로스키는 대학 교수로 회계학을 강의하는 순수한 학자임에도 불구하고 연구 논문의 결과가 전파되고, 주식 투자 전략에 응용되면서 주식 대가로 선정된 특이한 경우입니다.

주식 대가들은 각자의 투자 스타일에 따라 차별적인 특징이 부각되는 별칭을 갖고 있습니다. 예를 들면 워런 버핏은 '가치투자의 대가'로 알려져 있습니다. 많은 투자자들이 칭송하는 별칭이 있다는 자체가 투자 성과가 탁월했음을 의미합니다. 별칭이 붙여진 이유는 개별 주식 대가들의 투자 전략을 살펴보면 알 수 있습니다.

투자 대가 명단

투자 대가	투자의 차별성을 나타내는 별칭
벤저민 그레이엄(Benjamin Graham)	가치투자의 창시자, 보수적 가치 투자자
워런 버핏(Warren Buffett)	가치투자의 대가
피터 린치(Peter Lynch)	공격적 가치 투자자
존 네프(John Neff)	소외주 발굴 가치 투자자
필립 피셔(Philip Fisher)	성장 투자의 창시자
티 로우 프라이스(Thomas Rowe Price)	성장 투자의 아버지
마틴 츠바이크(Martin Zweig)	보수적 성장 투자자
조엘 그린블라트(Joel Greenblatt)	마법공식 개발자
윌리엄 오닐(William O'Neil)	기본적 분석과 기술적 분석의 달인
케네스 피셔(Kenneth Fisher)	PSR 지표로 슈퍼스톡을 찾아내는 투자 전문가
데이비드 드레먼(David Dreman)	역발상 투자의 창시자
제임스 오쇼너시(James O'Shaughnessy)	열정적 계량 분석가
조셉 피오트로스키(Joseph Piotroski)	학술 연구로 고수익 투자 비법을 개발한 학자

주: 투자 대가 선정을 위해 검토한 자료는 〈부록 1〉 참고 자료 참조

▋ 주식 대가들의 성적표

주식 대가들은 높은 투자 성과를 올렸습니다. 개인별로 다소 차이는 있지만 평균적으로 수십 년 동안 주식시장 전체에 비해 2배 이상의 수익률을 기록했습니다.

일반 투자자들이 주식 대가들을 선망의 눈빛으로 바라보는 가장 큰 이유는 경이로운 투자 성과 때문입니다. 주식 대가들은 장기간에 걸쳐 주식시장 평균을 훨씬 능가하는 높은 성과를 거두었습니다. 이들 주식 대가들은 적게는 10여 년, 많으면 50년 이상 주식에 투자하면서 주식시장을 월등하게 초과하는 투자 수익률을 올렸습니다. 워런 버핏은 1965년 이후 반세기가 넘는 기간에 걸쳐 주식시장의 2배에 육박하는 투자수익률을 기록하면서 주식투자만으로 세계 최고 부자의 반열에 올랐습니다.

아래 그림은 앞에서 소개한『초과수익 바이블』에 있는 일부 투자 대가들의 운용 기간과 초과수익률을 그린 그래프입니다. 선정된 13명 이외에도 많은 투자 대가들의 성과가 나타나 있습니다. 워런 버핏은 누구보다도 장기간 시장을 초과하는 수익률을 올렸습니다. 다만 초과수익률의 크기는 다른 투자 대가들에 비해 상대적으로 월등하게 높지는 않았습니다. 조엘 그린블라트는 월등하게 높은 초과수익률을 올렸지만 투자 기간은 다른 투자 대가들에 비해 길지 않았습니다. 조지 소로스와 짐 로저스는 주로 선물, 채권, 외환, 원자재 등에 대한 투자를 통해 뛰어난 성과를 거두었습니다.

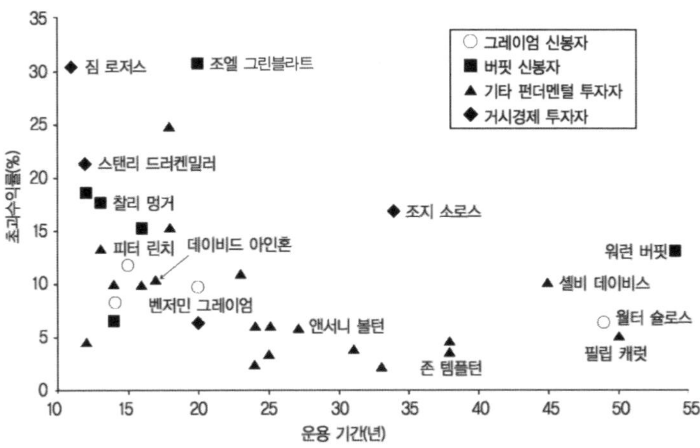

자료: 『초과수익 바이블』, p. 24 수정 인용

구체적인 투자 기준을 파악할 수 있는 주식 대가 13명의 성과는 뛰어났습니다. 이들 대가들의 평균 투자 수익률은 21.5%에 달했습니다. 같은 투자 기간의 시장수익률 10.2%에 비해 2배 이상 높은 수준입니다. 더욱 놀라운 점은 투자 기간입니다. 주식 대가들의 자산 운용 기간은 평균 30.4년에 이르렀습니다. 적게는 13년부터 많게는 69년 동안 투자 활동에 참여했습니다. 2024년 현재에도 현역으로 활동하고 있는 워런 버핏은 1965년부터 2024년까지 무려 60년 동안 연평균 19.9%의 수익률을 올렸습니다. 이는 같은 기간 동안 주식시장 전체의 수익률인 10.4%의 2배에 가까운 수준입니다.

투자 대가들의 투자 성과

투자 대가	투자 기간	투자수익률	시장수익률	초과수익률
벤저민 그레이엄	21년(1936~1956)	20.0%	12.2%	+7.8%p
워런 버핏	60년(1965~2024)	19.9%	10.4%	+9.5%p
피터 린치	14년(1977~1990)	29.2%	15.8%	+13.4%p
존 네프	32년(1964~1995)	13.7%	10.6%	+3.1%p
필립 피셔	69년(1931~1999)	24%	7.3%	+16.7%p
티 로우 프라이스	40년(1934~1974)	15%(13.4%)	8%(4.7%)	+7%p(+8.7%)
마틴 츠바이크	23년(1984~2007)	16%	10%	+6%p
조엘 그린블라트	21년(1985~2005)	40%	11.2%	+28.8%p
윌리엄 오닐	25년(1963~1988)	40%	5.4%	+34.6%p
케네스 피셔	18년(1979~1997)	10%	6%	+4%p
데이비드 드레먼	42년(1977~2018)	15.2%	9.0%	+6.2%p
제임스 오쇼너시	13년(2007~2021)	12.5%	8.8%	+3.7%p
조셉 피오트로스키	21년(1976~1996)	23.9%	18%	+5.9%p

자료: 〈부록 2〉 투자 대가들의 투자 성과 출처 자료와 참고 사항

투자 전문가라도 대부분 주식 투자를 통해 시장보다 높은 수익률을 올리지 못하고 있습니다. S&P의 분석 결과에 따르면 미국 주식시장에서 지난 10년 동안 시장보다 좋은 투자 성과를 달성한 주식형 펀드의 비중은 10%에 미치지 못합니다. 10년 이상 장기간 운용된 펀드 중에서 시장을 능가하는 투자 성과를 올린 펀드는 10개 중에서 1개 정도에 불과했습니다.

투자 기간이 길어질수록 시장을 초과하는 성과를 올린 펀드의 비중은 줄어듭니다. 미국 국내 주식형 펀드 중에서 시장을 능가한 투자 성과를 거둔 펀드의 비중은 투자 기간이 1년인 경우 39.0%에서 투자 기간이 10년인 경우에는 13.3%로 감소합니다. 시장을 능가한 글로벌 주식형 펀드들도 투자 기간이 1년인 경우 29.6%에서 투자기간이 10년이면 14.8%로 감소합니다. 장기간 운영할수록 시장 이상의 투자 성과를 지속하기가 어렵

시장을 이긴 주식 대가의 성공 투자 비결

다는 의미입니다.

미국에서 시장(벤치마크 지수)보다 낮은 성과를 보인 펀드의 비중

자산 구분	펀드 유형	비교 지수	투자 기간별 비중(%)			
			1년	3년	5년	10년
글로벌 주식	Global Funds	S&P World (USD)	76.6	92.2	86.4	87.8
	International Funds	S&P World Ex-U.S. Index (USD)	71.3	81.7	79.3	81.5
	Emerging Markets Funds	S&P/IFCI Composite	63.5	72.6	72.2	86.2
	평균		70.4	82.1	79.3	85.2
미국 주식	All Domestic	S&P Composite 1500	76.2	90.1	85.9	90.1
	All Large-Cap	S&P 500	57.1	86.1	77.3	84.7
	All Mid-Cap	S&P MidCap 400	71.8	72.8	83.2	78.8
	All Small-Cap	S&P SmallCap 600	36.5	48.8	62.7	81.3
	All Multi-Cap	S&P Composite 1500	74.3	90.8	84.6	89.2
	Large-Cap Growth	S&P 500 Growth	50.2	80.8	78.1	82.7
	Large-Cap Core	S&P 500	63.7	78.2	78.9	96.0
	Large-Cap Value	S&P 500 Value	58.1	88.6	86.3	91.3
	평균		61.0	79.5	79.6	86.7

주: 2024년 6월 30일 기준

자료: S&P Global, 〈SPIVA® Global Scorecard〉, [www.spglobal.com/spdji/en/research-insights/spiva/]

일반적으로 주식형 펀드는 주식 투자에 관한 교육을 받고 전문 지식을 갖춘 펀드매니저가 관리합니다. 대부분의 펀드매니저는 자산 관리에 대한 체계적인 시스템을 갖춘 증권사나 자산운용회사에 소속되어 펀드운용을 책임집니다. 성과가 뛰어난 펀드매니저는 독립하여 자산관리회사를 설립하여 독자적으로 고객의 자산을 관리하는 경우도 많습니다. 이와 같은 투자 전문가들도 장기적으로는 시장을 이기기 어려운 것입니다.

주식 대가들의 성과를 살펴보면 투자 수익률이 높았을 뿐만 아니라 투

자 기간도 상당히 길었다는 특징을 보입니다. 일반적인 주식형 펀드의 성과에서 알 수 있듯이 주식 운용을 통해 장기간 계속해서 이익을 얻기는 어렵습니다. 심지어 세계 최고의 투자자로 칭송받는 워런 버핏조차도 최근에 이르러서는 시장을 소폭 상회하는 수준의 성과만을 얻고 있습니다. 1980년대까지 시장보다 월등히 높았던 워런 버핏의 투자 수익률은 1990년대 들어 낮아지기 시작했고 2010년 이후에는 시장을 소폭 하회하는 성과를 보이고 있습니다. 이와 같이 높은 성과를 지속하기 어려운 투자 분야에서 주식 대가들이 장기간 시장보다 월등하게 높은 성과를 기록했다는 것은 투자 분야에 있어 남다른 탁월한 역량을 보유하고 있음을 의미합니다.

워런 버핏의 기간별 투자 성과(단위: %)

기간	1960년대 (65~69년)	1970년대 (70~79년)	1980년대 (80~89년)	1990년대 (90~99년)	2000년대 (00~10년)	2010년대 (10~19년)	2020년대 (20~24년)
워런 버핏	28.3	22.2	39.1	20.5	5.9	13.1	14.9
주식시장	5.3	5.8	17.4	18.2	−0.9	13.6	14.5
초과수익률	23.0	16.5	21.7	2.3	6.8	−0.5	0.4

자료: 〈Berkshire Hathaway, Annual Report 2024〉에 공개된 투자 성과를 사용하여 계산

모든 정보가 즉각 반영되어 주식가격이 결정된다는 효율적 시장 가설이 성립한다면 시장보다 높은 수익률을 올리기 어렵습니다. 대부분의 주식형 펀드들이 시장을 초과하지 못하는 투자 성과를 올리고 있다는 사실은 효율적 시장 가설을 지지하는 것으로 보입니다. 그렇지만 효율적 시장 가설이 언제나 성립하지는 않는 것으로 보입니다. 주식 대가들의 높은 투

　시장을 이긴 주식 대가의 성공 투자 비결

자 성과는 효율적 시장 가설의 예외적인 경우가 상당히 있음을 보여 줍니다. 주식 투자에 대한 전문 지식으로 무장하고 일관성 있게 투자 전략을 적용한다면 시장 이상의 높은 성과를 거둘 수 있음을 주식 대가들이 증명하였습니다. 이는 주식 투자를 제대로 하면 시장을 초과하는 높은 성과를 올릴 수 있는 기회가 있음을 시사합니다.

▌ 주식 대가들의 특징

주식 대가들의 구체적인 전략에는 차이가 많았지만, 주식 대가들은 재무와 회계에 대한 해박한 지식을 가지고 있었고, 장기간 일관되게 자신들의 투자 방식을 고수했다는 공통점이 있었습니다.

앞서 밝힌 바와 같이 이 책의 목적은 서적이나 연구자료 등을 통해 구체적인 투자 전략과 상세한 투자 기준을 파악할 수 있는 투자 전문가를 주식 대가로 선정하여 성공 투자 방식을 찾아보는 것입니다. 주식 대가들의 별칭에서 알 수 있는 것처럼 주식 대가들은 개인별로 고유한 차별적인 전략을 사용하였습니다. 주식 대가들은 각자 가치 투자, 성장 투자, 역발상 투자, 계량 분석 투자 등과 같이 다른 대가들과 차별화되는 전략을 일관되게 구사하였습니다. 커다란 방향에서는 가치 투자 전략을 사용하더라도 세부적으로 들여다보면 보수적 가치 투자, 공격적 가치 투자, 소외주 발굴 가치 투자 등과 같은 개인별 차이를 구분할 수 있었습니다. 따라서 하나의 성공 투자 방식을 찾지는 못했습니다.

주식 대가별로 구체적인 투자 전략에는 차이가 있었지만, 주식 투자에 대한 전반적인 접근 방식을 살펴보면 공통적인 특징이 나타납니다. 무엇보다도 주식 대가들은 자신만의 투자 원칙을 일관되게 고수하였습니다. 자신이 개발한 투자 전략과 기준을 장기간 엄격하게 준수했습니다. 자신이 개발한 전략과 기법을 적용하여 저평가된 주식을 찾아냈습니다. 주로 영업성과가 좋고 재무구조가 건실한 우량기업에 투자했습니다. 재무와 회계에 대한 해박한 지식을 기반으로 기업을 꾸준히 탐색하는 한편 경제 전반과 산업 분야에 대한 관심의 끈을 놓지 않았습니다. 항상 촉각을 곤두세우고 세상과 주변에서 돌아가는 일들을 살펴보고 투자 결정에 반영했습니다.

구체적인 투자 기준 분석을 위해 선정된 주식 대가 13명의 투자 방식과 성과에 나타나는 공통적인 특징은 다음과 같습니다. 이와 같은 특징은 많은 주식 대가 중에서 선정된 13명을 살펴보고 도출되었지만, 분석에 포함되지 않은 투자 성과가 뛰어났던 다른 주식 대가들에게도 대부분의 특징이 공통적으로 나타날 가능성이 높아 보입니다. 주식 대가별로 구체적인 투자 원칙과 세부적인 기준은 뒤에서 개인별로 자세히 살펴보겠습니다.

① 일관된 투자 철학을 장기간 유지
② 각자의 성향과 능력에 맞는 차별화된 전략 사용
③ 자산만의 투자 기준을 장기간 엄격하게 준수
④ 회계 및 재무 분야, 경제 전반에 걸친 해박한 지식 보유

⑤ 채권 또는 파생상품보다는 주식 중심으로 투자

⑥ 주로 경영성과가 좋고 재무구조가 튼튼한 기업에 투자: 낮은 부채 의
존도, 많은 이익과 높은 수익성, 풍부한 현금 흐름 등 기본이 튼튼한
회사에 집중

⑦ 수익률 제고에 못지않게 포트폴리오 다각화, 잘 아는 분야에만 집중
등 투자에 따르는 위험을 효과적으로 관리하기 위해 노력

⑧ 장기간에 걸쳐 시장보다 높은 투자 성과 달성

⑨ 서적 발간이나 언론 인터뷰, 발표회 참석 등을 통해 적극적으로 자신
의 투자 기법을 외부에 전파하고 성과를 홍보

가치투자 vs. 성장투자

가치투자는 내재가치가 시장가격보다 낮은 저평가된 주식인 가치주를 찾아내서 집중적으로 투자하는 전략입니다. 성장투자는 미래 성장 잠재력이 높아 내재가치가 커지면서 가격 상승이 기대되는 주식인 성장주에 집중 투자하는 전략입니다.

주식 투자를 통해 이익을 내는 방법은 원칙적으로 단순합니다. 낮은 가격에 사서 높은 가격에 파는 것입니다. 현재 주가는 낮지만 향후 주가가 상승하여 비싸게 팔 수 있는 주식은 크게 두 가지 경우로 나누어 생각해 볼 수 있습니다. 하나는 시장 가격이 저평가된 주식입니다. 지금은 시장에서 가치를 제대로 인정받지 못하고 있지만, 나중에 가치를 제대로 평가받으면 시장가격이 올라갈 수 있는 주식입니다. 이와 같이 내재가치에 비해 시장가격이 낮아 가격 상승 가능성이 높은 저평가된 주식을 '가치주(value stock)'라고 합니다.

다른 하나는 주가 상승 잠재력이 높은 주식입니다. 현재 가격은 낮지만, 미래에 이익 증가를 통해 내재가치가 높아지면서 주가 상승을 기대할 수 있는 주식입니다. 이와 같은 성장성이 높아 미래의 내재가치가 많이 증가할 것으로 기대되는 주식을 '성장주(growth stock)'라고 합니다.

가치주와 성장주 모두 미래에 가격이 상승할 가능성이 높은 주식입니다. 가치 투자(value investing)는 가치주, 성장 투자(growth investing)는 성장주에 집중하는 투자 전략입니다. 장기적인 관점에서 가치투자와 성장투자 모두 시장가치가 내재가치가 비해 낮아 주가 상승 가능성이 높은 주식에 투자한다는 점에서 구분이 모호한 측면이 있습니다.

가치주는 저평가 주식, 성장주는 고성장 주식

가치주는 쉽게 말해 현재 주가가 저평가된 주식입니다. 해당 기업의 펀더멘털이 반영된 내재가치보다 주식시장에서 실제 거래되는 가격이 낮을 경우 저평가되었다고 할 수 있습니다. 이익이나 현금흐름, 자산 규모 등과 같은 기업의 기초적 요인에 비해 시장에서 형성되는 주가가 낮아 RER, PBR 등과 같은 주가배수가 낮은 주식이 주로 가치주에 해당합니다. 가치주에는 양호하고 안정적인 성과를 유지하지만 성장성은 낮은 기업의 주식이 많습니다.

가치주 여부를 판단하기 위해서는 내재가치를 평가하여 시장가격과 비교해야 합니다. 기업의 내재가치는 절대적 또는 상대적 평가 방식으로 평가할 수 있습니다. 예를 들어 어떤 산업에 속한 기업들의 평균 PER가 20일 때, 잠재적 리스크 요인이 없고 성과도 산업 평균 이상을 달성한 기업의 PER가 10이라면, 주가는 저평가되어 있다고 판단할 수 있습니다. 이와 같은 기업이 현재 수준의 이익을 계속 달성하면서 시장 평균 수준의 PER를 인정받는다면 주가는 지금보다 2배 상승할 것입니다. 다만 단순히 상대적 가치가 낮다는 이유만으로 가치주라고 평가할 수는 없습니다. 기업의 펀더멘털이 취약해서 주가가 낮을 수도 있기 때문입니다. 가치주를 찾아내기 위해서는 현재 성과는 물론 내재된 위험 요인과 장기적 성장 잠재력 등을 꼼꼼하게 분석하여 기업의 내재가치를 평가할 수 있는 역량을 갖추어야 합니다.

성장주는 현재 성과보다 미래 성과가 좋아져서 내재가치 자체가 높아지면서 가격 상승이 기대되는 주식입니다. 주로 경영성과가 시장 또는 산업 평균 이상으로 빠르게 성장하는 기업의 주식입니다. 수익성이 낮고 자산 규모가 적더라도 성장성에 대한 기대로 주가가 높은 수준에서 결정되면서 PER, PBR 등과 같은 주가배수도 높은 경우가 많습니다. 성장주에는 현재 실적이 좋지 못하더라도 매출이나 이익이 빠르게 성장하는 기업의 주식이 많습니다.

산업 패러다임이 급변하는 상황에서 미래 시장을 주도할 수 있는 기술 또는 인적자원과 같은 경쟁 우위 역량을 갖춘 기업들은 현재보다 미래에 높은 성과를 낼 수 있어 기업가치 상승을 기대할 수 있습니다. 이와 같은 기업은 현재 펀더멘털이 약하더라도, 미래 성과 개선에 대한 기대가 반영되어 주가가 높은 수준을 형성합니다. 예를 들어 대표적인 전기차 기업 테슬라는 설립 이후 상당 기간 동안 실제 이익을 내지 못하는 상황에서도 전기차 시장의 선도기업으로서 주도적 역할에 대한 기대로 주가가 급등하였습니다. 성장주의 경우 실현된 성과가 아니라 시장의 기대에 의해 가격이 상승하는 경우가 많습니다. 따라서 기대가 실제 성과로 이어지지 않을 경우 가격이 크게 하락할 위험이 있습니다. 성장주를 찾아내기 위해서는 성장잠재력 높은 산업과 경쟁력 있는 기업을 탐지할 수 있는 안목을 갖추어야 합니다.

가치투자는 가치주에 집중하는 투자전략

가치투자는 내재가치가 시장가격보다 낮은 저평가된 주식인 가치주를 찾아내서 집중적으로 투자하는 전략입니다. 가치투자에서는 내재가치보다 시장가격이 낮은 주식에 대한 투자를 통해 초과이익을 얻는 기회를 노립니다. 가치투자 전략을 사용하는 주식 투자자를 가치투자자라고 합니다. 가치투자자들은 기업분석과 가치평가를 통해 주식시장에서 저평가되어 있다고 판단되는 주식을 찾아냅니다. 가치투자자들은 시장이 비합리적이기 때문에 일시적으로 기업의 펀더멘털과 괴리된 시장가격이 형성되지만, 장기적으로 시장가격이 내재가치로 회귀한다고 생각합니다. 가치투자의 기본원칙은 내재가치보다 낮은 시장가격에 주식을 매입하여 장기적으로 보유하면서 시장가격이 내재가치로 회귀하거나 넘어서서 저평가 현상이 사라졌을 때에 매각하여 이익을 실현하는 것입니다.

가치투자자들은 자신들의 가치 평가에 오류가 있을 가능성을 인정하고, 추정된 내재가치보다 훨씬 낮은 가격에 거래되는 주식을 찾아 투자합니다. 내재가치와 시장가격의 차이를 안전마진(safety margin)이라고 합니다. 가치투자자들은 충분한 안전마진이 확보되었다고 평가되는 주식에 투자합니다. 기업을 철저하게 조사하고 분석하여 펀더멘털이 튼튼하고, 수요가 많으면서 지속되는 제품이나 서비스를 판매하는 저평가된 기업에 투자합니다. 가치투자자들은 일반적으로 낮은 주가배수를 가진 기업에 투자합니다. 투자한 주식의 시장가격이 내재가치보다 높아지기를 기다리면서 장기간 보유하는 경향을 보입니다.

가치투자 전략에도 위험은 따릅니다. 주로 재무분석과 가치평가에 따르는 위험입니다. 가치투자자들은 대체로 재무제표 분석을 통해 기업을 평가합니다. 재무제표가 왜곡되었을 경우 가치평가가 잘못될 수 있습니다. 예를 들어 기업가치에 미치는 무형자산의 영향력이 커지고 있지만, 재무제표에는 무형자산 가치가 제대로 평가되지 않은 경우가 많습니다. 재무제표만 분석하면 무형자산의 경제적 가치를 기업가치 평가에 반영하기 어려워서 내재가치 평가가 제대로 이루어지지 못할 위험이 있습니다.

성장투자는 성장주에 집중하는 투자전략

성장투자는 미래 성장 잠재력이 높아 내재가치가 높아지면서 가격 상승이 기대되는 주식인 성장주에 집중 투자하는 전략입니다. 성장투자는 현재의 내재가치나 시장가격보다 미래 성장성에 초점을 맞춥니다. 성장투자 전략을 사용하는 투자자를 성장투자자라고 합니다. 성장투자자들에게 관심의 초점은 빠르게 성장하는 산업과 기업이고, 경영성과 중에서는 이익의 성장입니다. 성장투자자들은 높은 성장성을 기반으로 기업 실적이 증가하고 내재가치가 상승하면, 결국은 시장가격이 내재가치를 따라 시장이나 산업 평균보다 더 빠르게 상승하기 때문에 주가가 현재 수준보다 훨씬 높아질 것이라고 믿습니다. 성장투자에서 주가 상승의 원동력은 성장성이라고 생각합니다.

성장투자자들은 현재 높은 가격을 지불하더라도 미래에 성장할 수 있는 기업을 찾습니다. 성장투자는 안정적인 배당수입보다는 주가상승에 따른 차익을 목표로 합니다. 성장투자자들은 성장성이 높을 것이라고 예상되는 소규모 젊은 기업을 선호하여 주로 신생기업이나 중소기업에 투자합니다. 현재 주가가 높더라도 성장성이 높아 내재가치와 시장가격의 추가적인 상승이 기대되는 주식에 대해서는 높은 가격 프리미엄을 지불하더라도 적극적으로 투자합니다. 성장성이 높은 기업의 주가는 미래 성장성에 대한 기대가 반영되어 결정되기 때문에 높은 수준이 정상이라고 생각합니다.

　성장투자는 높은 위험을 부담합니다. 성장주는 고위험-고수익 주식이라고 할 수 있습니다. 성장투자의 최대 위험은 미래 성장성이 예상대로 실현되지 않은 것입니다. 기업의 미래 성장성은 예상하기 어렵습니다. 성장주들은 성장성에 대한 기대로 주가가 상대적으로 높은 수준인 경우가 많습니다. 성장성이 반영되어 상대적으로 높은 가격을 지불하고 매입한 주식이 기대만큼 성장하지 못하면 주가가 크게 하락하여 손실이 커질 수 있습니다. 성장주에는 재무구조가 좋지 못한 신생 소규모 기업이 많이 포함되어 있어 외부 충격이 발생하면 주가가 급변할 위험이 높습니다. 경기가 호조를 보이고 낙관적인 전망이 확산되면서 주식시장이 성장 추세를 보일 때에 성장주가 인기를 얻게 됩니다. 투자 전략에 있어서는 주식시장의 추세 변화를 잘 파악하여 적절한 매매 타이밍을 잡을 수 있는 능력이 중요합니다.

가치투자와 성장투자의 차이

구분	가치투자	성장투자
투자 원칙	· 내재가치가 시장가격보다 낮은 저평가된 주식을 중심으로 투자	· 성장성이 높아 미래 주가상승 잠재력이 높은 주식을 중심으로 투자
기본 전제	· 주식시장은 비합리적 · 경영자와 투자자 간에 정보의 비대칭성 존재 · 좋은 뉴스나 나쁜 뉴스에 주가가 과잉 반응 · 시장가치는 장기적으로 내재가치로 회귀	· 주가 상승의 핵심 원동력은 성장성 · 성장성이 높은 주식은 내재가치와 시장 가격이 동반 상승

구분	가치투자	성장투자
투자 전략	· 내재가치보다 낮은 가격에 매입하여 시장가격이 내재가치 이상으로 상승하면 매각하여 이익 실현 · 재무지표를 중시, 재무분석을 통해 재무 건전성이 좋고 수익성이 높은 우량기업에 투자 · 가치평가를 위해 재무지표와 주가배수 모두 검토, 가치평가를 통해 내재가치가 시장가격보다 크게 낮은 주식 선별 · 시장의 흐름을 추종하지 않고 철저하게 분석에 기초하여 투자 · 이익이 실현될 때까지 장기 보유	· 높은 성장성이 기대되는 주식에 투자하여 실적이 증가하면서 주가가 목표한 일정 수준 이상으로 상승하면 매각하여 이익 실현 · 주가배수를 중시, 주로 주가배수법을 통해 상대적인 주가 수준에 반영된 성장성 평가, 가치평가에는 재무분석도 병행 · 높은 성장성에 대해 프리미엄 지불 · 가치투자보다 짧지만, 비교적 장기 투자
투자 대상 주식 및 기업 특징	· 펀더멘털이 튼튼하여 장기적으로 실적이 안정적인 기업 · 안정적인 배당을 지급하는 기업 · 주가배수(PER, PBR 등)가 상대적으로 낮은 주식 선호 · 역사가 오래된 대기업 많이 포함 · 업종은 주로 금융, 소재, 자본재 등 안정적이고 경쟁강도가 낮은 산업 · 저위험-저수익 주식, 낮은 주가 변동성	· 현재 펀더멘털은 약하지만, 미래에 빠르게 개선되면서 이익이 빠르게 증가하는 기업 · 적은 배당금 지급, 상당수는 배당금 미지급 · 주가배수(PER, PBR 등)가 상대적으로 높은 주식 선호 · 신생 벤처기업 또는 중소기업이 많이 포함 · 업종은 전기차, 정보통신(ICT), 바이오 등 혁신 제품이나 서비스 제공, 혁신적 비즈니스 모델을 개발한 기업이 많이 출현하는 산업 · 고위험-고수익 주식, 높은 주가 변동성
투자 성향	· 안정적인 수익을 추구하는 투자자에게 적합	· 높은 리스크를 부담하더라도 높은 수익을 추구하는 투자자에게 적합
대표적 투자자	· Benjamin Graham · Warren Buffett	· Philip Fisher · Thomas Rowe Price

시장을 이긴 주식 대가의 성공 투자 비결

2장

주식 대가들의 성공 비결, '좋은 주식' 찾아내기와 '좋은 투자' 하기

주식 대가들은 경제와 산업, 기업과 더불어 가치평가와 기업분석에 대한 높은 지식을 보유했습니다. 투자와 관련된 정보를 끊임없이 수집했습니다. 금융 지식과 새로운 정보를 결합하여 높은 성과가 기대되는 투자 기회를 찾아낼 수 있는 능력인 금융지능이 뛰어났습니다. 내재가치가 높은 '좋은 기업' 중에서 주식의 시장가치가 저평가된 '좋은 주식'을 찾아내는 '좋은 투자'를 통해 시장을 넘어서는 성과를 성취했습니다.

주식 대가들의 특징을 살펴보면 개인적인 역량이 눈에 띕니다. 투자 대가들은 대부분 금융 지식에 대한 개인 역량이 매우 높은 금융 전문가였습니다. 투자에 요구되는 금융 지식을 갖고 있어 금융시장과 산업, 그리고 기업 전반에 대한 이해력이 높았습니다. 투자 대가들이 갖춘 금융 지식은 회계 지식, 재무 지식, 경제 지식 등으로 구분해 볼 수 있습니다. 투자 대가들은 금융에 대한 해박한 지식을 갖고 기업 분석과 가치평가는 물론 거시경제와 여러 산업에 대한 분석과 전망을 스스로 해낼 수 있었습니다. 금융 지식을 바탕으로 정보를 취합하여 시장을 이해하고 예측하는 능력인 금융지능(financial intelligence)이 뛰어났습니다.

주식 대가들은 회계 지식을 활용한 기업 분석의 전문가였습니다. 회계 지식을 기반으로 다양한 정보를 종합하여 기업의 성장성과 건전성, 수익성, 효율성 등을 꼼꼼하게 분석했습니다. 기업 분석을 통해 펀더멘털이 튼튼한 '좋은 기업'을 선별하였습니다. 주식 대가들은 굉장히 복잡한 투자 기법을 사용하지 않았습니다. 과거 경험을 바탕으로 기업의 경쟁력을 측정할 수 있는 몇 개의 핵심적인 회계 지표를 좋은 기업을 선정하는 기준으로 삼았습니다. 다음에 살펴보는 주식 대가들의 종목 선정 기준을 통해 좋은 기업을 골라내기 위해 주식 대가들이 회계 지식을 어떻게 활용했는지 파악할 수 있습니다.

주식 대가들은 재무 지식을 활용하여 기업가치를 평가했습니다. 기업가치를 평가하기 위해서는 상당한 수준의 재무 지식이 필요합니다. 주식 대가들은 기업가치 평가의 달인이었습니다. 가치평가는 상당한 주관적인 판단이 필요합니다. 주식 대가들은 각자가 선호하는 평가 지표와 방식을 사용하여 기업가치를 평가했습니다. 기업가치 평가를 바탕으로 시장가치가 내재가치에 비해 낮아 높은 주가 상승이 기대되는 '좋은 주식'을 찾아내서 투자했습니다.

　주식 대가들은 전반적인 금리와 환율 등과 같은 금융 변수뿐만 아니라 주식시장에 영향을 미치는 거시경제, 지정학적 이슈 등에 대해 정보를 파악하고 분석하였습니다. 경제 지식을 강화하기 위해 끊임없이 뉴스를 탐색하고 세상사에 관심을 기울였습니다. 관심을 두고 있는 산업의 트렌드 분석에도 소홀하지 않았습니다. 주식 대가들은 주식시장과 더불어 거시경제와 금융시장 전반, 관심 산업에 대해 뛰어난 통찰력을 갖고 있었습니다. 경제에 대한 지식을 바탕으로 주식시장의 환경 분석과 동향을 파악하고 향후 장세 흐름을 전망하여 매수나 매도 타이밍을 포착했습니다.

　주식 대가들은 신문 구독, 대면 인터뷰, 분석 보고서 검토, 기업 방문 등을 통해 정보를 얻고 기존 지식을 계속 업그레이드하였습니다. 개인적인 성향에 따라 정보 수집과 지식 습득 방법에는 차이가 있었습니다. 필립 피셔는 목표로 하는 기업과 관련된 내부 및 외부 사람들을 만나 직접 인터뷰하여 정보를 수집한 이후에 최고 경영진을 만나 사실 관계를 확인하는 한편 경영철학과 리더십을 분석하여 매수할 기업을 최종적으로 결정하였습니다. 피터 린치는 일상생활을 관찰하여 투자 기회를 찾았고, 거시경제보다는 개별 기업의 펀더멘털에 초점을 맞춰 많은 기업을 탐방하여 정보를 수집하고 분석하여 투자 종목을 선정했습니다. 워런 버핏은 주로 신문 구독과 다양한 분야의 방대한 독서, 기업의 재무 데이터와 사업보고서 검토, 분석 자료 읽기 등과 같은 개인적인 독서와 분석을 통해 금융 지식을 확장하고 투자 결정에 필요한 정보를 획득했습니다.

▌주식 대가들의 비밀 병기는 금융지능

주식 대가들의 탁월한 투자 성과의 근본에는 금융 지능이 자리 잡고 있습니다. 투자 대가들은 뛰어난 금융 지능을 바탕으로 차별화된 투자 전략을 개발하고 일관되게 실천하여 높은 성과를 얻었습니다.

주식 대가들은 금융 이해력(financial literacy)을 넘어 높은 금융지능(financial intelligence)을 보유한 사람들입니다. 주식 대가들은 금융 지식을 바탕으로 자신들의 독특한 투자 철학을 형성하고, 자신들의 성향과 역량에 적합한 차별화된 투자 전략을 개발하고 실천했습니다. 주식 대가들은 펀더멘털이 튼튼한 기업 중에서 내재가치를 기준으로 저평가된 주식에 투자('좋은 투자')한다는 자신만의 투자 원칙을 확립하고 엄격하게 준수했습니다.

주식 대가들은 금융 지식을 사용하여 스스로 기업을 분석하고 미래 실적을 예측하고 기업가치를 평가했기 때문에 자기 확신을 갖고 일관되게 자신들의 투자 전략을 추진할 수 있었습니다. 우량 기업을 선별하고 적절한 분산 투자를 통해 투자 위험을 통제하고 관리했습니다. 주식시장의 일시적인 변동에 흔들리지 않고 주가가 상승하더라도 저평가 구간에 있는 주식은 장기간 보유한다는 원칙을 지켜 높은 투자 성과를 올릴 수 있었습니다.

주식 대가들은 뛰어난 금융지능 보유

주식 대가들은 금융지능이 일반 전문가 이상으로 탁월하게 높은 사람들입니다. 거시경제 및 금융시장에 대한 동향 파악과 분석을 바탕으로 전략적인 자산 포트폴리오 배분과 매매 타이밍을 조정합니다. 재무에 대한 정보를 이해하고 기업의 성장성과 수익성을 제대로 파악하여 합리적인 투자 의사결정을 통해 높은 성과를 올립니다. 일상 생활에서 관찰되는 경제적 활동과 스스로 학습한 지식을 결합하여 투자 기회를 포착하고 실행합니다. 주식 대가들은 각자 나름대로 만들어 온 투자에 대한 철학과 전략에 따라 각자 다른 방식으로 주식 투자에 접근하지만, 전체적으로 금융에 대한 통찰력이 뛰어난 인물들이라고 할 수 있습니다.

앞으로 살펴보겠지만 코로나 사태 이후 주식시장이 상승하는 장세에서 한국의 상당수 개인 투자자들은 주식 투자에서 손해를 보았습니다. 이와 같은 개인 투자자들은 일상적인 금융활동에 필요한 금융 이해력은 갖고 있더라도 주식 투자에 필요한 금융지능을 갖지 못하고 있을 가능성이 높아 보입니다. 우리나라 개인 투자자에게 주식 투자에 요구되는 금융 지식에 대한 교육이 강화될 필요가 있음을 시사합니다.

워런 버핏의 일상은 독서

워런 버핏의 일상은 새로운 정보와 지식을 공부하는 독서로 채워져 있습니다. 워런 버핏은 아침 기상부터 저녁 잠들기까지 신문 읽기와 분석보고서 검토, 독서 등으로 하루 일상의 80% 정도를 보내는 것으로 알려져 있습니다. 독서를 통해 경제와 시장의 동향, 산업, 기업에 대한 정보를 얻고 통찰력을 강화하여 유망한 투자 기회를 찾을 수 있는 합리적인 투자의사 결정 능력을 유지하였습니다.

아침 6시 45분 이른 아침에 일어나 주로 월스트리트 저널(Wall Street Journal), 파이낸셜 타임스(Financial Times), 뉴욕 타임스(New York Times) 등과 같은 신문을 읽고 할 일을 생각하고 계획을 세웁니다. 7시 30분 맥도날드에 들러 간단한 식사를 합니다. 보통은 8시 30분 주식시장 개장 시간에 맞춰 출근하여 회사에서 기업의 재무제표와 사업보고서, 잡지, 저널 등을 포함한 다양한 자료를 5~6시간 동안 500 페이지 이상 읽는 것을 습관처럼 지킵니다. 5시에 퇴근 후에도 신문과 독서로 많은 시간을 보냅니다. 저녁 식사를 마친 6시 30분 이후 휴식을 취하거나 책을 읽습니다. 휴식 시간에는 부인과 TV를 시청하거나 친구와 브리지 카드 게임을 즐깁니다. 9시 잠들기 전까지 서적이나 금융 관련 자료를 읽습니다.

워런 버핏은 경제와 기업에 대한 자료 이외에도 인문, 역사, 철학, 소설 등과 같은 다양한 분야의 독서는 즐기는 것으로 알려졌습니다. 이와 같은 광범위하고 많은 독서를 통해 새로운 정보와 지식을 계속 습득하고 사고의 폭을 확대하여 90세가 넘는 고령에도 불구하고 투자 활동에서 날카로운 분석력과 판단력을 유지할 수 있었던 것으로 보입니다.

금융 이해력 vs. 금융지능,
주식 대가들은 높은 금융지능을 보유한 사람들

금융 이해력(financial literacy)은 금융 정보를 이해하고 금융 상품을 파악하여 일상 생활에서 올바른 금융 의사결정을 할 수 있는 능력입니다. 금융지능(financial intelligence)은 금융 이해력을 넘어 금융에 대한 심층적 사고와 분석적 의사결정을 통해 복잡하고 전략적인 문제를 해결하는 능력입니다.

금융지능은 주식 투자에서 높은 성과를 달성하기 위해 필수적으로 갖춰야 하는 역량입니다. 금융 이해력이 일반인에게 필요한 능력이라면, 금융지능은 전문가에게 요구되는 능력이라고 할 수 있습니다. 금융 이해력과 금융지능에 대해 살펴봅니다.

금융 이해력과 금융지능은 범위와 차원이 다른 개념

금융 이해력과 금융지능은 금융과 관련된 개인들의 의사결정과 행동에 대한 능력을 나타내는 서로 다른 개념입니다. 금융 이해력이 금융에 대한 기본적인 개념을 알고 정보를 이해하여 일상 생활에서 활용할 수 있는 능력이라면, 금융지능은 정보를 분석하고 전략적 의사결정과 문제 해결에 적용할 수 있는 능력을 의미합니다. 금융 이해력은 일반적인 일상 생활에서의 개인 재무관리를 위한 기초가 됩니다. 금융 지능은 심층적인 재무 분석과 장기적인 목표 달성에 필요합니다. 금융 이해력이 높을수록 금융지능이 높아집니다. 금융지능이 높기 위해서는 기본적으로 높은 금융 이해력을 갖고 있어야 합니다. 주식을 포함한 금융자산 투자에 성공하기 위해서는 금융 이해력 제고에 그치지 않고 금융지능을 강화해야 합니다.

금융 이해력은 일상적 재무 활동, 금융지능은 전략적인 투자 의식결정에 초점

금융 이해력(financial literacy)은 금융과 관련된 개념과 원칙을 알고 정보에 대한 이해를 통해 금융 상품과 서비스를 파악하고 선택하여 일상 생활에서 올바른 금융 의사결정을 할 수 있는 능력을 의미합니다. 예를 들면 ▲개인 예산 수립과 관리 ▲복리 이자율을 이해한 저축과 대출 ▲금융 사기를 포함한 투자 대상에 내재된 위험 인식 ▲투자 수익률과 위험에 기초한 적절한 금융상품 선택 ▲신용 점수 파악을 통한 부채와 신용도 관리 등이 있습니다. 금융 이해력이 높은 사람은 금융의 개념과 원칙을 일상 생활에 적용하여 효율적으로 금융자산을 관리합니다.

금융지능(financial intelligence)은 금융 이해력을 넘어 금융에 대한 전략적 사고와 문제해결 능력을 포함하는 개념입니다. 금융지능은 경험과 훈련을 통해 축적된 통찰력을 바탕으로 금융 정보 분석, 논리적이고 합리적인 해석, 최적의 문제해결 방안 도출과 실행, 사후 검토 등의 절차를 통해 금융과 관련된 목표를 신속하고 효율적으로 달성하는 능력을 의미합니다. 금융지능의 목적은 합리적인 효과적인 의사결정을 통해 효과적으로 재무적 성과를 달성하는 것입니다. 금융지

　　　　시장을 이긴 주식 대가의 성공 투자 비결

능에는 금융 이해력의 바탕이 되는 금융 지식에 더해 금융에 대한 분석력과 사고력, 문제 해결 또는 목표 달성 능력 등이 포함됩니다. 예를 들면 ▲거시경제와 금융시장 동향 분석과 이해 ▲투자 기회 파악과 위험 관리 ▲기업의 재무 정보 분석과 해석에 기초한 투자 의사결정 ▲거시적 금융전략 수립 ▲개인 또는 기업의 장기적 재무계획, 투자 및 자산 관리 전략 수립 등이 있습니다. 금융지능은 기업의 최고경영자와 재무담당자, 투자 전문가 등에게 필요한 능력입니다. 금융지능을 기반으로 기업 경영자는 경영 성과, 투자 전문가는 투자 성과를 강화합니다.

금융 이해력은 일상적 재무 관리, 금융지능은 심도 깊은 분석과 이해, 전략적 의사결정과 문제해결에 초점을 맞춥니다. 금융 이해력은 금융 개념과 지식의 이해에 중점을 둔다면, 금융지능은 실제 상황에 적용하고 활용하는 문제 해결 능력에 초점을 맞춥니다. 금융지능이 금융 이해력을 포함하는 좀더 넓은 개념이라고 볼 수 있습니다. 금융 이해력과 금융지능 모두 성공적인 재무적 목표 달성을 위해 갖추어야 할 필수적인 요건입니다.

금융 이해력과 금융지능 비교

구분	금융 이해력(Financial Literacy)	금융 지능(Financial Intelligence)
정의	기본적인 금융 개념과 원칙, 지식, 상품 등을 이해하고 일상 생활에서 올바른 금융 의사결정에 적용하는 능력	재무 의사결정을 내릴 때 심층 분석과 논리적, 합리적 사고를 통해 최적의 전략 수립과 해결 방안을 도출하는 능력
목적	금융 지식 습득, 저축과 대출 관리, 신용도 유지 등을 통한 개인의 재무 건전성 유지와 자산 관리	금융 정보 분석, 전략적 의사결정과 해결방안 도출 등을 통한 재무 안정성 확보와 재무 성과 극대화
초점	기본적 금융 개념과 지식 이해, 일상 생활의 재무 관리에 적용 등	전략적 사고와 재무 관리, 최적 재무 상태 유지, 성과 제고 등
수준	기초적 금융 지식	고급 회계 및 재무와 금융 지식
주요 요소	예산 관리, 저축과 대출, 보험 등 금융상품에 대한 이해, 신용 관리 등	투자 기회 파악, 위험 관리, 장기 재무 계획 수립, 포트폴리오 관리 등

구분	금융 이해력(Financial Literacy)	금융 지능(Financial Intelligence)
필요 지식	복리 이자율, 금융 상품의 구조, 예산 및 신용 관리 기법 등	거시경제와 금융시장 분석, 재무제표 분석, 투자 및 재무 전략 등
적용 대상	일반 개인, 금융 초보자	기업 경영자, 투자자, 금융 전문가
적용 범위	기본적인 금융 개념과 원칙 이해	깊은 분석과 전략적 의사 결정
예시적 활동	예산 수립, 저축 목표 설정, 대출 관리, 신용 점수 관리 등	주식 투자, 자산 배분, 부동산 투자, 재무 분석 등

자료: 여러 자료를 참고하여 저자 작성

금융 이해력과 금융지능은 성공적인 투자를 위해 필수적이지만, 서로 다른 수준의 깊이와 범위, 접근 방식 등으로 투자 의사결정에 작용하고 영향을 미칩니다. 금융 이해력은 올바른 투자 대상을 선택하는 데 필요한 지식의 기초가 되고, 금융지능은 금융 이해력을 기반으로 보다 광범위하고 전략적인 투자 의식결정의 토대가 됩니다. 금융지능이 높은 사람이 좀더 복잡하고 전략적인 문제 해결에 대한 의사결정을 내릴 수 있습니다.

금융 이해력과 금융지능이 투자에 미치는 영향

구분		투자에 미치는 영향
금융 이해력	투자 대안에 대한 이해	· 금융 이해력이 높아질수록 주식, 채권, 뮤추얼펀드, ETF, 부동산 등 여러 유형의 투자 대상에 대한 이해도 제고 · 금융 상품의 구조, 투자에 따른 수익률과 내재된 위험, 분산 투자, 복리의 기본 개념 등을 습득
	정보에 기초한 의사 결정	· 금융 이해력이 있는 개인은 시장의 기본 요인과 경제 지표가 투자에 미치는 영향을 이해하기 때문에 정보에 기초한 의사결정 가능 · 투자 사기에 걸리거나, 충동적 투자 결정을 할 가능성이 낮음.
	위험 관리	· 위험을 평가하고 관리하는 방법을 아는 것이 매우 중요하다는 인식을 갖고 있음. · 금융 이해력은 위험 감수 능력을 이해하고, 자산을 적절히 배분하여 균형 잡힌 포트폴리오를 달성하는 데 도움
	모니터링 및 조정	· 기본적인 금융 지식을 통해 투자를 정기적으로 모니터링하고 금융 목표와 시장 상황에 따라 필요한 조정 실행

시장을 이긴 주식 대가의 성공 투자 비결

구분		투자에 미치는 영향
금융지능	전략적 계획 수립	· 성장 기회 파악, 시장 추세 파악, 수익 극대화 등을 위한 의사결정을 포함한 전략적 계획 수립과 장기 목표 설정
	고도화된 분석	· 높은 금융지능을 가진 개인은 재무제표, 시장 보고서, 경제 데이터 등에 대한 분석 가능 · 심층적 분석을 통해 저평가된 주식, 투자 기회, 잠재 위험 등을 파악
	포트폴리오 최적화	· 금융지능을 통해 위험을 관리하면서 가능한 가장 좋은 수익을 달성하기 위한 투자 포트폴리오 최적화 · 포트폴리오 최적화에는 포트폴리오 재조정, 세금 효율적인 투자 결정, 대체 투자 탐색 등이 포함
	금융 행위에 대한 통찰력 강화	· 인간의 심리를 반영하는 행동주의 재무(behavioral finance)에 대한 이해는 금융 지능의 주요 영역 · 투자 결정에 영향을 줄 수 있는 인지적 편견을 인식하고, 이와 같은 편견의 영향을 완화하기 위한 전략 개발

자료: 여러 자료를 참고하여 저자 작성

금융시장 중심의 자본주의 사회에서 금융지능은 부의 창출의 기반

금융지능이 중요한 이유는 개인에게 돈이 되기 때문입니다. 특히 금융시장을 중심으로 경제가 돌아가는 현대 자본주의 사회에서는 금융지능이 부를 창출하는 데 핵심적인 역할을 합니다. 주식 투자에 있어서도 금융지능은 필요합니다. 금융지능을 배우고 익혀서 갖추면 기업을 이해하는 능력이 좋아집니다. 금융지능이 높아지면 경영성과가 좋은 기업을 식별하는 안목이 길러지고, 기업의 기초적인 역량을 평가하는 능력이 강해집니다. 금융지능은 좋은 투자성과로 이어지면서 개인들의 재산 증대에 기여하는 핵심 역량으로 볼 수 있습니다.

금융지능은 사회적으로 부가가치를 창출합니다. 금융지능은 자본시장을 통해 성장성과 효율성이 높은 산업이나 경영성과가 좋은 기업을 향해 자금 유입을 촉진하는 요인으로 작용하기 때문입니다. 자본시장에서 금융지능을 기반으로 기업의 경영성과를 철저하게 분석하고 기업가치를 평가하여 투자하는 합리적인 투자가 확산될수록 경영성과가 높은 기업들의 자금조달이 쉬워지고 투자활동은 활발해지면서 경제 전체적으로 생산성이 높아집니다.

금융지능은 건전하고 합리적인 투자전략을 확산시키면서 높은 투자성과의 토대가 됩니다. 금융 지식을 배우고, 금융 정보의 의미를 파악할 수 있게 되고, 합리적인 투자 원칙을 정립하여 의사결정에 활용하는 투자 문화가 정착될수록 투자에 성공한 부자(富者)가 늘어나는 것은 물론 사회 전체의 부(富)가 증가하는 속도도 높아집니다.

금융지능과 투자결정 과정

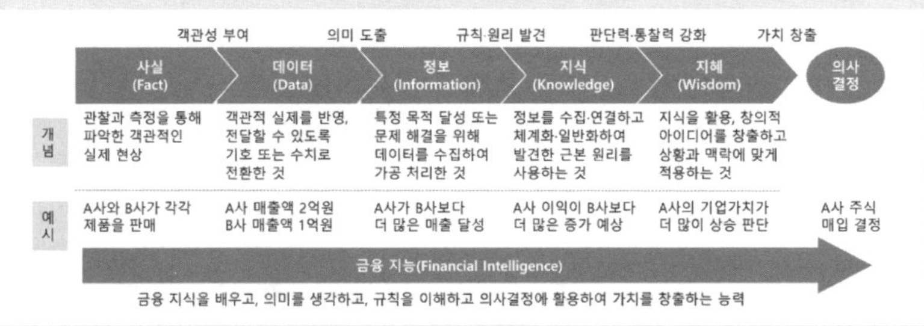

　　시장을 이긴 주식 대가의 성공 투자 비결

우리나라 성인의 금융 이해력 수준

OECD 산하 경제·금융 교육에 관한 글로벌 협력기구(International Network on Financial Education, INFE)는 2~3년 주기로 각국의 만18~79세 성인을 대상으로 금융 이해력을 조사하고 있습니다. 금융지식(7문항), 금융행위(8문항), 금융태도(2~3문항)의 3개 부문에 대한 설문 조사를 실시하고 100점 만점으로 환산한 국가별 점수를 발표합니다. 2022년 조사에는 전 세계 39개국이 참여하였습니다.

우리나라 금융 이해력은 비교적 상위권에 속하는 것으로 나타났습니다. 2022년 실시한 조사 결과에 따르면 우리나라 성인의 금융 이해력 점수는 67점으로, 조사에 참여한 39개국(평균 60점) 중 8위, OECD 회원국(평균 63점) 중에서 5위를 기록했습니다. 금융지식과 금융행위 부문의 점수는 전 세계보다 높았지만, 금융태도 점수는 낮아 저축보다는 소비를 선호하는 경향이 상대적으로 높은 것으로 나타났습니다. 디지털 보안에 초점을 맞춰 별도로 조사한 디지털 금융 이해력 점수(44점)는 전 세계(평균 53점)나 OECD(평균 55점) 평균에 미치지 못해 디지털 보안에 대한 인식과 대응이 상대적으로 부족한 것으로 나타났습니다.

우리나라와 OECD 및 전 세계 성인 금융 이해력 점수 비교

구분	국가, 지역	금융 이해력	부문		
			금융지식	금융행동	금융태도
금융 이해력	한국(22년)	**67**	**76**	**66**	**56**
	한국(20년)	65	73	66	55
	OCED 평균	63	67	62	58
	전 세계 평균	60	63	61	56
디지털 금융 이해력	한국	**43**	**52**	**41**	**36**
	OCED 평균	55	51	58	57
	전 세계 평균	53	45	57	56

주: ▲금융지식은 인플레이션, 이자율, 위험과 수익 관계, 분산투자 등에 이해도 조사 ▲금융행위는
　　가계예산 관리, 저축 활동, 재무상황 점검, 신중한 구매활동, 재무 목표 설정 등으로 구성 ▲금융
　　태도는 저축보다 소비 선호, 미래보다 현재 선호 등을 조사 ▲디지털 금융 이해력은 공용 와이
　　파이의 불안정성 인지, 비밀번호의 정기적인 변경 등 보안에 초점을 맞춰 조사
자료: 〈2023 OECD/INFE 금융이해력 조사 결과〉, 한국은행 보도자료, 2024. 3. 7.

참고로 약 10년 전인 2014년 S&P(Standard & Poor's)가 갤럽(Gallup), 세계은행(World Bank) 등과 협력하여 전 세계 143개국 15만 명 이상의 성인을 대상으로 실시한 금융 이해력 조사 결과에 따르면 우리나라는 높은 평가를 받지 못했습니다. S&P는 분산투자, 인플레이션, 계산능력, 복리 이자율 등 금융과 관련된 4개 개념에 대한 인터뷰 조사를 기초로 전 세계와 국가별 금융 이해력을 평가하였습니다. 4개 개념 중에서 3개를 맞추면 금융 이해력이 있다고 판단했습니다. 전 세계 성인 중에서 33%만이 금융 이해력이 있는 것으로 조사되었습니다. 우리나라에서 금융 이해력이 있는 성인의 비중은 33%로 전 세계 평균과 비슷했습니다. 우리나라의 국가별 순위는 143개 중에서 중간 정도인 77위에 그쳤습니다.[*] 다만

---

* 　자세한 내용은 〈Financial Literacy Around the World: Insight from the Standard & Poor's Ratings Services Global Financial Literacy Survey〉, (https://gflec.org/initiatives/sp-global-

S&P의 조사는 10년 전에 실시되었기 때문에 설문 결과는 최근 현실과 차이가 있

을 수 있습니다.

---

finlit-survey/) 참조

▋좋은 기업 vs. 나쁜 기업, 좋은 주식 vs. 나쁜 주식

회계지식을 통해 펀더멘털이 튼튼한 '좋은 기업'을 찾을 수 있습니다. 재무지식이 있으면 내재가치에 비해 시장가치가 낮은 '좋은 주식'을 찾아낼 수 있습니다. 투자 수익을 올리기 위해서는 내실이 튼튼한 '좋은 기업' 중에서 저평가된 '좋은 주식'을 골라내는 '좋은 투자'를 해야 합니다.

회계지식과 재무지식은 성공 투자의 기반입니다. 회계지식을 배우고 익히면 기업을 이해하는 능력이 좋아집니다. 회계지식이 쌓이면 기업의 기초적인 역량을 평가하는 능력이 높아집니다. 회계지식을 통해 경영성과가 좋은 기업을 식별하는 안목이 길러집니다. 재무지식은 저평가된 주식을 찾아낼 수 있는 능력을 키워 줍니다. 회계지식과 재무지식은 높은 투자성과를 얻고 투자자의 재산 증식을 촉진하는 기반 역할을 합니다.

회계지식과 재무지식은 투자자뿐만 아니라 기업에게도 긍정적으로 작용합니다. 사회 전반의 회계지식이 높아지면 금융시장에서 회계지식을 기반으로 기업의 경영성과를 철저하게 분석하고 투자하는 합리적인 투자문화가 확산됩니다. 기업가치를 평가할 수 있는 재무지식이 강화되면 기업들이 본질적인 내재가치에 따라 시장가치가 형성됩니다. 회계지식과 재무지식은 자본시장을 통해 성장성이 높은 새로운 사업이나 경영성과가 좋은 기업으로 자금 유입을 활성화하여 자본시장의 발전을 촉진하는 요인으로 작용합니다. 내실 있는 기업이 자금을 조달하기 쉬워지고 더 잘 성장할 수 있게 됩니다. 기업이 내재가치에 걸맞은 대접을 받기 위해서는 사회 전반의 회계지식과 재무지식의 축적과 활용이 필요합니다.

자본시장이 발달하면서 금융자산이 부의 중요한 원천이 되는 사회가 되었습니다. 회계와 재무 지식을 배우고, 회계와 재무 정보의 의미를 이해하고, 합리적인 투자 원칙을 정립하여, 의사결정에 활용하는 투자 문화가 정착될수록 투자에 성공한 부자(富者)가 늘어날 것입니다. 자본시장이 발전한 미국에는 창업과 기업 공개를 통해 부를 축적한 창업가형 부자가 많습니다. 창업 경영자들은 주식시장을 통해 설립한 기업의 주식을 매각하여 엄청난 부자가 되었습니다. 주식 투자에서 성공하기 위해서는 주식시장의 수많은 기업 중에서 '좋은 기업'을 찾아내고, '좋은 주식'을 선별하여, '좋은 투자'를 하기 위해서는 회계지식과 재무지식이 필요합니다.

좋은 기업 vs. 좋은 주식

회계지식과 재무지식이 유용하게 사용되는 곳이 주식시장입니다. 주식시장에서는 수많은 정보가 주식에 반영되면서 주가가 결정됩니다. 주가에는 실물경기와 같은 거시경제 동향, 금리 및 환율 등의 금융시장 움직임, 사회·정치·외교 사건, 경영성과 등과 같은 다양한 정보들이 실시간으로 반영됩니다. 주가 결정 요인 중에서 가장 펀더멘털한 요인은 매출이나 이익과 같은 기업의 경영 성과입니다. 회계정보는 주로 기업의 경영성과에 대한 정보입니다.

회계지식을 투자에 활용하면 '좋은 기업'을 발견할 수 있습니다. 좋은 기업은 경영성과가 좋고 성장성이 높아 내재가치가 크면서도 계속 증가하는 기업입니다. 좋은 기업은 대부분 타인자본에 대한 의존도가 낮아 재무 건전성도 높습니다. 좋은 기업은 뛰어난 역량을 보유하면서 높은 경영성과를 장기간 유지할 수 있는 우량기업을 의미합니다. 요약하면 좋은 기업은 펀더멘털이 튼튼한 기업을 의미합니다.

재무지식을 활용하면 '좋은 주식'을 찾아낼 수 있습니다. 좋은 주식은 시장가치가 내재가치에 비해 낮은 주식을 의미합니다. 좋은 주식은 주가상승 여력이 높은 주식입니다. 좋은 주식은 투자할 경우 많은 이익이 기대되는 주식입니다. 요약하면 좋은 주식은 시장가치가 내재가치에 비해 '과소평가'되어 가격이 상승할 가능성이 높은 주식입니다.

좋은 주식의 조건: 내재가치 > 시장가치

'좋은 기업'과 '좋은 주식'은 구별됩니다. 좋은 기업과 좋은 주식을 구분하는 결정적인 차이는 주가 수준입니다. 좋은 기업은 펀더멘털이 튼튼하기 때문에 주식시장에서 인기가 많아 높은 시장가격이 형성되어 '좋은 주식'이 되지 못하는 경우가 많습니다. 펀더멘털이 튼튼한 좋은 기업이라도, 내재가치와 비교하여 시장가치가 고평가 또는 적정하게 평가받고 있는 '좋은 기업'들에 투자할 경우 많은 이익을 기대하기 어렵습니다. 시장가치가 내재가치에 비해 '고평가'되어 있으면, '좋은 기업'에 투자해도 손해를 볼 가능성이 높습니다.

                                시장을 이긴 주식 대가의 성공 투자 비결

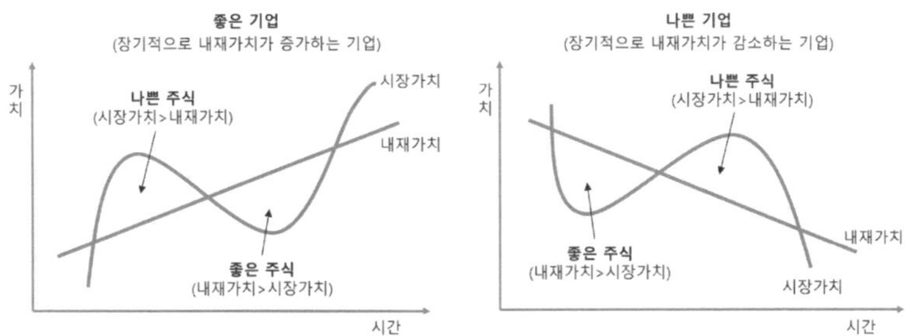

나쁜 기업 vs. 나쁜 주식

'나쁜 기업'은 경영성과가 부실하고 성장성도 낮아 내재가치가 낮아지는 기업입니다. 기업의 경영성과가 정체되어 내재가치가 증가하지 못하는 기업도 나쁜 기업입니다. 나쁜 기업은 내재가치가 낮아지면서 주가도 동반 하락하여 이익보다는 손실을 볼 위험이 높은 기업을 의미합니다. 나쁜 기업이라도 시장가치가 내재가치에 비해 저평가되어 있어 이익을 기대할 수 있는 경우도 있습니다. 그러나 중장기적으로 나쁜 기업은 내재가치 하락과 동반하여 시장가치도 낮아질 가능성이 높은 기업입니다. 따라서 나쁜 기업에 투자할 경우 이익을 얻을 수 있는 기회는 적은 반면 손해를 입을 가능성은 상당히 높습니다.

'나쁜 주식'은 시장가치가 내재가치에 비해 높아 주가가 하락할 가능성이 높은 주식입니다. 나쁜 주식은 실제 주가가 내재가치보다 높은 '과대평가'된 기업입니다. 주식시장에서 각종 정보가 주가에 반영되면서 시장가치가 내재가치로 회귀한다는 것이 정설입니다. 따라서 나쁜 주식에 투자하면 요행으로 일시적 이익을 얻을 수도 있지만, 중장기적으로 손해를 볼 가능성이 상당히 높습니다.

내재가치와 시장가치에 따른 기업과 주식의 구분

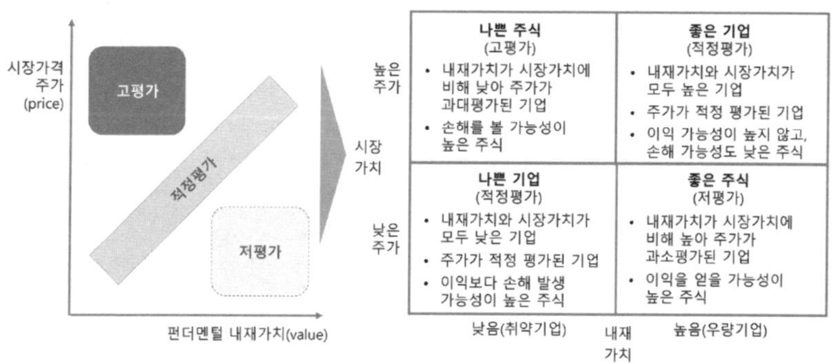

절대적으로 좋은 주식과 나쁜 주식은 없습니다. 좋은 주식과 나쁜 주식은 기업의 내재가치와 시장가치의 상대적인 수준에 따라 결정됩니다, 내재가치와 시장가치 변화에 따라 좋은 주식이 나쁜 주식이 되고, 나쁜 주식이 좋은 주식이 되기도 한다. 좋은 기업이라도 주식의 시장가치가 내재가치 이상으로 지나치게 상승하면 나쁜 주식이 됩니다. 기업의 기초적인 역량이 강하지 못해 내재가치가 낮으면서 추가로 하락할 가능성이 높음에도 불구하고 일시적인 유행이나 투기 세력 유입으로 시장가치가 지나치게 상승하여 버블이 형성된 주식이 진짜 나쁜 주식입니다.

주식 투자자들이 인식하고 있어야 할 중요한 포인트는 내재가치는 고정되어 있는 것이 아니라 항상 변한다는 것입니다. 기업의 내재가치는 수익성이나 성장성과 같은 기업 내부 요인뿐만 아니라 금리와 환율과 같은 기업 외부의 거시경제 요인의 영향을 받습니다. 경제활동이 진행되면서 경기가 변동하고 금리와 환율은 끊임없이 변화하면서 기업의 경영성과에 영향을 미치게 됩니다. 경제활동이 멈추지 않는 한 기업의 내재가치는 끊임없이 변화합니다. 기업 내재가치와 시장가격을 비교하고 저평가 주식을 찾아 투자 결정에 반영하기 위해서는 경제나 기업에 대한 정보를 계속 탐색하고 내재가치에 미치는 영향을 분석해야 합니다.

▌좋은 투자 vs. 나쁜 투자

좋은 기업 중에서 좋은 주식을 골라내는 '좋은 투자'가 이익을 얻을 가능성이 높은 최선의 투자입니다. 나쁜 기업 중에서 나쁜 주식에 투자하는 '나쁜 투자'가 최악의 선택입니다. 좋은 기업과 나쁜 기업의 차이는 성장성, 수익성 등과 같은 기업의 펀더멘털에 달려 있습니다. 좋은 주식과 나쁜 주식의 여부는 내재가치와 시장가치의 차이에 따라 달라집니다.

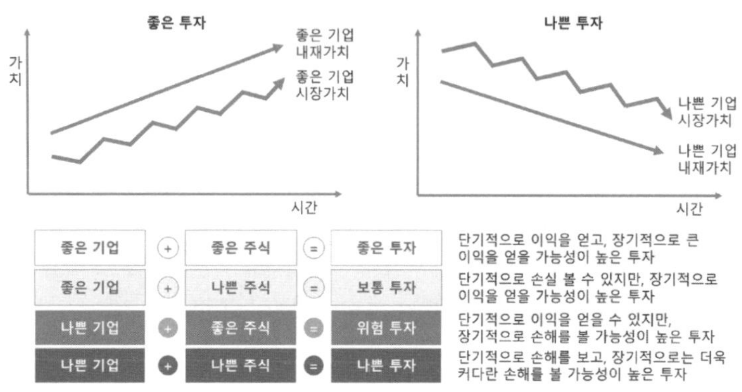

[좋은 투자의 조건]

경영성과 측면에서 '좋은 기업'의 특징을 가지면서, 기업가치 측면에서 내재가치에 비해 실제 시장가격이 저평가된 '좋은 주식'에 투자

구분	재무 성과와 기업가치의 특징
경영성과의 5가지 특징	돈을 잘 벌어들이는 기업: 수익성이 높은 기업
	미래가 밝은 기업: 성장성이 높은 기업
	환경 변화에 대한 대응력이 높은 기업: 재무 안정성이 높은 기업
	제품을 잘 파는 기업: 활동성이 높은 기업
	자유롭게 쓸 돈이 많이 기업: 현금흐름을 많이 창출하는 기업
기업가치의 2가지 특징	절대적 가치가 높은 기업: 내재가치가 높고 증가하는 우량 성장기업
	상대적 가치가 낮은 기업: 주가가 저평가된 기업

이익을 얻을 가능성이 높은 좋은 투자를 하기 위해서는 여러 금융 지식을 갖추어야 합니다. 높은 성과를 올리기 위해서는 먼저 수많은 기업 중에서 좋은 기업을 골라내기 위한 기업 분석에 대한 회계 지식이 필요합니다. 다음으로 주가가 내재가치에 비해 저평가된 좋은 주식을 선정하기 위

  시장을 이긴 주식 대가의 성공 투자 비결

해서는 가치평가에 대한 재무지식이 필요합니다. 회계 지식과 재무지식에 더불어 시장의 전체적인 흐름을 파악하기 위해 경제 지식을 갖추어야 합니다. '주식시장을 이기는 종목은 없다'는 유명한 증시 격언이 있습니다. 주식시장이 하락 장세를 보이면 좋은 주식이라도 하락할 가능성이 높습니다. 거시경제와 주식시장의 장세에 대한 판단을 기초로 적절한 매매 타이밍을 포착하기 위해서는 경제 지식이 필요합니다.

가치평가에 대한 오해와 진실:
가치평가의 권위자 다모다란 교수의 관점*

다모다란 교수는 가치평가를 과학(science)이나 예술이 아니라 경험을 통해 실력을 쌓는 '기예(craft)'로 보는 것이 타당하다는 생각을 갖고 있습니다. 가치 평가를 단순한 공식이나 정형화된 모델을 적용하는 과정이 아니라 경험과 통찰력, 사고 능력 등을 바탕으로 실력을 강화할 수 있는 실천적 기술이라는 철학이 반영되어 있는 것으로 보입니다.

주식 투자를 제대로 하기 위해서는 기업가치를 평가해야 합니다. 주식의 내재가치와 시장가격의 차이에서 투자 이익을 얻을 기회가 생기기 때문입니다. 좋은 투자는 내재가치보다 낮은 시장가격으로 주식을 매입하는 것입니다. 따라서 좋은 투자를 하기 위해서는 가치평가가 제대로 되어야 합니다. 이론적으로 주식의 내재가치는 미래에 발생하는 현금흐름의 현재가치를 의미합니다. 현실적으로 가치평가를 위해서는 미래에 발생하는 현금흐름과 성장률을 전망해야 합니다. 이와 같은 미래 예측 과정에서 사람들 사이에 다양한 견해 차이가 발생합니다. 미

---

* 다모다란 교수의 『Investment Valuation』(2012, 3판)의 1장, 〈Valuation: Art, Science or Magic?〉, (https://pages.stern.nyu.edu/~adamodar/pdfiles/country/val2dayDubai2017.pdf) 을 주로 참고하였으며, 진실과 교훈은 저자의 자의적 해석을 추가하여 수정. 다모다란 교수의 "이야기와 숫자"에 대해서는 『 Narrative and Numbers: The Value of Stories in Business』 (2017년, 한국어 번역서는 내러티브 & 넘버스』) 참고

래 전망이나 주식시장에서 주가가 결정되는 과정에 대한 이해의 차이 또는 현실적인 문제로 인해 가치평가와 관련된 여러 오해와 잘못된 인식이 생겨났습니다.

가치평가 분야의 세계적인 권위자인 다모다란(Aswath Damodaran) 교수는 자신의 저서 『투자 가치평가(Investment Valuation)』에서 가치평가 분야에 퍼져 있는 오해를 신화(myth)라고 부르면서, 잘못과 진실은 무엇이고 가치평가를 할 때 유의할 사항들을 제시하였습니다. 여기에서 다모다란 교수의 가치평가에 대한 철학을 엿볼 수 있습니다. 다모다란 교수가 제시한 가치평가의 신화와 진실을 소개합니다.

신화 1: 가치평가 모델이 계량적이기 때문에 가치평가는 객관적이다 (객관성의 신화)

[오해] 가치평가는 이론적 기반을 갖춘 과학적인 정량적 모델을 기반으로 이루어지기 때문에 객관적임. 가치평가 모형으로 산출된 내재가치는 이론적으로 설계된 수학적 모형을 통해 산출되었기 때문에 객관적인 수치임.

[진실] 가치평가 모델은 정량적이지만 입력되는 변수(예를 들어 미래 현금흐름, 성장률, 할인율 등의 추정치)는 평가자의 주관적인 판단에 따라 달라질 수 있음. 따라서 산출되는 내재가치는 평가자의 편향(bias)에 의해 영향을 받기 때문에 객관적이지 않음.

[교훈] 편향을 완전히 제거하는 것은 현실적으로 매우 어렵기 때문에 편향을 줄이고 통제하는 노력이 필요함. 분석 전에 결과를 예단하지 않기 위해 사전 판단을 억제하고, 결과에 따른 이해관계를 최소화하는 장치가 마련되어야 함. 제3

자가 수행한 가치평가를 활용할 경우에는 내재된 편향을 고려하여 의사결정을 내려야 함.

신화 2: 잘 연구되고 수행된 가치평가는 시간이 지나가도 영원하다(영원성의 신화)

[오해] 잘 연구되고 제대로 진행된 기업가치는 시간이 지나도 변하지 않으며, 한 번의 가치평가는 오랫동안 유효함.

[진실] 기업가치 모델을 통해 도출된 가치는 기업 고유의 정보(예를 들면 실적)뿐만 아니라 외부 환경(산업구조 변화, 금리 수준과 같은 시장 전반 정보)의 영향을 받음. 시장에 유입되는 새로운 정보가 반영되면서 기업가치는 시간이 지남에 따라 계속적으로 변동함.

[교훈] 가치평가는 정적(static) 분석이 아니라 변화하는 정보를 계속 반영하는 동적(dynamic)인 분석임. 가치평가는 최신 정보를 반영하여 정기적으로 업데이트되어야 하고, 기존에 사용된 정보의 유효성에 대한 지속적인 점검이 필요함.

신화 3: 좋은 가치평가는 정확한 가치 추정치를 산출한다(정확성의 신화)

[오해] 충분한 정보가 있으면 가치평가를 통해 정확한 기업가치를 계산할 수 있음.

[진실] 가치평가는 미래에 대한 예측에 기반한 분석임. 매우 정교하고 신중하

시장을 이긴 주식 대가의 성공 투자 비결

게 수행된 가치평가라도 최종 결과는 기업과 경제에 대한 미래 가정에 영향을 받음. 가치평가에 투입되는 현금흐름과 할인율 등이 모두 미래 추정치인 불완전한 정보임. 따라서 가치평가에서 절대적인 확실성을 기대하거나 요구하는 것은 비현실적이며, 정확성에 근본적인 한계가 존재함.

[교훈] 분석가는 합리적 추정을 위해 노력해야 하며, 가치평가 결과에 기반한 투자 의사결정을 할 때에는 합리적인 오차 범위인 안전 마진(margin of safety)를 반드시 고려해야 함. 불확실성과 오류 가능성을 감안하여 투자를 결정해야 함.

신화 4: 모델이 계량적일수록 가치평가는 더 좋아진다(계량 모형의 신화)

[오해] 더 정교하고 복잡한 정량적 가치평가 모델을 사용할수록 가치평가를 더 잘 할 수 있고, 신뢰할 수 있는 결과를 얻을 수 있음.

[진실] 모델이 복잡할수록 가치평가에 필요한 정보가 많아져서 입력 오류의 가능성이 증가함. 지나치게 복잡한 모델은 '블랙박스(black box)화'되면서 평가 결과의 원인을 파악하기 어렵게 됨. 이 경우 잘못된 가치평가의 원인을 모델로 돌리는 책임 회피 수단으로 전락할 수 있음.

[교훈] 중요한 정보와 그렇지 않은 정보의 구분이 필요하고, 가치평가에는 중요하면서 절대로 필요한 최소한의 정보만을 사용하도록 모형을 설계하는 것이 바람직함. 가치를 평가하는 것은 모델이 아니라 사람임. 모형을 이해하고 해석할 수 있는 능력이 중요함.

신화 5: 가치평가로 돈을 벌기 위해서는 시장이 비효율적(그러나 효율적으로 변할 것)이라고 가정해야 한다(시장 효율성의 신화)

[오해] 가치평가를 통해 시장의 잘못(비효율성)을 찾아내는 것에 이익 실현의 기회가 있음. 시장이 비효율적인 경우에만 가치평가가 의미가 있음.

[진실] 시장 효율성을 믿는 사람이라도 기업 운영 방식의 변화가 가치에 미치는 영향을 평가하거나, 시장가격의 변동 이유에 대한 이해를 위해 가치평가의 도움을 받을 수 있음. 시장의 잘못이 수정된다는 것은 일정 부분 시장이 효율적으로 작동된다는 의미임. 시장은 절대적으로 효율적이거나 비효율적이지 않음.

[교훈] 시장 효율성에 대해서는 완전히 믿거나 부정하기보다는 회의적인 태도를 취하는 것이 현명함. 시장의 잘못을 찾아내기 위해서는 실력과 운이 모두 필요함. 시장가격과 가치평가 결과가 크게 다를 경우에는 일단 시장이 맞다는 가정으로 출발하고, 다음으로 고평가 또는 저평가 여부에 대해 스스로 검증하고 확신한 이후에 신중하게 투자 결정을 내려야 함.

신화 6: 가치평가의 결과(가치)가 중요하고, 과정은 중요하지 않다(결과 중시의 신화)

[오해] 가치평가에서는 최종적인 수치인 기업가치 수준에 따라 저평가 혹은 고평가 여부를 판단하는 것이 핵심이며, 과정을 분석하는 것은 의미가 없음.

[진실] 가치평가 과정은 단순히 숫자를 산출하는 것이 아니라 기업가치에 영향을 주는 다양한 요인을 이해하고 분석하는 과정임. 가치평가 과정은 기업가치의

     시장을 이긴 주식 대가의 성공 투자 비결

결정 요인(예: 성장률, 브랜드 가치, 투자 수익률, 영업이익률 등)에 대해 많은 경영적 통찰을 제공하기 때문에 결과보다 과정을 경영활동에 더 유용하게 활용할 수 있음.

[교훈] 가치평가는 숫자를 계산하는 작업이 아니라 과정을 통해 기업의 구조와 전략을 이해하는 데 도움을 주는 분석 도구임. 따라서 숫자 못지 않게 논리적 과정을 중시할 필요가 있음. 가치평가의 핵심은 숫자가 아니라 논리적 과정과 질문에 대한 답변이며, 과정 분석을 통해 기업 경영의 구조적 강점과 약점을 파악할 수 있음.

다모다란 교수는 가치평가를 과학(science)이나 예술이 아니라 경험을 통해 실력을 쌓는 '기예(craft)'로 보는 것이 타당하다는 견해를 밝혔습니다. 과학에서는 올바르게 입력하면 올바른 출력이 나오고, 물리학과 수학 법칙은 보편적이고 예외가 없습니다. 따라서 불확실성과 편향이 개입되는 분야인 가치평가는 과학이 아니라는 것입니다. 예술에서는 가르칠 수는 있지만 선천적인 마법과 같은 요인이 크게 작용하며, 예술의 본질은 주관적인 위대함에 달려 있기 때문에 가치평가는 예술이 아니라고 말합니다. 기예는 일을 하면서 배우는 기술이며, 많이 할수록 더 뛰어나고 숙련된 기술을 얻을 수 있습니다. 따라서 가치평가는 과학의 엄밀성이나 예술의 주관성과는 다르게 끊임없는 반복적인 학습과 시행착오 경험을 통해 실력을 키우는 기예의 영역이라는 것입니다.

이와 더불어 다모다란 교수는 가치평가가 단순한 수치 계산을 넘어 기업의 이야기를 숫자와 결합하여 풀어내는 과정이라고 보았습니다. "좋은 가치평가는 이야기와 숫자를 연결하는 다리"라고 표현하며, 모든 숫자는 어울리는 이야기와 연결되어야 하고, 모든 이야기는 알맞은 숫자로 설명할 수 있어야 한다고 말했습니다. 이와 같은 시각에는 가치평가를 단순한 공식이나 정형화된 모델이 아니라 경험과 통찰력, 논리적 사고를 바탕으로 역량을 강화할 수 있는 실천적 기술이라는 철학이 반영되어 있는 것으로 보입니다.

시장을 이긴 주식 대가의 성공 투자 비결

▌ 금융 지능으로 '좋은 주식' 골라내고 '좋은 투자' 하기

기업의 진정한 내재가치는 측정하기 어렵습니다. 그렇지만 회계 지식과 재무 지식을 갖고 있으면 합리적인 범위 내에서 내재가치의 추정이 가능합니다. 기업에 대한 이해도가 높아질수록 내재가치 추정의 정확도는 높아집니다. 기업을 분석하고 이해하기 위해서는 회계지식이 필요합니다. 회계지식을 축적하면 기업분석 능력이 강화되고, 내재가치 추정의 정확도가 제고되면서 투자가 성공할 확률이 높아집니다.

내재가치와 시장가치에 차이가 있더라도 시간이 지나면서 기업의 시장가치는 내재가치에 접근합니다. 이를 내재가치 회귀가 좀더 정확한 표현이지만, 일반적으로 주가의 평균회귀(Mean Reverting) 현상이라고 합니다. 기업에 대한 정보가 시차를 두고 주가가 반영되기 때문입니다. 내재가치와 시장가치의 차이가 클수록 이익(내재가치>시장가치의 경우)을 얻거나 손해(내재가치<시장가치의 경우) 볼 가능성이 높습니다. 재무 지식을 갖추고 내재가치의 측정이 가능해지면 좋은 주식과 나쁜 주식을 구별하는 능력이 강화됩니다. 그만큼 이익을 얻을 확률이 높아집니다.

'좋은 주식 골라내기'는 ① 기업의 과거 실적 분석 → ② 미래 실적 전망 → ③ 내재가치 측정 → ④ 시장가치와 내재가치의 비교 등의 기업분석(①, ②)과 가치평가(③, ④) 과정을 거쳐 이루어집니다.

① 회계지식을 통해 기업의 과거 실적을 분석하여 경쟁력과 수익창출 능력, 재무건전성 등을 평가합니다.

② 과거 경영성과 추이에 대한 분석과 현재의 경영환경 및 경쟁력에 대한 평가를 기반으로 미래 성과를 전망합니다.

③ 기업의 경영활동에 잠재되어 있는 위험에 대한 평가, 자본조달 비용 등을 반영하여 기업의 내재가치를 추정합니다. 경영성과 전망을 통해 절대적인 내재가치를 추정하는 대신하는 유사한 기업의 주가와 비교한 상대적인 적정가격이 평가 기준으로 사용되기도 합니다.

④ 추정된 내재가치와 시장가치를 비교하여 좋은 주식을 골라냅니다.

주식 대가들의 '좋은 주식' 찾아내고 '좋은 투자'하는 접근법

[1단계: 기업분석] 기업의 펀더멘털에 대한 분석을 통해 좋은 기업 찾기
[2단계: 가치평가] 시장가치와 내재가치를 비교하여 좋은 주식 찾기
[3단계: 종목선정] 투자 철학 또는 이념과 일치하는 종목 찾기
[4단계: 투자 실행] 투자 원칙(예. 분산 투자, 장기 투자)을 고수하면서 투자 실행
[5단계: 모니터링과 조정] 거시경제와 금융시장, 기업의 펀더멘털 변화 등이 기업가치에 미치는 영향을 계속 모니터링하고 분석하면서 포트폴리오 조정

기업의 내재가치는 다양한 요인에 의해 결정됩니다. 회계지식의 직접적 활용은 주로 경영성과의 분석과 같은 양적인 정보에 국한됩니다. 회계지식을 통해 경영성과의 추이, 변화 원인 등을 제대로 분석하기 위해서는 질적인 정보가 필요합니다. 예를 들면 경영진의 능력, 시장이나 경쟁 환경, 연구개발 능력과 보유한 지식자산 등에 대한 정보를 파악해야 경영성과의 분석과 전망이 가능합니다.

직접적인 양적 정보와 간접적인 질적 정보를 결합하여 기업의 내재가치를 측정합니다. 회계정보를 이해할 수 있는 회계지식에 더해 경영환경

    시장을 이긴 주식 대가의 성공 투자 비결

과 사업에 대해 평가할 수 있는 지식을 겸비해야 내재가치를 제대로 추정할 수 있습니다. 여기에 가치평가를 통해 기업의 내재가치를 평가하면 높은 투자 성과를 올릴 수 있는 좋은 주식을 고를 수 있습니다. 정확하게 내재가치를 측정하지 못하더라도 합리적인 범위에서 추정이 가능하다면 투자에 성공할 확률은 훨씬 높아집니다. 회계지식과 재무지식은 주식 투자에서 성공하기 위해서 투자자들이 갖춰야 하는 기본적이면서 필수적인 무기입니다. 현대와 같이 금융시장 중심의 경제 시스템에서는 회계, 재무, 경제 지식이 결합되고 고도화된 금융지능이 사람들을 부자로 만드는 결정적인 역량이라 할 수 있습니다.

주식 대가들의 주식 투자 접근 방식

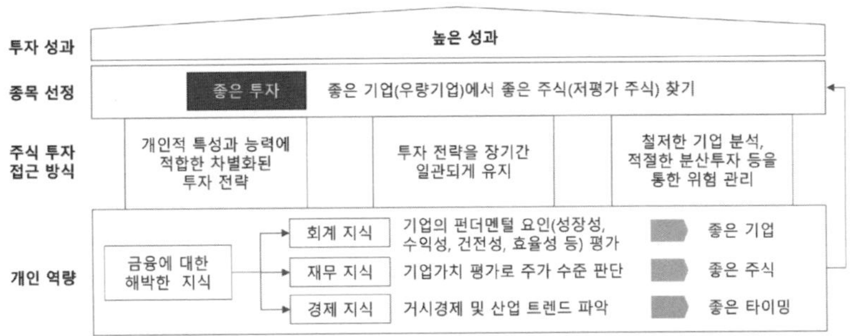

이상을 앞 장에서 살펴본 주식 대가들의 특징과 함께 다음과 같은 그림으로 표현할 수 있습니다. 요약하면 주식 대가들의 '좋은 기업' 중에서 '좋은 주식'을 찾아내서 투자하는 '좋은 투자'를 통해 높은 성과를 얻었습니다. 기업의 내재가치는 변하지 않는 상수(常數)가 아니라 새롭게 발생하는 여러 정보를 반영하면서 끊임없이 변화하는 변수(變數)입니다. 좋은

투자는 움직이는 과녁을 맞춰야 하는 사격에 비유할 수 있습니다. 항상 기업에 대한 정보와 시장 환경 변화에 주의를 집중하면서 내재가치를 추적해야 하는 이유입니다.

다모다란 교수가 제시하는
좋은 주식과 좋은 투자의 기준*

가치평가의 대가인 다모다란 교수는 내재가치보다 낮은 가격으로 매입하는 주식을 좋은 투자로 정의합니다. 좋은 투자를 하기 위해 기준으로 주가, 기업의 사업 내용, 경영진에 대한 평가 등을 제시합니다.

가치평가의 대가로 알려진 애스워드 다모다란(Aswath Damodaran) 뉴욕대(New York University) 스턴경영대학원(Stern School of Business) 교수는 좋은 투자는 내재가치보다 낮은 가격으로 살 수 있는 주식으로 정의합니다. 좋은 투자를 위한 의사결정에는 가격뿐만 아니라 기업의 사업과 경영진에 대한 평가를 고려해야 한다고 제안합니다. 아래에 다모다란 교수가 제시한 좋은 투자의 조건, 기업의 사업과 경영진에 대한 평가에 따른 투자 결정 방향을 간략하게 요약합니다.

좋은 기업은 종종 나쁜 투자가 될 수 있고, 나쁜 기업은 좋은 투자가 될 수 있습니다. 좋은 투자 대상을 선별하려면 PER가 낮고, 성장률이 높으며, 자기자본비용이 낮고, 자기자본이익률이 높은 주식을 찾아야 합니다.

---

* Damodaran 교수의 〈Explaining a Paradox: Why Good (Bad) Companies can be Bad (Good) Investments!〉 중에서 일부 발췌 인용. 글의 출처는 [https://aswathdamodaran.blogspot.com/2017/03/explaining-paradox-why-good-bad.html]

저렴한 회사와 비싼 회사

주가배수	저렴한 회사	비싼 회사
PER	낮은 PER, 높은 성장, 낮은 자기자본 위험, 높은 배당성향	높은 PER, 낮은 성장, 높은 자기자본 위험, 낮은 배당성향
PEG	낮은 PEG, 높은 성장, 낮은 자산 위험, 높은 배당성향	높은 PEG, 낮은 성장, 높은 자산 위험, 낮은 배당성향
PBV	낮은 PBV, 높은 성장, 낮은 자기자본 위험, 높은 ROE	높은 PBV, 낮은 성장, 높은 자기자본 위험, 낮은 ROE
EV/투하자본(IC)	낮은 EV/IC, 높은 성장, 낮은 영업 위험, 높은 ROIC	높은 EV/IC, 낮은 성장, 높은 영업 위험, 낮은 ROIC
EV/매출액	낮은 EV/매출액, 높은 성장, 낮은 영업 위험, 높은 영업이익률	높은 EV/매출액, 낮은 성장, 높은 영업 위험, 낮은 영업이익률
EV/EBITDA	낮은 EV/EBITDA, 높은 성장, 낮은 영업 위험, 낮은 세율	높은 EV/EBITDA, 낮은 성장률, 높은 영업 위험, 높은 세율

주: EV : Enterprise Value(기업가치), IC : Invested Capital(투하자본)
　ROIC : 투하자산수익률(Return on Invested Capital)

좋은 투자를 하려면 가격을 고려해야 합니다. 좋은 투자는 기업의 사업과 경영진을 고려하여 내재가치보다 낮은 시장가격으로 살 수 있어야 합니다. 너무 높은 가격에 거래되면 좋은 기업이 나쁜 투자가 되고, 충분히 낮은 가격에 거래되면 나쁜 기업은 좋은 투자가 될 수 있습니다. 최고의 경영진(great manager)이 관리하는 세계에서 가장 위대한 기업(great company)이라도 가격이 너무 높아 좋은 가격(great price)이 아니면 나쁜 투자가 될 수 있습니다. 반대로 형편없는 경영진을 가진 세계에서 가장 나쁜 기업도 가격이 충분히 낮으면 좋은 투자가 될 수 있습니다. 따라서 주식 투자의 기본은 펀더멘털을 기초로 평가한 내재가치와 실제 거래되는 시장가격을 비교하는 것입니다.

　　시장을 이긴 주식 대가의 성공 투자 비결

사업, 경영자, 가격에 따른 주식의 매입/매각 결정

기업의 사업	기업의 경영자	기업 가격	투자 결정
좋음(강력한 경쟁 우위, 성장하는 시장)	좋음(투자, 자금 조달, 배당 결정 최적화)	좋음 (가격 < 가치)	적극적인 주식 매입
좋음(강력한 경쟁 우위, 성장하는 시장)	나쁨(최적이 아닌 투자, 자금 조달, 배당 결정)	좋음 (가격 < 가치)	경영진이 교체되기 희망하면서 주식 매입
나쁨(경쟁 우위 없음, 시장 침체 또는 축소)	좋음(투자, 자금 조달, 배당 결정 최적화)	좋음 (가격 < 가치)	경영진이 교체되기 않기를 희망하면서 주식 매입
나쁨(경쟁 우위 없음, 시장 침체 또는 축소)	나쁨(최적이 아닌 투자, 자금 조달, 배당 결정)	좋음 (가격 < 가치)	경영진 교체를 희망하고 기업의 생존을 기원하면서 주식 매입
좋음(강력한 경쟁 우위, 성장하는 시장)	좋음(투자, 자금 조달, 배당 결정 최적화)	나쁨 (가격 > 가치)	감탄하며 바라보고, 매입하지 않음.
좋음(강력한 경쟁 우위, 성장하는 시장)	나쁨(최적이 아닌 투자, 자금 조달, 배당 결정)	나쁨 (가격 > 가치)	경영진이 교체되기를 기다림
나쁨(경쟁 우위 없음, 시장 침체 또는 축소)	좋음(투자, 자금 조달, 배당 결정 최적화)	나쁨 (가격 > 가치)	매각
나쁨(경쟁 우위 없음, 시장 침체 또는 축소)	나쁨(최적이 아닌 투자, 자금 조달, 배당 결정)	나쁨 (가격 > 가치)	단호하게 매도

투자자들은 훌륭한 경영자가 있는 훌륭한 기업을 좋은 가격에 매입하기를 원하지만, 모든 방면에서 위대함을 가진 기업을 찾기는 어렵습니다. 발상을 전환하여 좀 더 실용적인 방안을 찾아보면, 무관심하고 무능력한 경영자들이 경영하는 나쁜 사업을 하는 기업이라도 적절한 가격이면 투자할 수 있습니다. 잘못된 높은 가격에서는 아무리 좋은 슈퍼스타 기업들이라도 투자를 피해야 합니다.

기업의 내재가치 결정 요인

기업의 내재가치는 수익성, 성장성, 위험도에 따라 달라집니다. 성장성과 수익성이 높을수록, 위험도가 작을수록 기업가치는 커집니다.

기업의 내재가치는 기업이 미래에 창출하는 현금흐름의 현재가치로 정의합니다. 미래 현금흐름에 할인율을 적용하여 현재가치로 환산하여 측정합니다. 할인율은 위험도에 따라 결정됩니다. 따라서 기업의 내재가치는 미래 현금흐름의 크기와 할인율에 따라 달라집니다. 기업의 내재가치를 결정하는 핵심 요인은 ① 수익성 ② 성장성 ③ 위험도입니다. 기업의 수익성과 성장성이 높을수록 미래에 창출하는 현금흐름이 커지면서 내재가치가 증가합니다. 반대로 위험도가 높을수록 내재가치는 작아집니다.

기업 내재가치 결정의 3요인: 수익성, 성장성, 위험도

기업이 미래에 창출하는 현금흐름의 크기는 수익성과 성장성에 좌우됩니다. 수익성은 얼마나 많은 가치를 창출했는지를 나타냅니다. 기업의 수익성이 높을수록 많은 현금흐름을 창출합니다. 성장성은 매출이나 이익이 얼마나 빠르게 성장했는지를 측정합니다. 기업의 성장성이 높을수록 창출하는 현금흐름이 빠르게 증가합니다. 성장성과 수익성은 기업 경쟁력을 대표하는 기업 내재가치 결정의 기초적 요인입니다.

기업의 위험도는 현재가치 계산에 사용되는 할인율에 반영됩니다. 할인율은 투자자들이 투자의 대가로 기업에 대해 이자율처럼 지급해 주기를 요구하는 수익률과 같습니다. 투자자들이 기업에 요구하는 수익률은 위험도에 따라 달라집니다. 기업에 내재된 위험이 높을 경우 높은 수익률을 요구하고, 위험이 낮을 경우 낮은 수익률을 요구합니다. 투자자들이 요구하는 수익률은 자본 제공에 대한 대가라는 의미에서 자본비용(Cost of Capital)이라고 합니다. 할인율은 성장성이나 수익성의 변화 등과 기업 내부 요인에 더해 금융환경, 시중금리 등과 같은 외부 요인의 영향을 상당히 많이 받습니다.

기업 내재가치 결정의 3요인

① 수익성

기업의 수익성에 따라 현금흐름의 크기가 달라집니다. 기업의 수익성이 높을수록 현금흐름을 많이 창출합니다. 기업의 내재가치는 현금흐름이 많을수록 커지기 때문에 일반적으로 수익성이 높은 기업의 내재가치가 큽니다. 내재가치를 평가하기 위해서는 과거 실적, 경기 및 산업 전망, 기업 경쟁력 등에 대한 분석을 통해 파악한 수익성을 반영하여 미래 현금흐름을 전망해야 합니다.

② 성장성

기업의 미래 현금흐름은 수익성뿐만 아니라 성장성에 따라 달라집니다. 성장성이 높은 기업은 현재의 현금이 크지 않더라도 미래 현금흐름이 빠르게 증가하면서 내재가치가 높아집니다. 미래 성장성에 대한 기대가 높은 기업의 주식가격이 높은 이유입니다. 거시경제 환경과 산업 성장성, 기업 경쟁력 등에 대한 분석을 바탕으로 미래 성장성을 전망하고 내재가치 평가에 반영합니다.

③ 위험도

기업의 위험도가 높다는 것은 기업이 창출하는 현금흐름의 불확실성이 높다는 의미입니다. 미래의 불확실성은 할인율에 반영됩니다. 미래 현금흐름의 불확실성이 높을수록 투자자들이 위험에 상승하는 더 많은 보상을 요구하기 때문에 할인율이 높아집니다. 불확실성이 높은 현금흐름일수록 할인율이 높아지면서 미래의 액면금액(미래가치)에 비해 현재가치는 낮아집니다. 기업의 내재가치도 마찬가지입니다. 기업이 창출하는 현금흐름에 내재된 위험도가 클수록 높은 할인율이 적용되면서 내재가치는 낮아집니다. 기업의 내재가치를 평가하기 위해서는 기업의 위험도를 측정하고 할인율을 통해 반영합니다.

매년 현금흐름이 일정하게 증가하는 기업가치

앞에서 설명한 현재가치 계산 방법에서 매년 CF만큼의 동일한 현금흐름이 발생하고, 현금흐름이 매년 g%만큼 일정하게 증가하고, 할인율이 r%라고 가정하면, 기업가치(V)는 다음과 같이 측정합니다.

$$V = \frac{CF(1+g)}{r - g} \quad \Longleftrightarrow \quad V = \frac{\text{수익성·성장성}}{\text{위험도 - 성장성}}$$

현금흐름(CF)에는 수익성과 성장성(g), 할인율(r)에는 위험도가 반영되어 기업가치가 결정됩니다. 기업가치는 성장성과 수익성이 높을수록, 위험도가 낮을수록 커집니다. 비슷한 수익성이나 위험을 가진 기업이라도 높은 성장성을 지속할 것으로 기대되는 기업의 주가는 높은 수준에서 결정됩니다.

경영성과로 살펴본 주가 수준 평가: 삼성전자 vs. 애플

2021년부터 정체된 모습을 보였던 삼성전자 주가가 2025년 9월 이후 빠르게 상승했습니다. 그렇지만 여전히 삼성전자의 기업가치는 애플과 상당한 격차를 보입니다. 삼성전자의 경영성과를 애플과 비교하면 성장성과 수익성이 과거에 비해 많이 뒤떨어지는 가운데 설비투자에 막대한 자금이 필요해 주주에게 돌아가는 현금흐름이 적었습니다. 삼성전자의 낮아진 성장성과 현금흐름 창출능력이 주가 상승을 제약하는 요인으로 작용했던 것으로 보입니다.

※ 이 글은 2025년 10월 15일 주가를 기준으로 작성되었습니다.

삼성전자는 다양한 전자 제품을 생산하는 한국을 대표하는 기업입니다. 주로 반도체, 휴대폰, 가전제품 등을 생산하고 판매하여 수익을 창출합니다. 매출액 기준으로 글로벌 기업들의 순위를 정하는 Forbes Global 2000에서 2025년 기준 19위를 기록했습니다. 삼성전자는 한국을 넘어 전 세계적으로 매출 규모가 최상위권에 속하는 글로벌 우량기업이라고 할 수 있습니다.

애플은 미국에 본사를 두고 다양한 사업을 통해 수익을 창출하는 세계적인 기업입니다. 휴대폰(아이폰), 태블릿 PC(아이패드), 스마트워치(애플워치) 등과 같은 하드웨어 제품과 함께 운영체계(macOS), 브라우저(사파리) 등의 소프트웨어 제품 판매와 앱스토어, 클라우드, 금융 등과 같은 서비스 사업을 제공하고 있습니다. 2025년 기준 Forbes Global 2000 순위에서 11위를 차지할 정도로 매출 규모에 있어서 전 세계 기업 중에서 최상위권에 속합니다. 애플은 휴대폰 사업에서 삼성전자와 강력한 경쟁 관계에 있는 기업입니다.

휴대폰 산업에서 경쟁 관계에 있는 삼성전자와 애플에 대해 주식시장에서 평가하는 기업가치(시가총액)는 상당한 차이를 보입니다. 기업가치의 펀더멘털은 경영성과입니다. 경영성과를 통해 기업가치 격차의 원인을 찾아보겠습니다.

삼성전자의 시가총액은 애플의 10% 수준

삼성전자와 애플의 주가 변화(2000년~2024년)

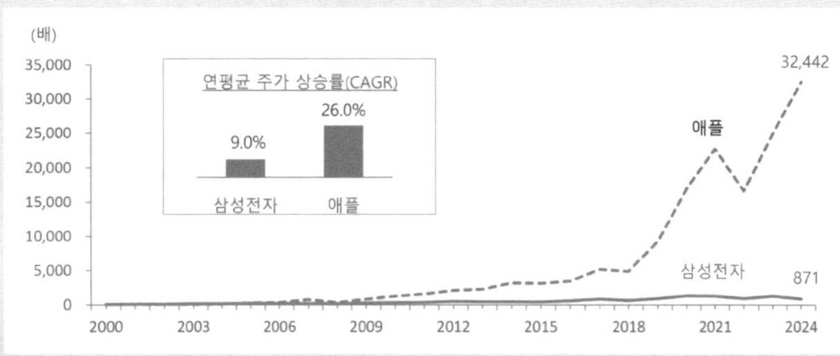

주: 2000년 초 대비 주가 변화. CAGR(compound annual growth rate)은 복리 개념으로 계산한 연평균 상승률. 참고로 2000~2024년 동안 단순 평균 상승률은 삼성전자 14.2%, 애플 41.2%

삼성전자와 애플의 장기간 기업가치 변화를 살펴보면 애플이 삼성전자를 훨씬 앞섭니다. 2000년부터 2024년까지 삼성전자의 주가는 연평균 9.0% 상승한 반면 애플의 주가는 26.0% 상승하여 삼성전자에 비해 17.0%p 높았습니다.

2000년 초에 비해 2024년 말 주가는 삼성전자가 871배 상승한 데 비해 애플의 주가는 32,442배나 상승했습니다. 매년 17.0%p의 상승률 격차가 2000~2024년의 25년 동안 누적되면서 애플의 주가가 삼성전자에 비해 37.3배나 더 많이 상승하는 결과로 나타났습니다.

주식시장에서 평가받는 기업가치에 있어서도 현저한 차이를 보이고 있습니다. 2025년 10월 15일 기준 삼성전자의 보통주 시가총액은 562조 원(우선주 포함하면 623조 원)으로 애플의 5,264조 원(3조 7,003억 달러에 원/달러 매매기준율 환율 1,422.5원 적용하여 환산)의 10.7%에 그쳤습니다. 삼성전자의 주가는 정체 상태를 보인 반면 애플의 주가는 꾸준히 상승하면서 시간이 지나면서 삼성전자와 애플 간의 기업가치 격차가 확대되었습니다. 2025년 하반기에 삼성전자의 주가가 빠르게 상승하면서 격차가 축소되었습니다.

실적과 비교한 상대적인 주가 수준, 삼성전자가 낮은 평가

경영성과와 비교한 주가 수준에 있어서도 삼성전자는 애플에 비해 낮은 평가를 받고 있습니다. 2025년 10월 15일 기준 예상 실적을 기준으로 계산한 PER는 삼성이 15.34배로 애플의 32.05배에 비해 절반 수준에 그치고 있습니다. 장부가치와 비교한 주가 수준인 PBR도 애플은 57.97배인데 비해 삼성전자가 1.54배에 그치고 있습니다. 최근 기업가치 평가 지표로 많이 사용되고 있는 EV/EBITDA에 있어서도 삼성전자는 6.22배로 애플의 27.26배에 비해 20%를 소폭 상회하는 수준에 머물렀습니다. 전반적으로 경영성과, 장부가치, 현금흐름 등과 비교한 삼

　　　　　시장을 이긴 주식 대가의 성공 투자 비결

성전자의 주가는 애플에 비해 평균 40% 내외 수준에 그치는 상당히 낮은 평가를 받고 있는 것으로 나타났습니다. 그나마 평균 20% 수준에 그쳤던 2024년 말 주가에 비해서는 상당히 개선되었습니다.

삼성전자와 애플의 주가 배수 비교

주가배수	2024년 말			2025년 10월 15일		
	삼성전자	애플	삼성/애플	삼성전자	애플	삼성/애플
PER(Trailing, 과거 실적 적용)	11.27	41.19	0.27	20.01	39.02	0.51
PER(Forward, 예상 실적 작용)	9.41	33.67	0.28	15.34	32.05	0.48
PEG Ratio (5년 예상 성장률 적용)	0.26	2.29	0.11	2.30	2.47	0.93
PSR(주가/주당 매출액)	0.97	9.87	0.10	1.61	9.50	0.17
PBR(주가/주당 장부가치)	0.96	66.14	0.01	1.54	57.97	0.03
PCR(주가/주당 잉여현금흐름)	21.59	33.19	0.65	20.69	40.37	0.51
EV*/매출액	0.91	9.74	0.09	1.61	9.45	0.17
EV/EBITDA	3.57	28.28	0.13	6.22	27.26	0.23

주: * EV(Enterprise Value): 기업가치, 2024년 말 PCR은 2025년 1월 14일 기준
자료: Yahoo Finance[finance.yahoo.com]

영업활동의 수익성을 나타내는 EBITDA 마진의 차이는 크지 않아

기업가치를 결정하는 핵심적인 요인은 경영 성과입니다. 경영성과를 여러 측면에서 비교하면 기업가치에 차이가 나는 이유를 파악할 수 있습니다. 삼성전자와 애플의 장기간 동안의 과거 경영성과를 통해 주식시장의 평가에 차이가 나는 이유를 찾아보겠습니다.

먼저 성장성을 살펴보면 2000~2024년* 동안 삼성전자의 매출증가율은 연평균 10.0%를 기록하였습니다. 같은 기간 애플의 20.5%에 비해 절반 정도에 그쳤습니다. 특히 삼성전자는 2010년대 들어 평균 매출증가율이 한 자리 수로 떨어졌고 수준도 낮아지는 모습을 보였습니다. 애플도 2010년대 이후 성장성은 낮아졌지만 삼성전자에 비해 높은 수준을 유지했습니다.

수익성에 있어서도 삼성전자는 애플에 뒤졌습니다. 2000~2024년 동안 연평균 영업이익률은 삼성전자 12.9%, 애플 21.3%를 기록했습니다. 2000년대 들어 2010년대까지 상승세를 유지했던 삼성전자의 영업이익률은 2020년대 들어 10%대 초반으로 하락한 반면 애플은 30%에 가까운 높은 수준을 유지했습니다. EBITDA 마진에 있어서도 삼성전자 22.2%, 애플 24.0%를 기록했습니다. 영업이익률의 격차가 8.4%p인데 비해 EBITDA 마진의 격차는 1.8%p에 불과합니다.

영업이익과 EBITDA의 차이는 주로 설비투자에서 발생하는 감가상각비입니다. 삼성전자가 애플에 비해 감가상각비의 부담이 상당히 크다는 것을 알 수 있습니다. 설비투자에 투자한 필요한 현금흐름을 제외하면 삼성전자와 애플의 수익성 격차는 크지 않음을 알 수 있습니다. 영업활동에서 벌어들이는 유입 측면의 현금흐름 창출 능력의 차이는 크지 않다고 판단할 수 있습니다.

---

* 연도는 회계연도 기준입니다. 애플의 결산일은 9월 말입니다. 회계연도는 결산일이 속한 연도를 기준으로 합니다. 애플의 2024년 회계연도는 2023년 10월부터 2024년 9월까지를 의미합니다.

 시장을 이긴 주식 대가의 성공 투자 비결

삼성전자와 애플의 주요 성장성과 수익성 지표

구분	성장성(%)			수익성(%)					
재무지표	매출증가율			영업이익률			EBITDA마진		
기업	삼성전자	애플	차이	삼성전자	애플	차이	삼성전자	애플	차이
2000–2004	21.2	9.2	12.0	13.8	1.4	12.4	20.6	3.1	17.5
2004–2009	11.0	40.2	−29.2	8.4	18.4	−10.0	16.5	19.8	−3.3
2010–2014	9.2	35.7	−26.5	12.6	30.4	−17.8	20.4	33.1	−12.7
2015–2019	2.6	8.1	−5.5	17.2	27.2	−10.0	28.0	31.8	−3.8
2020–2024	6.2	9.2	−3.0	12.3	29.1	−16.8	25.7	32.3	−6.6
전체 평균	10.0	20.5	−10.5	12.9	21.3	−8.4	22.2	24.0	−1.8

주: 연도는 회계연도 기준. 회계연도는 결산일이 속한 연도를 기준으로 결정.

삼성전자의 결산일은 12월 말, 애플의 결산일은 9월 말. 삼성전자의 2024년 회계연도는 2024년 1월부터 12월까지, 애플의 2024년 회계연도는 2023년 10월부터 2024년 9월까지를 의미

주주에게 돌아가는 현금흐름의 차이가 기업가치 격차의 원인

현금흐름에 있어 삼성전자와 애플은 현저한 차이를 보입니다. 2000~2024년 평균 매출액 대비 영업현금흐름의 비율은 삼성전자 18.8%, 애플 23.6%로 애플이 4.8%p 높았습니다. 영업활동에서 발생한 현금흐름 중에서 설비투자에 사용한 비중은 삼성전자가 애플에 비해 훨씬 많았습니다. 매출액 대비 설비투자 비중은 삼성전자 13.2%로 애플의 3.7%에 비해 3배 이상 높았습니다.

삼성전자는 영업활동에서 상당한 현금흐름을 창출했음에도 불구하고 설비투자에 많은 현금흐름을 사용하여 기업에 남는 현금흐름은 상대적으로 많지 않았습니다. 삼성전자의 매출액 대비 잉여현금흐름(영업현금흐름-설비투자) 비율은 5.6%로 애플의 19.8%에 비해 30% 수준에 그쳤습니다.

경영성과를 통해 삼성전자의 기업가치가 낮게 평가받고 이유를 성장성 측면

에서 찾아보면, 주식시장에서 바라보는 미래 성장성에 대한 기대가 낮아졌던 것으로 판단됩니다. 삼성전자의 성장성이 낮은 데다 추세도 낮아지는 모습을 보였기 때문입니다. 다만 2024년 성장성이 높아져 주식시장의 새로운 평가가 기대되는 상황입니다. 수익성은 비교적 양호한 수준을 유지하고 있지만 최근에 낮아지는 추세를 보였습니다.

현금흐름 측면에서는 영업활동에서 창출한 현금흐름의 상당 부분을 설비투자에 사용하여 기업에 남아 주주에게 돌아가는 현금흐름이 적었습니다. 삼성전자가 영업활동에서 창출한 현금흐름 중에서 70% 정도를 설비투자에 사용하고 있는 반면 애플의 영업현금흐름 중에서 설비투자에 지출한 비중은 13%에 불과했습니다.

삼성전자와 애플의 주요 현금흐름 지표

구분	현금흐름 지표(%)								
재무지표	영업현금흐름/매출			설비투자/매출			잉여현금흐름/매출		
기업	삼성전자	애플	차이	삼성전자	애플	차이	삼성전자	애플	차이
2000-2004	15.8	6.3	9.5	11.4	2.7	8.7	4.4	3.6	0.8
2004-2009	14.8	20.2	-5.4	11.6	2.8	8.8	3.2	17.4	-14.2
2010-2014	17.3	31.9	-14.6	11.9	5.4	6.5	5.4	26.6	-21.2
2015-2019	23.3	29.9	-6.6	13.2	5.1	8.1	10.1	24.8	-14.7
2020-2024	22.5	29.6	-7.1	17.7	2.7	15.0	4.9	26.8	-21.9
전체 평균	18.8	23.6	-4.8	13.2	3.7	9.5	5.6	19.8	-14.2

주: 연도의 기준은 위의 성장성 및 수익성 지표와 동일

흔히 주가는 미래 현금흐름의 현재가치로 정의됩니다. 여기서 현금흐름은 투자에 사용하고도 기업에 남아 최종적으로 주주에게 돌아갈 수 있는 잉여현금흐름을 의미합니다. 삼성전자는 영업활동에서 벌어들이는 현금흐름이 많았지만,

시장을 이긴 주식 대가의 성공 투자 비결

동시에 지출하는 현금흐름도 많았습니다. 삼성전자의 경우 최근 성장성과 수익성 하락으로 미래 현금흐름의 크기 증가에 대한 기대감이 낮아졌고, 설비투자에 많은 현금흐름 지출이 필요한 반도체 사업구조의 특성으로 인해 주가가 상대적으로 낮은 평가를 받고 있는 것으로 판단됩니다.

삼성전자는 '좋은 기업', 기업가치가 높아지기 위해서는 현금흐름 창출 능력 강화 필요

미국 제조기업의 평균적인 영업이익률이 7% 내외 수주인 점을 감안하면 수익성이나 영업현금흐름 측면에서 삼성전자는 여전히 양호한 수준을 유지하고 있습니다. 그렇지만 삼성전자는 많은 설비투자가 필요한 주력 반도체 사업의 구조적인 특성으로 인해 주주에게 많은 현금흐름을 돌려주지 못하고 있었습니다.

기업 입장에서 살펴보면 삼성전자는 영업활동에서 양호한 현금흐름 창출능력을 갖고 있습니다. 그렇지만 투자활동에 많은 현금흐름을 사용해야 하기 때문에 주주 입장에서 평가한 삼성전자의 최종적인 현금흐름 창출 능력은 높지 못한 것입니다.

삼성전자는 영업활동의 경영성과 측면에서 분명히 '좋은 기업'으로 보입니다. 삼성전자의 주가는 경영성과에 비해 상당히 낮은 평가를 받고 있어 상승 여력이 충분해 보입니다. 그렇지만 낮은 성장성과 잉여현금흐름 등을 감안하면 '좋은 주식'이라고 평가하는 데에는 신중한 접근이 필요해 보입니다. 삼성전자 주식이 확실한 '좋은 주식'이 되기 위해서는 성장성과 현금흐름 측면의 펀더멘털 개선이 필요해 보입니다.

3장

주식 대가들의 투자 접근법

주식 대가들은 각자의 경험과 지식에 따라 형성된 투자 이념과 철학에 따라 투자 전략을 개발하고 종목 선정 기준을 정했습니다. 따라서 주식 대가들의 투자 전략과 종목 선정 기준은 개인별로 상당한 차이가 있었습니다. 그렇지만 모두 주식 투자에 성공했다는 공통점이 있습니다. 투자 원칙과 전략, 종목 선정 기준을 파악할 수 있는 13명의 주식 대가들을 자세하게 살펴보았습니다.

주식 대가들의 주식시장 접근 방식과 투자 전략은 각인각색입니다. 주식 투자에서 높은 성과를 거둔 주식 대가들은 개인마다 차별화된 독특한 방식으로 투자에 접근합니다. 주식 투자에 대한 원칙과 접근 방식의 방향성에 대해서는 공통점을 찾아볼 수 있습니다. 그렇지만 구체적인 투자 전략에 있어서는 개인별로 완전히 서로 다른 모습을 보입니다. 주식 대가 개인의 관심사와 역량에 맞춰 투자 전략을 개발했기 때문으로 보입니다. 앞에서 소개해드린 바와 같이 주식 대가들은 회계와 재무 분야의 전문가로서 상당한 수준의 지식을 갖고 있습니다. 각자가 갖고 있는 회계와 재무 지식을 활용하여 자신의 취향과 능력에 적합한 세부적인 투자 전략을 수립하고 실제 주식 투자에 적용했습니다.

주식 대가들의 투자 원칙과 접근 방식의 방향성은 일반 투자자들에게 많이 알려져 있고 유용한 교훈을 주지만, 구체적이지 못해 실제 투자에 적용하기에는 한계가 있습니다. 일반 투자자들이 궁금해하고 실제 적용할 수 있는 범위는 구체적인 투자 전략과 종목 선정 방법일 것입니다. 일반 투자자라도 주식 대가들의 전략과 종목 선정 방법을 실제 투자에 적용한다면 성공할 가능성이 높아질 것이라는 기대감이 있기 때문입니다. 실제로 구루포커스(GuruFocus), 밸리디아(Validea) 등과 같이 주식 대가들의 종목 선정 기준을 적용하여 투자 종목을 추천하는 서비스를 제공하는 기업들도 있습니다.

주식 대가들의 종목 선정 기준에는 투자 이념과 투자 철학이 반영되어 있습니다. 주식 대가 자신들의 투자 철학과 원칙을 투자에 구체적으로 적용한 것이 종목 선정 기준입니다. 주식 대가들의 종목 선정 기준은 일반 투자자들이 실제 적용해 볼 수 있는 방법을 개발할 수 있다는 측면에서 유용합니다. 이에 더해 주식 대가들이 주식 투자에 임하는 정신을 엿볼 수 있다는 점에서 더 큰 의미를 찾을 수 있습니다.

투자 대가들의 주식 투자 접근법을 파악하기 위한 단계별 구분과 내용

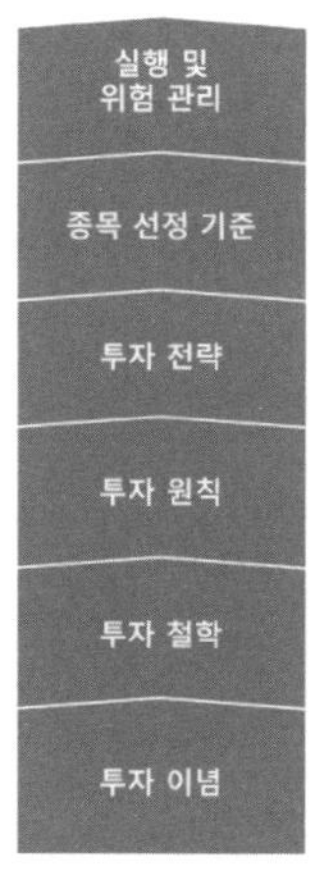

매매 실행과 위험 관리 기준, 성과 평가, 모니터링 및 투자 조정
(예) 목표 수익률 접근 정도에 따라 단계적 매도, 손실 10% 발생 시 무조건 손절 매도)

투자할 종목을 선택할 때 사용하는 구체적인 기준과 분석 방법
(예) 안정적인 현금 흐름과 높은 성장 잠재력을 가진 기업을 선별하여 투자,
　　높은 PER 종목에 집중 투자)

투자 목표를 달성하기 위해 사용하는 구체적인 계획과 방법, 포트폴리오 구성 기준
(예) 성장 가능성이 높은 소형 기술주에 집중 투자하여 시장을 초과하는 성과 달성)

투자 결정을 할 때에 지켜야 하는 기본적이고 구체적인 규칙과 기준
(예) 기업의 내재가치를 분석하여 투자 결정, 분산 투자를 통해 손실 위험을 최소화,
　　장기 투자를 통해 투자 이익 실현)

시장을 바라보는 관점과 투자에 대한 기본적인 믿음, 일관된 접근 방식
(예) 가치투자… 시장의 단기적인 변동성에 흔들리지 않고 본질적인 가치에 초점,
　　시장은 단기적 비효율, 장기적으로는 효율적… 저평가된 주식에 장기 투자)

투자에 대한 근본적 가치관과 추구하는 궁극적 목표, 경제와 자본시장에 대한 믿음
(예) 자본주의 경제에서는 자본에 대한 효율성이 가치 창출, 사회에 긍정적 영향을
　　미치는 기업에 투자하여 재무적 성과와 사회적 가치를 동시 추구)

　주식 대가들에게 투자 철학이나 원칙은 자신들의 비전과 같기 때문에 대외적으로 많이 언급하면서 공개하지만, 종목 선정 기준은 영업기밀과 같은 것이기 때문에 구체적인 내용을 공개하지 않는 경우가 많습니다. 그렇지만 일부 주식 대가들은 자신들의 종목 선정 기준을 언론 인터뷰나 저술 활동을 통해 공개하였습니다. 주식 대가들이 직접 집필한 저서 또는 다른 사람들이 작성한 여러 자료를 통해 투자 원칙과 전략, 그리고 종목 선정 기준을 구체적으로 파악할 수 있는 13명의 주식 대가들을 살펴보았습니다. 특히 주식 대가들의 종목 선정 기준을 가능한 세부적으로 찾아보았습니다.

벤저민 그레이엄(Benjamin Graham), 가치투자의 창시자이며, 보수적 가치투자자

벤저민 그레이엄은 재무제표 정보를 분석하여 재무 건전성이 튼튼하고 이익과 배당의 지속성이 높은 기업 중에서 자산가치에 비해 시장가치가 매우 저렴한 저평가된 주식에 투자하는 '손실을 보지 않는 보수적인 투자'를 추구했습니다.

벤저민 그레이엄(Benjamin Graham, 1894년 5월 9일 ~ 1976년 9월 21일)은 영국 런던 출생으로 미국에서 투자회사를 설립하여 운영한 투자자이면서, 전문 서적 출간과 대학 강의 등을 통해 수많은 투자 전문가를 양성한 교육자였습니다. '증권분석의 창시자'이면서 '가치투자의 아버지'로 불리면서 주식 투자의 대가로 인정받고 있는 인물입니다. 가치평가에 근거한 체계적인 주식 투자 접근 방식의 초석을 다진 인물로 평가됩니다.

컬럼비아 대학교를 20세에 졸업한 후 월스트리트에서 투자업계의 경력을 쌓기 시작했고, 1936년 제롬 뉴만(Jerome Newman)과 공동으로 투자회사(Graham-Newman Partnership)를 설립하여 1956년까지 운영했습니다. 벤저민 그레이엄은 투자자로서 높은 투자 성과를 거두었습니다. 벤저민 그레이엄은 1936년부터 1956년까지 연평균 약 20%의 수익률을 기록했습니다. 같은 기간 동안 전체 주식시장의 연평균 수익률은 12.2%였습니다. 20년 동안 시장 대비 8%p 정도의 초과수익률을 올렸던 것입니다.

벤저민 그레이엄은 교육자로도 명성이 높았습니다. 『증권분석』(Securi-

   시장을 이긴 주식 대가의 성공 투자 비결

ty Analysis, 1934)과『현명한 투자자』(The Intelligent Investor, 1949) 등과 같은 주식 투자의 고전으로 인정받는 유명한 서적을 저술했습니다.『증권 분석』은 이론을 바탕으로 현대적인 과학적 투자분석의 출발점이 된 서적입니다. 증권분석 분야의 표준화와 전문화에 크게 기여했다는 평가를 받고 있습니다.『현명한 투자자』는 워런 버핏으로부터 '투자에 관한 최고의 책'이라는 평가를 받았습니다. 벤저민 그레이엄은 콜롬비아 대학과 UCLA에서 교수로 재직하면서 수많은 제자를 길러냈습니다. 그 중에는 월터 슐로스, 워런 버핏 등 투자 대가로 꼽히는 인물들이 다수 포함되어 있습니다. 벤저민 그레이엄이 주식 대가들의 스승으로 불리는 이유입니다.

벤저민 그레이엄의 투자 원칙

벤저민 그레이엄이 실행했던 투자 방식의 특징은 ▲계량적 분석 중시 ▲엄격한 보수적 투자 ▲분산투자 ▲장기투자 등을 꼽을 수 있습니다. 벤저민 그레이엄은 계량적 분석을 중시하고 손해를 매우 싫어하는 보수적인 투자자였습니다. 위험 관리를 위해 분산 투자하면서 저평가된 종목에 장기 투자하였습니다.

벤저민 그레이엄은 재무제표와 데이터를 사용하는 계량적 분석을 통해 기업의 기초적인 요인을 직접 평가했습니다. 과거 실적에 근거한 펀더멘털에 기초하여 투자를 결정했습니다. 애널리스트 또는 전문가들의 전망을 믿지 않았습니다. 미래는 예측하기 어렵고 주관적 요소가 개입되기 때문에 전망을 의사결정에 사용하지 않았습니다.

벤저민 그레이엄은 성장성보다 안정성, 미래가치보다는 현재 장부가치를 중시하는 보수적인 기조를 유지했습니다. 안전마진(Margin of Safety)이 커서 손해가 발생할 가능성이 매우 낮은 주식에 투자했습니다. 여기서 안전마진은 장부가치와 시장가치의 차이입니다. 장부가치에 비해 시장가치가 작을수록 주가가 저평가되어 있어 추가적인 하락보다 상승할 가능성이 높아집니다. 그레이엄이 안전마진을 중시하게 된 것은 1929년 대공황 당시 엄청난 손실을 입은 경험 때문이었습니다. 이 때부터 투자 리스크 관리의 중요성을 인식하고, '손실이 없는 투자'를 목표로 삼게 되었습니다.

벤저민 그레이엄은 적절한 분산투자를 권고했습니다. 일부 종목이 하락하더라도 다른 종목들이 상승하면서 상쇄될 수 있기 때문입니다. 저평가된 안전마진이 큰 여러 종목을 매수하여 시장 변화에 흔들리지 않고 장기 보유한다면 높은 수익률을 올릴 수 있다고 믿었습니다. 이와 같은 신념하에 자신의 투자 방식을 믿으며 계속 고수했습니다.

종목 선정 기준

벤저민 그레이엄은 (1) 재무적으로 건실하고, (2) 지속적으로 이익을 창출하며, (3) 장부가치에 비해 시장가치가 훨씬 낮은 종목을 투자 대상으로 선정했습니다. 회계지표를 기준으로 정량 분석을 적용하여 (1) 과거 실적과 현재 재무상태가 최소 질적 기준을 충족하고, (2) PER 및 PBR이 최소 양적 기준을 충족하는지 확인하는 방식으로 종목을 선정했습니다.

   시장을 이긴 주식 대가의 성공 투자 비결

벤저민 그레이엄은 다음과 같은 방어적 투자자를 위한 4가지 종목 선정 기준을 추천했습니다.[*]

① 충분하지만 과도하지 않게 분산 투자한다. 보유 종목 수를 10~30개로 한다.
② 재무구조가 건전한 유명 대기업 중에서만 선정한다.
③ 장기간 지속적으로 배당을 지급한 기업들 중에서만 선정한다.
④ 과거 7년 평균 이익을 고려하여 매수 가격 상한선을 설정한다. 추천하는 가격 기준은 과거 7년 평균 이익의 25배 이하인 동시에 최근 12개월 이익의 20배 이하이다.

벤저민 그레이엄은 방어적 투자자의 종목 선정을 위한 세부적인 기준도 제시했습니다. 구체적인 내용은 아래의 표와 같습니다.

벤저민 그레이엄의 종목 선정 기준

기준	세부 내용
1. 충분한 규모	· 재무구조가 건전한 유명 대기업들 중에서만 선정 – 제조회사는 연간 매출 1억 달러 이상 – 전기가스통신 기업은 총자산 5,000만 달러 이상 · 유명 대기업은 주요 업종을 대표하는 거대 기업을 의미 – 해당 업종에서 차지하는 매출 비중이 1/4 내지 1/3이 되는 기업 · 제조회사들 중에서 실적 변동이 평균보다 심한 소기업들은 투자 대상에서 제외

---

[*] 현명한 투자자, 벤저민 그레이엄 지음, 이건 옮김, 국일증권경제연구소, p. 87-88

기준	세부 내용
2. 매우 건전한 재무상태	· 제조회사 – 유동비율(=유동자산/유동부채) 200% 이상 – 장기부채가 순유동자산(=운전자본)의 이하 – 부채비율 100% 이하 · 철도 또는 유틸리티 기업(전기, 가스, 수도, 도로, 통신 업종): 부채비율 200% 이하[*]
3. 이익의 안정성	· 최근 10년 동안 적자 사례 없는 기업
4. 배당의 지속성	· 최근 20년 동안 연속 배당 지급 실적
5. 이익의 성장성	· EPS 성장률 33% 이상 – 10년 전 3년 평균 이익과 최근 3년 평균 이익을 비교한 성장률
6. 적당한 PER	· PER 15 이하(최근 3년 평균 이익 기준) · 추천하는 매수 가격 상한선 기준은 7년 평균 이익의 25배인 동시에 최근 12개월 이익의 20배 이하
7. 적당한 PBR	· PBR 1.5 이하 · PER가 15 미만이라면 PBR이 그만큼 더 높아도 가능 – 추천하는 어림셈법은 PER x PBR ≤ 22.5
8. 낮은 주가	· 안전마진(margin of safety)이 충분한 염가 종목 – (1/PER) > 우량등급 채권수익률(AA등급 채권 수익률) – 시가총액 < (순운전자산 – 차입금)

주 1) 벤저민 그레이엄이 제시한 방어적 투자자의 종목 선정 기준에서 '낮은 주가' 추가

  2) 매출 1억 달러 기준을 책이 발간된 1972년의 기준으로 간주하여 물가상승률을 적용하여 조정하면 약 7 억 달러 수준

자료: 『현명한 투자자』, 벤저민 그레이엄 저, 이건 역, 국일증권경제연구소, 2020.05.26.

---

[*] 벤저민 그레이엄은 유틸리티 기업의 종목 선정 기준으로 총자본 대비 자기자본 비중 30% 이상을 제시하였습니다. 이를 부채비율로 환산하면 233% 이하입니다. 편의상 통상적으로 많이 사용되는 부채비율 200% 이하로 대체하였습니다.

▎ 워런 버핏(Warren Buffett), 가치투자의 대가

워런 버핏은 주식 투자로 세계 최고의 부자가 되었습니다. 철저한 분석을 통해 안정적으로 성장하고 수익성이 높으며 재무구조가 건실한 우량기업 중에서 내재가치에 비해 시장가치가 저평가된 주식을 엄선하여 매입하고 장기 보유하는 투자 전략을 유지했습니다.

워런 버핏(1930년 8월 30일 출생)은 미국 네브래스카주 오마하 출생의 투자자이면서 기업인입니다. 투자회사인 버크셔 해서웨이의 최대주주로서 오랫동안 최고경영자(CEO)를 역임했습니다. 워런 버핏은 주식투자에서 엄청난 성공을 거둔 가치투자의 대가입니다. 투자 역사상 가장 위대한 투자자로 손꼽히는 인물입니다. 워런 버핏은 주식 투자로 엄청난 부를 축적했습니다. 워런 버핏은 미국의 경제 전문지인 포브스가 2025년 4월 발표한 세계 개인 자산 순위에서 1,540억 달러를 보유하여 6위에 올랐습니다. 워런 버핏은 뛰어난 투자 성과와 더불어 검소함과 기부 활동으로 '오마하의 기적 또는 현인(Oracle or Sage of Omaha)'으로 불립니다.

워런 버핏은 초등학교 때부터 아버지가 운영하는 증권회사 사무실에서 시세판과 차트를 작성하면서 주식에 익숙해졌고, 11세에 처음으로 주식에 투자했습니다. 워런 버핏은 고등학교 졸업 때까지 신문배달, 게임기 대여, 농장 임대 등으로 상당한 금액(현재가치로 11만 달러 상당액)을 저축했습니다. 아버지의 뜻에 따라 17세(1947년)에 펜실베니아 대학교 와튼 스쿨 경제학부에 진학하여 2년 동안 공부하다가 19세에 네브라스카 대학으로 편입하여 조기 졸업으로 학사 학위를 취득했습니다. 대학교 졸업 이후 콜롬비아 대학교 경영대학원에 진학해서 1951년 경제학 석사 학위를 취득했습니다. 콜롬비아 대학교에서 전설적인 투자자이자 교육자인 벤저민 그레이엄의 강의를 듣고, 많은 영향을 받아 자신만의 투자 철학을 정립해 나가기 시작했습니다.

대학원 졸업 이후 오마하로 돌아와 아버지의 회사에서 주식 중개인으로 일하다가 1954년부터 1956년까지 벤저민 그레이엄이 설립한 투자회사인 그레이엄-뉴먼에 합류하여 근무하면서 스승인 벤저민 그레이엄의 투자 방식을 배웠습니다. 1956년 벤저민 그레이엄이 회사를 해산하고 은퇴하자 가족과 친구들의 투자금을 모아 자신의 회사(Buffett Associates Ltd)를 설립하여 독립했습니다. 자신의 투자회사를 통해 높은 투자 수익을 올리면서 투자자가 늘어나고 규모도 커졌습니다. 주식투자를 통해 워런 버핏은 30대 중반에 백만장자의 반열에 들어섰습니다. 워런 버핏은 1962년부터 섬유 제조회사인 버크셔 해서웨이의 주식을 매입하기 시작하여 1965년 경영권을 인수했습니다. 1969년 더 이상 높은 수익률을 올리기 어렵다고 판단하여 자신의 회사를 해산했습니다. 1970년 섬유회사에서 투자회사로 변신시킨 버크셔 해서웨이의 회장으로 취임하여 새로운 투자를 시작했고, 90세가 넘은 현재까지도 회장직을 유지하면서 활발하게 투자 활동을 전개하고 있습니다. 2025년 5월 초 개최된 버크셔 해서웨이의 주주총회에서 2025년 말 현역 은퇴를 발표했습니다. 은퇴 이후에도 사무실에 계속 출근하여 투자 활동을 계속하겠다는 뜻을 밝혔습니다.

워런 버핏은 검소하게 생활하면서 자선단체를 통해 막대한 재산을 기부했습니다. 2006년 마이크로소프트(MS) 공동창업자인 빌 게이츠 회장

시장을 이긴 주식 대가의 성공 투자 비결

이 세운 '빌 & 멜린다 게이츠 재단'에 자신의 재산 가운데 85%를 단계적으로 기부하기로 약속했습니다. 실제로 매년 버크서 해서웨이 주식의 일정 부분이 기부금으로 전달되고 있습니다. 전재산의 99%를 자선단체와 사회에 환원하기로 결정한 이후 게이츠 회장과 함께 꾸준히 기부 활동에 대한 캠페인을 벌여 많은 전 세계 부자들의 기부를 이끌어 내고 있습니다.

투자 원칙

워런 버핏은 안정적으로 성장하는 우량기업을 매입하고 장기 보유하는 투자 전략으로 유명합니다. 워런 버핏은 본인의 투자 원칙을 공개적으로 밝히지 않았습니다. 하지만 워런 버핏이 높은 투자 성과를 유지하고 세계 최고 수준의 부자가 될 수 있었던 원인에 대한 관심이 집중되었습니다. 이에 따라 워런 버핏의 투자 방식을 연구하고 분석한 많은 자료와 서적이 발간되었습니다. 워런 버핏의 투자 방식에 대해 연구하고 분석한 여러 자료에서 연구자들이 공통적으로 지적한 투자 원칙은 다음과 같습니다.

① 안정적으로 성장하는 강한 실력을 가진 기업에 투자

워런 버핏은 단순한 제품을 생산하지만 시장에서 독점적 지위를 가지면서 강력한 가격 결정력을 통해 막대한 이익을 올리는 이른바 '소비자 독점기업'을 선정하여 투자합니다. 이와 같은 기업들은 수익성이 높고 장기간 높은 성장성을 유지하는 특징을 갖습니다. 경제적 해자(economic moat)라고 부르는 진입장벽(독점, 과점), 브랜드, 특허, 규모의 경제 등을 보유한 기업에 주로 투자합니다.

② 기업의 펀더멘털을 철저하게 분석하여 내재가치를 추정하고, 주가가 내재가치에 비해 저평가된 주식에 투자

워런 버핏은 우량기업이라도 철저한 분석을 통해 경쟁력 수준과 경영활동의 성과를 완벽하게 파악하려고 노력합니다. 자신이 이해하지 못하는 기업에는 투자하지 않았습니다. 성장성, 수익성, 현금흐름, 재무구조 등 기업의 경영성과를 철저하게 분석합니다. 분석 결과를 바탕으로 미래 10년 동안의 이익을 전망하여 내재가치를 추정합니다. 10년 기준 연평균 15%의 투자수익률을 목표로 주가가 내재가치에 비해 상당히 저평가된 주식에만 투자합니다. 워런 버핏은 내재가치의 추정에 20% 정도의 오차가 날 수 있음을 인정하고, 투자 대상을 상당한 수익률이 충족될 수 있는 경우로 제한합니다. 투자 대상 후보에 선정된 기업의 주가가 높아 목표 수익률을 달성하기 어려울 것으로 예상되는 경우에는 주가가 낮아질 때까지 기다립니다.

③ 한번 투자하면 장기투자 원칙을 고수

워런 버핏은 10년 이상 장기 보유 원칙을 지킵니다. 워런 버핏이 투자하는 기업들은 안정적인 이익 성장세를 유지할 수 있는 기업들입니다. 투자하고 기다리면 주가가 상승할 것이라는 강한 믿음을 갖고 장기보유 원칙을 지킵니다. 워런 버핏은 기업의 수익성이 낮아졌을 경우 보유한 현금을 주주에게 돌려주는 기업에 투자했기 때문에 장기간 보유하면서 배당이나 자사주 매입을 통해 수익률을 보충할 수 있었습니다. 다만 배당보다 자사주 매입을 선호했습니다. 배당에는 세금이 부과되기 때문입니다.

워런 버핏의 투자 요소와 투자 원칙

요소	내용	투자원칙
기업 요소	기업의 기본적인 세 가지 특징	단순하고 이해하기 쉬운 기업에 투자하라
		일관성 있고 오랜 경영의 역사를 가진 기업에 투자하라
		장기적인 전망이 밝은 기업에 투자하라
경영 요소	고위 경영자들이 지녀야 할 세가지 중요한 자질	경영진이 합리적인 기업에 투자하라
		경영진이 정직한 기업에 투자하라
		경영진이 제도적 관행에 도전하는 기업에 투자하라
재무 요소	기업이 유지해야 할 네 가지 중요한 재무적 의사 결정	자기자본이익률이 높은 기업에 투자하라
		주주 수익이 높은 기업에 투자하라
		수익 마진이 높은 기업에 투자하라
		사내유보금 이상으로 시장가치를 창출하는 기업에 투자하라
시장 요소	비용과 관련된 두 가지 가이드라인	기업의 내재가치를 평가하라
		내재가치보다 주가가 충분히 낮을 경우에만 매입하라

자료: 『워런 버핏의 완벽투자비법』, 로버트 해그스트롬 저, 신현승 역, 2020, 세종

종목 선정 기준

워런 버핏은 투자 원칙과 마찬가지로 종목 선정 기준도 공개적으로 밝힌 바가 없습니다. 여러 연구자들이 워런 버핏의 인터뷰와 투자한 기업에 대한 분석을 통해 종목 선정 기준을 추측했습니다. 워런 버핏은 철저한 분석을 통해 성장성과 수익성이 높고 재무구조가 건실하며 현금흐름을 많이 창출함에도 불구하고 주가가 내재가치에 비해 훨씬 낮은 상당히 저평가된 주식을 신중하게 선정하여 투자했습니다.

여러 자료와 서적을 통해 종합한 재무적 기준을 중심으로 추정된 워런

버핏의 종목 선정 기준은 아래 표와 같습니다. 워런 버핏은 정량적인 재무적 기준 이외에도 자신이 설정한 질적인 요소를 고려하여 투자하는 것으로 알려져 있습니다.

워런 버핏의 종목 선정 기준 – 재무적 지표를 중심 –

구분	특징	선정 기준
성장성	이익이 안정적으로 증가한 기업	10년 동안 주당순이익(EPS) 증가 추세 유지
		10년 동안 연평균 EPS 증가율 10% 이상
		과거 10년 연평균 EPS 증가율 < 지난 5년 동안 연평균 EPS 증가율
		주당 장부가액(또는 자본총액, 사내유보금)이 지속적으로 증가
		이익잉여금 증가율이 업종 평균 이상
수익성	수익성이 지속적으로 높은 기업	자기자본이익률(ROE) 과거 10년 평균 15% 이상
		이익잉여금수익률* 15% 이상 * 이익잉여금수익률 = 과거 10년 동안 (순이익 증가액/이익잉여금 증가액)
		매출액순이익률이 업종 평균 이상, 그리고 최소 10% 이상(20% 이상이면 양호)
		매출총이익률 40% 이상, 20~40%는 보통, 20% 이하이면 경쟁이 심한 업종 기업
		(판매관리비/매출총이익)이 30% 이하, 30~80%이면 보통, 80% 이상이면 경쟁이 심한 업종 기업
재무건전성	부채에 대한 의존도가 낮아 재무구조가 건실한 기업	부채비율(부채/자기자본) 80% 이하(3~5년 평균), 낮을수록 좋은 기업
		부채총액(장기부채)/순이익 기준은 5배 이하, 3배 이하이면 최상
		유동비율(유동자산/유동부채) 100% 이상
		이자비용/영업이익 15% 이하 * 이자보상배율(영업이익/이자비용)로 환산하면 6.67배 이상
활동성	판매활동이 활발한 기업	재고자산이 순이익과 비슷한 수준으로 증가
		재고자산회전일수 < 매출채권회전일수 또는 재고자산회전율 < 매출채권회전율
		재고자산회전율과 매출채권회전율이 낮으면서 업종 평균 이하

구분	특징	선정 기준
현금흐름	현금흐름을 많이 창출하는 기업	10년 동안 주주이익*이 플러스(+)인 기업 * 주주이익=당기순이익+감가상각비 − 자본지출 − 운전자산 증가액
		(주당현금흐름/주가) > 10%, 그리고 업종 평균 이상
		10년 동안 (CAPEX 합계액/순이익 합계액)이 25% 이하이면 최상, 50% 이하이면 양호
주가 수준	내재가치에 비해 주가가 저평가된 기업	1/PER(=EPS/주가)(이익수익률) > 10년 만기 국채수익률
		순운전자산* < (시가총액*0.5) *순운전자산 = 유동자산−장기부채(차입금)
		10년 동안 이익잉여금 증가액 > 시가총액 증가액
		주가가 내재가치에 비해 낮아 연평균 15% 이상의 기대수익률이 발생하는 기업
		PER가 40 이상이면 매각
		[시장 전체] (시가총액/GDP) 비율이 1 이상이면 주식시장 고평가 (Buffett indicator)

자료: 『워런 버핏의 완벽투자기법』, 로버트 해그스트롬 저, 신현승 역, 2020, 세종

『워렌 버핏의 가치투자 전략』, 티버시 빅 저, 김기준 역, 2005, 비즈니스북스

『워렌 버핏만 알고 있는 주식투자의 비밀』, 메리 버핏·데이비드 클라크 저, 김상우 역, 2008, 부크홀릭

『Warren Buffett and the Interpretation of Financial Statements: The Search for the Company with a Durable Competitive Advantage』, Mary Buffett and David Clark, 2008, Scribner

수익률 갭 분석

수익률 갭(Yield Gap) 분석은 주식과 채권의 수익률을 비교하여 상대적인 가격 수준을 평가하는 방법입니다. 수익률 갭(주식수익률-채권수익률)이 플러스(+)이면 주식 가격이 상대적으로 저평가된 것으로 해석합니다.

수익률 갭은 PER의 역수에서 채권수익률을 차감(1/PER-채권수익률)한 값입니다. 수익률 갭은 벤저민 그레이엄과 워런 버핏 등과 같은 주식 대가들이 주가 수준을 평가하기 위해 사용했던 지표 중의 하나입니다. 1987~2006년 동안 미국 연방준비제도이사회(FRB) 의장을 역임했던 그린스펀이 주식시장의 과열 여부를 판단하기 위해 사용한 것으로 알려지면서 'FED 모형'이라는 별칭을 얻었습니다.

수익률 차이로 주식과 채권의 가격 비교

수익률은 투자한 금액과 투자에서 벌어들인 이익을 비교한 비율(이익/투자액)로 투자 성과를 측정하는 지표입니다. 미래의 이익이 동일하다면 투자 금액이 낮을수록 수익률은 높아집니다. 예를 들면 100원을 투자하여 10원의 이익이 발생할 경우 수익률은 10%입니다. 마찬가지로 10원의 이익이 기대되는 A주식의 가격이 100원이라면 수익률은 10%입니다. 만약 10원의 이익이 기대되는 B주식의 가격이 80원이라면 수익률은 12.5%입니다. 수익률이 높은 B주식이 A주식에 비해 가격이 상대적으로 낮은 수준입니다. 높은 수익률은 이익에 비해 가격이 상대적으로 낮다(저평가)는 것을 의미합니다. 반대로 낮은 수익률은 가격이 상대적으로 높다(고평가)는 것을 의미합니다.

PER의 역수(주당순이익/주가)는 현재 주가와 비교하여 얼마나 이익을 얻을 수 있는지를 측정하는 지표로 사용할 수 있습니다. 주식에 내재된 수익률과 같은 개념입니다. PER의 역수(주식의 수익률)와 대체투자 수단인 채권의 수익률을 비교하면 주식과 채권의 상대적인 가격 수준을 평가할 수 있습니다. 주식과 채권 중에서 수익률이 높은 것의 가격이 상대적으로 저평가되어 있다는 것을 의미합니다.

수익률 갭은 PER의 역수와 채권수익률 간의 차이(PER의 역수 -채권수익률)로 계산합니다. 주식과 채권 간의 수익률 갭이 플러스(+)이면 주식이 상대적으로 과소평가되어 주가상승 잠재력이 있다고 평가합니다. 반대로 수익률 갭이 마이너스(-)이면 주식이 상대적으로 과대평가되어 주가상승 잠재력이 낮다고 평가할 수 있습니다.

수익률 갭 = 주식수익률 - 채권수익률 = PER의 역수 - 채권수익률

수익률 갭과 주식 및 채권의 가격 수준 평가

수익률 갭 수준	수익률 비교	상대적 가격 수준	주가 변화 방향
플러스(+)	주식수익률 > 채권수익률	주식 저평가, 채권 고평가	주가 상승 가능성 높음.
마이너스(-)	주식수익률 < 채권수익률	주식 고평가, 채권 저평가	주가 하락 가능성 높음.

위험을 반영하지 못하고 비교하는 한계점

워런 버핏이나 그린스펀 등은 주식수익률(PER의 역수)과 국채수익률을 비교하여 주식시장의 전반적인 주가 수준을 평가했습니다. 하지만 이와 같은 방법에는 투자에 따르는 위험을 반영하지 못하는 한계가 있습니다. 금융자산의 가격은 위험을 반영하여 결정됩니다. 일반적으로 주식에 내재된 위험이 높습니다. 기업의 이익은 주주에게 귀속되지만, 일부만 배당으로 지급되고 나머지는 기업에 남아 다시 투자됩니다. 미리 정해진 이자가 확실하게 지급되는 국채에 비해 주식에서 발생하는 미래의 이익은 불확실성이 높습니다.

이론적으로 위험을 반영하여 수익률이 결정된다면 주식수익률이 국채수익률보다 항상 높아야 합니다. 주식의 수익률은 높은 위험에 대해 투자자들이 추가로 요구하는 위험 프리미엄이 반영되어 결정되기 때문입니다(주식수익률 = 무위험 이자율(국채수익률) + 주식 투자 리스크 프리미엄). 투자 위험이 거의 없는 국채와 위험이 상당히 높은 주식에 대해 위험을 조정하지 않고 수익률을 직접 비교하여 가격 수준을 평가하는 것은 타당하지 않습니다. 위험을 조정하지 않고 비교하는 것은 마치 '사과와 오렌지'를 비교하는 것과 같다고 비유할 수 있습니다.

수익률 갭은 주가와 채권의 상대적인 가격 수준을 비교하는 방법입니다. 만약 주식과 채권 모두 가격이 적정 수준에서 같은 방향으로 벗어나 있다면 향후 가격 변동 가능성과 변화 방향에 대한 평가는 의미가 크지 않을 수 있습니다. 예를 들어 주식이나 채권 모두 고평가되어 있다면 상대적인 가격 비교로 미래 가격 변화를 전망하기 어렵습니다. 이와 같은 경우 가격 수준에 관계없이 모두 하락할 가능성이 높기 때문입니다.

 시장을 이긴 주식 대가의 성공 투자 비결

다른 방법과 보완적으로 사용할 필요

수익률 갭은 방식이 단순하고 투자자들에게 친숙한 지표를 사용하여 직관적으로 이해하기 쉽다는 장점이 있습니다. 주식과 채권의 상대적인 가격 수준을 평가하여 투자 비중을 조정하는 지표로 사용할 수 있습니다. 수익률 갭이 커지면(주식이 상대적으로 저평가) 주식투자 비중을 늘리고, 작아지면(주식이 상대적으로 고평가) 채권투자 비중을 늘리는 방식입니다.

그렇지만 수익률 갭은 실제 사용하기 어려운 한계점이 있습니다. 앞서 언급한 바와 같이 주식과 채권에 내재된 위험이 달라 직접적인 비교가 어렵습니다. 국채는 위험이 없는 대표적인 금융자산이고, 주식은 투자 위험이 높은 대표적인 자산입니다. 가격 수준을 제대로 평가하기 위해서는 많은 채권 중에서 주식과 위험이 비슷한 채권을 선정하여 수익률을 비교해야 합니다. 주식시장과 채권시장 전체의 가격 움직임을 나타낼 수 있는 지수와 비교하는 방법도 있습니다.

수익률 갭 분석은 글로벌 금융위기와 코로나 사태로 인해 장기간 지속되었던 저금리 시기에는 제대로 작동되지 않을 가능성이 있습니다. 정책적으로 낮은 금리를 유지해서 수익률 갭이 플러스(+) 상태를 지속할 여지가 크기 때문입니다. 우리나라 상황도 예외는 아니었습니다. 국채수익률(10년 만기) 기준으로 2010년대 중반 이후 1~2%대의 낮은 금리가 장기간 지속되었습니다. 시장이 효율적이라면 금리가 낮아지면 주식 가격이 상승하여 주식의 기대수익률이 낮아지면서 채권수익률과 균형을 맞춰야 하지만, 현실에서는 모든 정보가 주가에 즉각적으로 반영되지 못하고 과잉 반응하거나 과소 반응하는 경우가 많았던 것으로 보입니다.

비교하는 채권의 종류에 따라 주식시장의 평가 정도가 달라질 수 있습니다. 채권 수익률은 신용도에 따라 결정되기 때문입니다. 일반적으로 신용도가 높은 국채수익률이 신용도가 낮은 회사채수익률보다 낮습니다. 따라서 수익률 갭을 신용등급이 높은 국채수익률을 기준으로 평가하면 주식은 저평가, 신용등급 낮은 회사채수익률과 비교하면 주식이 고평가되어 있는 것으로 나타날 수도 있습니다. 우리나라가 그렇습니다. 우리나라 주식은 장기간 신용등급이 높은 국채나 회사채에 비해 저평가, 신용등급이 낮은 BBB- 등급 회사채에 비해 고평가되어 있었습니다. 그렇다고 주식을 매각하고 수익률이 높은 고위험 회사채를 매입하라고 해석하는 것은 위험합니다. 우리나라의 신용위험이 높은 회사채는 주식보다 내재된 위험이 커서 수익률이 높을 수 있기 때문입니다. 투자 여부를 수익률만으로 결정할 수 없는 이유입니다. 투자에 내재된 위험을 수익률과 함께 검토할 필요가 있습니다. 수익률 갭은 여러 채권수익률을 같이 살펴보고, 다른 지표들과 함께 주의 깊게 사용할 필요가 있습니다.

수익률 갭 분석은 비교 대상 채권수익률을 주의 깊게 선정하고, 분석 결과의 해석에 신중을 기해야 합니다. 한계점을 감안하면 절대적인 판단 기준보다는 참고 지표로 활용할 수 있을 것으로 보입니다. 주가 수준을 평가하기 위해서는 수익률 갭 방법 이외에 다른 가치평가 모형을 적용한 다각적인 검토가 필요합니다. 위험이 같은 채권수익률과 비교하는 것이 바람직하지만, 위험이 비슷한 다른 투자 대상의 수익률과 비교하기 어려울 경우에는 PER 자체의 과거 장기 평균과 비교해 보는 것도 유용한 방법입니다.

수익률 갭으로 살펴본 한국과 미국의 주가 수준

　수익률 갭을 사용하여 우리나라와 미국의 주가 수준을 살펴보았습니다. 수익률 갭은 주식과 채권의 상대적인 가격을 비교하여 가격 수준을 평가하는 방법입니다. 채권은 신용도에 따라 금리 수준에 차이가 있습니다. 주식시장과 채권시장 전체를 비교하기 위해 주식시장은 대표적인 주가지수의 PER, 채권시장은 국채와 회사채수익률의 평균을 사용하였습니다. 주식시장의 경우 한국은 KOSPI, 미국은 S&P500 지수를 기준으로 삼았습니다. 채권시장의 경우 대표적인 채권 수익률의 평균을 계산하여 전체 채권시장의 수익률로 사용하였습니다. 한국은 10년 만기 국채수익률, 신용등급 AA- 및 BBB- 회사채 수익률 등 3개 채권 수익률의 평균, 미국은 10년 만기 국채수익률, 무디스(Moody's) 신용등급 Aaa 및 Baa 회사채 수익률 등 3개 채권 수익률의 평균을 사용하였습니다.

　우리나라 주식은 채권에 비해 저평가되어 있는 것으로 나타났습니다. 2005년 이후 한국 주식시장의 수익률 갭은 플러스(+)를 기록하고 있습니다. 주식에 대한 기대수익률이 채권 수익률보다 높다는 것은 주식 가격이 채권 가격에 비해 저평가되어 있다는 의미입니다. 우리나라 주식시장은 2005년 이후 2009~2010년과 2023~2024년 전후를 제외하면 전반적으로 채권시장에 비해 저평가된 구간에 많이 속해 있었습니다. 2025년 들어서도 계속 주식이 채권에 비해 상대적으로 고평가된 것으로 나타났습니다. 다만 2025년 10월 들어 주식시장이 상승세를 보이면서 수익률 갭은 플러스를 유지했지만 0에 근접했습니다. 채권과 비교한 주식의 저평가 정도가 거의 사라졌다고 해석할 수 있습니다.

미국 주식시장은 채권시장에 비해 고평가되어 있는 것으로 나타났습니다. 미국 주식시장은 2007년 중반부터 2009년 말까지 고평가, 2010년부터 2022년 중반까지 저평가 상태를 유지했습니다. 2020년 발생한 코로나 사태 이후 경기침체에 대응하여 저금리와 통화 확대 정책이 실시되면서 미국 주식시장이 상승하였고, 2024년에는 인공지능(AI)이 부각되면서 IT 기업을 중심으로 주가가 더욱 가파르게 상승하는 모습을 보였습니다. 이와 같은 주가 상승으로 미국 주식시장은 2022년 말부터 수익률 갭이 마이너스(-)인 고평가 구간에 진입하였습니다, 2025년 들어서도 계속 주식은 채권에 비해 고평가 수준이 유지되었고, 저평가 정도는 확대된 것으로 나타났습니다.

한국과 미국 주식시장의 수익률 갭 추이

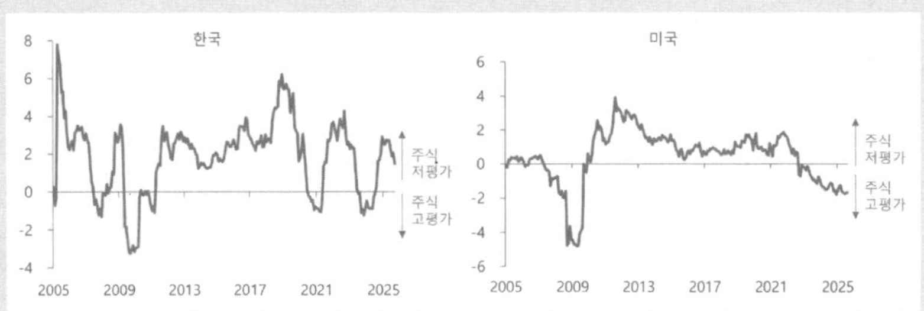

주: 한국은 KOSPI, 미국은 S&P500 기준. 수익률 갭 = PER 역수 − 채권수익률

채권수익률의 경우 한국은 10년 만기 국채수익률, AA− 및 BBB− 등급 회사채 수익률 평균, 미국은 10년 만기 국채수익률, Moody's 평가 Aaa 및 Baa 등급 회사채 수익률의 평균 사용, 2025년은 10월까지의 수익률 갭

자료: 한국은행 경제통계시스템, FRED Federal Reserve Economic Data, macrotrends(www.macrotrends.net)

 시장을 이긴 주식 대가의 성공 투자 비결

주식시장의 과열을 측정하는 버핏 지수

버핏 지수는 전체 주식의 시가총액을 국내총생산으로 나눈 값으로 한 국가 주식시장의 과열 정도를 측정하는 데 사용되는 지표입니다.

버핏 지수(Buffet indicator 또는 Buffet ratio)는 한 국가의 주식시장에 상장된 전체 주식의 시가총액을 명목 국내총생산(GDP)로 나누어 계산하는 지표입니다. 실물 경제 규모와 비교하여 주식시장이 어느 정도 평가를 받고 있는지 보여 주는 지표입니다. 버핏 지수가 상승할수록 주식시장이 과열되어 버블이 형성될 가능성이 높아진다고 평가합니다.

버핏 지수 100% 기준으로 고평가와 저평가 구분

버핏 지수는 원래 한 국가의 주식시장 발전 정도를 측정하는 지표로 사용되었습니다. 2001년 워런 버핏이 미국 경제전문지 포천과의 인터뷰에서 "특정 시점에서 주식시장 전체의 가치를 평가하는 데 가장 좋은 단일 지표"라고 소개하면서 버핏 지수로 불리게 되었습니다.

버핏 지수 = (시가총액/GDP)*100

　일반적으로 버핏 지수는 100%를 기준으로 주식시장의 고평가와 저평가를 구분합니다. 100% 이하이면 저평가, 100%를 초과하면 고평가로 판단합니다. 워런 버핏이 "70~80% 수준은 매력적인 진입 기회이며, 100%를 넘어서면 고평가되기 시작하고, 200%는 불장난과 같은 위험한 수준"이라고 언급하면서 버핏 지수 100%가 주식시장 과열 여부를 판단하는 기준으로 받아들여지고 있습니다. 분석 기관이나 평가하는 사람에 따라 세부적인 판단 기준은 다소 차이가 있지만, 일반적으로 아래의 기준이 사용됩니다.

버핏 지수의 주식시장 판단 기준

버핏 지수(%)	주식시장 평가
50% 이하	극단적 저평가
50~80%	매우 저평가
80~100%	적당한 저평가 내지 적정 평가
100~120%	다소 고평가
120~150%	매우 고평가(과열 구간)
150% 이상	매우 심각한 과열, 버블 붕괴위험 존재

주: 버핏 지수를 소개하는 여러 자료를 참고하여 정리

주식시장 평가에 유용하지만 다른 지표와 함께 종합적인 검토 필요

　버핏 지수는 실물 경제와 비교한 주식시장의 전반적인 주가 수준을 평가하는 데 유용한 지표로 많이 사용되고 있습니다. 버핏 지수는 계산하기 간단하고 직관적이며, 주식시장 전체를 장기적 시각에서 파악할 수 있다는 장점이 있습니다. 여

 시장을 이긴 주식 대가의 성공 투자 비결

러 나라를 비교하여 국가별로 주가 수준의 적정성을 비교하고 평가할 수도 있습니다.

버핏 지수는 한계점도 가지고 있습니다. 계산에 사용되는 시가총액과 GDP는 발표에 시차가 발생하고, 집계에 포함되는 범위에 차이가 있습니다. 시가총액은 거의 실시간으로 집계되지만 GDP 집계에는 보통 수 개월의 시간이 걸립니다. 시가총액에는 상장된 기업만 포함되지는 GDP 산출에 포함되는 주체는 모든 기업입니다. 시가총액은 기업의 국내와 해외 성과에 의해 결정되지만, GDP에는 국내 경제 활동만 포함됩니다. 앞의 수익률 갭과 마찬가지로 시가총액과 GDP는 사과와 오렌지를 비교하는 것으로 비유할 수 있습니다. 주식시장 전체를 기반으로 평가하기 때문에 단기 예측이나 종목 분석에는 사용하기 어렵습니다. 국가별 비교가 가능하지만 경제나 산업 구조, 제도적 차이 등을 반영하기 어려워서 직접 비교는 한계가 있습니다. 거시지표를 사용하기 때문에 금리나 정치 환경과 같은 외부 요인의 변화에 따른 주가 변화의 영향을 파악하기 어렵습니다.

버핏 지수는 주식시장 전체를 평가하는 유용한 지표이지만, 절대적인 기준으로 사용하기에는 한계점이 많습니다. 버핏 지수를 참고 지표로 활용하면서 다른 여러 지표들을 분석하여 종합적으로 주가 수준을 평가해야 합니다. 투자 결정을 내릴 때에는 거시경제 여건, 금융시장 상황, 기업의 경영성과 등을 종합적으로 고려할 필요가 있습니다.

<h2 style="text-align:center">버핏 지수의 장점과 단점</h2>

구분	장점과 단점	내용
장점	간편하고 단순	· 계산이 간단하고 쉬워 누구나 쉽게 활용 가능
	직관적 평가	· 이해하기 쉬워 주식 시장의 과열 여부를 한눈에 파악
	전체 시장 평가	· 거시경제적 시각에서 개별 주식이 아닌 전체 시장 평가
	장기적 관점에서 주식시장의 흐름 분석	· 장기적인 경기 사이클 구조 변화와 주식시장의 추세 분석을 통해 주가 변화를 평가하고 예측하여 장기 투자에 유용
	국제 비교 가능	· 국가별 비교를 통해 각국 주가 과열 정도를 쉽게 파악
한계점	시가총액과 GPD 간 집계 시차(time lag)와 범위 불일치(mismatch)	· 시가총액은 실시간 집계되지만, GDP는 분기별로 뒤늦게 발표, 계산에 사용되는 시가총액과 GDP 간에 시차 발생 · 주가에는 상장기업의 해외 사업 성과가 반영되는 반면 GDP는 비상장기업 성과와 국내 경제 활동의 결과만 집계
	단기 예측과 종목 분석 어려움	· 버핏 지수는 주식시장의 전반적인 과열 여부 판단에 초점을 맞춘 지표, 단기적인 주가 변동 예측이나 개별 종목 분석에는 한계
	국가별 특성 반영 어려움	· 개별 국가의 경제 및 산업 구조, 자본시장 발전 정도, 회계 기준과 같은 제도 등의 차이를 반영하지 못해 직접 비교에 한계 · 높은 성장성으로 인해 주가 수준이 높은 신흥국이나 성장성 높은 IT 중심 주식시장 평가에 왜곡 발생 가능성
	주식시장 외부 환경 반영 어려움	· 통화정책 완화나 저금리에 따른 주식시장 상승, 지정학적 리스크에 따른 주식시장 변동 등과 같은 외부 환경 요인의 영향을 반영하기 어려움

시장을 이긴 주식 대가의 성공 투자 비결

버핏 지수로 살펴본 주식시장,
미국은 고평가, 한국은 저평가

버핏 지수는 주식시장의 전반적인 주가 수준을 평가하는 지표입니다. 과거 추이를 살펴보면 주식시장이 상승할 때 버핏 지표가 높아지는 경향을 보였습니다. 일반적으로 주가는 실물경제에 선행하여 움직이고 과민 반응하는 경향이 있기 때문에 시가총액이 상승할 때는 GDP보다 빨리 상승하면서 거품이 형성되고 하락할 때에는 빨리 하락하면서 급격한 조정을 겪는 경우가 많습니다.

버핏 지수를 사용하여 미국 주식시장을 평가하면 미국의 주가는 상당히 과대평가되어 있어 버블 수준인 것으로 나타났습니다. 2025년 11월 10일 기준 미국의 버핏 지수는 223.45%를 기록하였습니다. 이를 버핏 지수를 기준으로 적용하면 버블 수준으로 상당히 심각하게 과열되어 있는 상황입니다. 버핏 지수로 판단하면 미국 주식시장은 버블이 붕괴되면서 급격한 조정을 겪을 가능성이 높은 영역에 속해 있습니다.

한국의 버핏 지수는 2015년 11월 기준 137.23%를 기록하여 고평가 영역의 과열 구간에 들어선 것으로 나타났습니다. 2025년 4월까지 100% 이하였던 한국의 버핏 지수는 5월 이후 주가 상승으로 가파르게 높아졌습니다. 버핏 지수 기준으로 한국의 주가는 상승 여력이 낮아지고 하락 위험은 높아졌다고 평가할 수 있습니다.

물론 버핏 지수 하나만으로 주식시장을 평가하는 것은 무리입니다. 앞서 살펴본 수익률 갭 분석에서는 우리나라 주식이 채권에 비해 상대적으로 저평가되어 있는 것으로 평가되었습니다. 주가 수준 평가를 위해서는 다른 여러 지표를 두루 살펴볼 필요가 있습니다.

미국과 한국의 버핏 지수

자료: 미국 : https://en.macromicro.me/charts/105/us-market-cap-gdp
한국 : https://en.macromicro.me/series/4235/kr-market-cap-gdp

시장을 이긴 주식 대가의 성공 투자 비결

은퇴를 앞둔 워런 버핏의 보수적 투자 전략, 현금 늘리고 주식 투자 축소

워런 버핏은 올해(2025년)를 마지막으로 버크셔 해서웨이 CEO에서 물러나기로 결정했습니다. 90대 중반의 고령에 접어든 데다 젊었을 때와 같은 좋은 성과를 유지하지 못하고 있어 CEO 은퇴는 현명한 판단으로 보입니다. 최근 워런 버핏은 상당히 보수적인 투자 전략을 유지하고 있습니다. 워런 버핏이 최고경영자(CEO)를 맡고 있는 버크셔 해서웨이의 자산 구조에는 워런 버핏의 투자 철학과 전략이 반영되어 있습니다.

2024년 이후 버크셔 해서웨이(Berkshire Hathaway)의 현금 보유 규모가 크게 늘었습니다. 버크셔 해서웨이의 2025년 9월 말 현금 보유액은 3,817억 달러를 기록했습니다. 2023년 말 1,676억 달러에 비해 2,141억 달러가 증가했습니다. 같은 기간 동안 현금 보유액의 총자산 대비 비중도 15.7%에서 31.1%로 15.4%p 높아졌습니다. 2000년 말 이후 평균 15% 수준을 유지했던 총자산 대비 비중이 2배 수준으로 증가했습니다.

반면 주식투자는 많이 줄었습니다. 버크셔 해서웨이의 주식 투자 규모는 2023년 말 3,829억 달러에서 2005년 9월 말 3,088억 달러로 감소했습니다. 총자산에서 주식 투자액이 차지하는 비중은 35.8%(2023년 말)에서 25.2%로 10.6%p 감소했습니다. 2000년 말 이후 총자산 대비 주식 투자 비중이 평균 35% 내외를 유지해 왔음을 감안하면 상당히 낮아졌습니다. 장기적 관점에서 살펴보아도 2024년 이후 버크셔 해서웨이의 주식 투자가 상당히 감소했음을 알 수 있습니다.

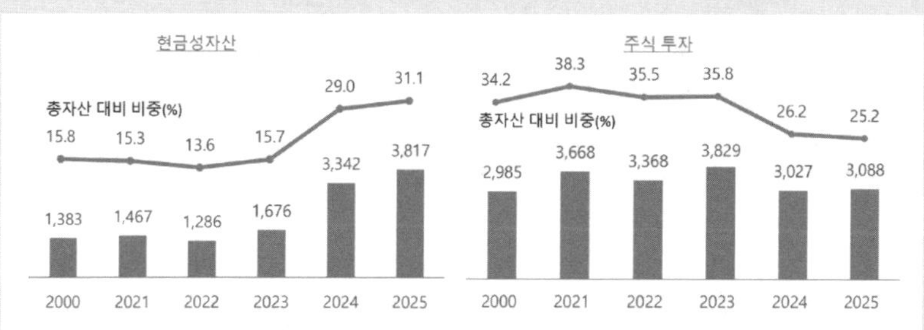

버크셔 해서웨이의 현금성자산과 주식 투자 규모(억 달러)

주: 현금성자산은 현금 및 현금등가물과 단기투자자산의 합계. 2025년은 9월 말 기준

자료: 버크셔 해서웨이 연간보고서(annual report)와 분기보고서

미국의 주가가 크게 상승하면서 버핏 지수만을 기준으로 평가하면 미국 주식시장은 버블을 우려할 정도로 상당한 과열 국면에 놓여 있습니다. 주가에 거품이 많아 상당한 조정이 예상되는 장세입니다. 워런 버핏이 앞으로 미국 주가가 상당히 하락할 가능성이 높다고 판단했을 가능성이 있다고 추측할 수 있는 대목입니다. 버크셔 해서웨이의 자산 포트폴리오 변화가 이와 같은 추측에 대한 하나의 방증이 될 수 있습니다. 자신이 경영을 맡은 버크셔 해서웨이를 통해 고평가된 주식에 대한 투자를 줄이고 현금 보유를 크게 늘려 미국 주식시장이 조정을 받아 저평가되는 수준까지 하락했을 때의 좋은 투자 기회에 대비하고 있는 것으로 짐작됩니다.

워런 버핏은 분명 탁월한 투자 대가였지만, 고령에 들어선 이후 투자 성과는 젊었을 때와 같이 '투자의 신'으로 평가받을 수 있는 수준에 미치지 못했습니다.

　　　　　시장을 이긴 주식 대가의 성공 투자 비결

경제 구조가 빠르게 움직이고 주식시장을 주도하는 산업이 급격하게 변화하면서 과거에 성공했던 워런 버핏의 투자 전략이 최근에는 유효하지 못했을 가능성을 시사하는 대목입니다. 최근 주가가 급등하면서 거품론이 확산되고 있습니다. 기업의 펀더멘털이 튼튼해서 주가 상승이 계속될 것이라는 낙관론도 공존하고 있습니다. 워런 버핏의 보수적인 장세 판단과 전략이 맞아떨어져 버크셔 해서웨이가 워런 버핏의 은퇴 이후에 새로운 도약의 기회를 잡을지 살펴보는 것도 주식시장을 관찰하는 흥미로운 관전 포인트로 보입니다.

▌ 피터 린치(Peter Lynch), 공격적 가치투자자

피터 린치는 생활 주변에 대한 예리한 관찰 및 철저한 조사와 분석을 통해 잘 알고 있는 저평가된 주식에 투자했습니다. 성장성이 높은 주식을 선호했지만, 동시에 기초적인 요인을 고려하여 재무구조가 좋고 수익성이 높은 주식에 주로 투자했습니다.

피터 린치(1944년 1월 19일 출생)는 '월가의 영웅'이라고 불린 미국 출생의 전설적인 주식투자 전문가입니다. 1966년 피델리티 인베스트먼트(Fidelity Investments)의 인턴으로 채용되면서 투자 업계와 인연을 맺었습니다. 피터 린치는 한국과도 인연이 있습니다. 1967년부터 1969년까지 ROTC 포병 중위로 복무했습니다. 입대 이후 처음에는 텍사스, 1968년부터는 한국에서 복무했습니다.

피델리티에 정규직 애널리스트로 1969년 입사하였고, 승진을 거듭하여 1974년부터 1977년까지 리서치 부서의 책임자를 역임했습니다. 1977년 피델리티가 운용하던 마젤란 펀드(Magellan Fund)를 책임지면서 펀드매니저 경력을 시작했습니다. 피터 린치는 1977년 1,800만 달러에 불과했던 마젤란 펀드를 13년간 운용하면서 1990년에 140억 달러 규모에 달하는 세계 최대의 뮤추얼펀드로 키워 냈습니다. 1977년부터 1990년까지 마젤란 펀드는 연평균 29.2%라는 엄청난 수익률을 기록했습니다.

펀드매니저로 승승장구하던 피터 린치는 1990년 47세의 젊은 나이에 돌연 은퇴를 선언했습니다. 가족과 더 많은 시간을 보내기 위해서라고 은

 시장을 이긴 주식 대가의 성공 투자 비결

퇴 이유를 밝혔습니다. 피터 린치는 은퇴 이후에 파트 타임으로 피델리티의 투자자문 부문 부회장으로 근무하면서 젊은 애널리스트 양성에 힘을 기울였습니다. 개인적으로는 자선활동에 집중했습니다. 린치 재단을 설립하여 교육, 종교, 문화, 역사, 의료 등의 다양한 분야에 대해 상당한 지원금을 기부하였습니다.[*]

투자 원칙

피터 린치는 '잘 알고 있는 기업을 철저하게 분석하여 저평가된 주식에 장기간 투자한다'는 원칙을 고수하여 주식시장의 2배에 가까운 높은 투자 성과를 달성했습니다. 기업을 직접 방문하여 조사하는 기업 탐방을 중시했습니다. 기업 탐방 이외에도 다양한 자료를 통해 기업을 철저하게 분석했습니다. 피터 린치의 투자 원칙은 다음과 같습니다.

① 잘 알고 있고 이해할 수 있는 기업의 주식에 투자하라.

자신이 잘 알고 있는 산업에 속한 기업이나 주변에서 잘 팔리고 있는 제품을 생산하는 기업에 주목하여 투자 종목을 선정합니다.

② 기업을 철저하게 연구하고 분석하라.

투자 대상 후보 기업이 선정되면 수익성, 이익 증가세, 현금흐름, 재무구조, 주가 수준 등 기업의 기초적 요소를 철저하게 분석합니다. 피터 린

---

[*] 피터 린치의 경력은 주로 위키피디아 참조(https://en.wikipedia.org/wiki/Peter_Lynch)

치는 "종목에 대한 연구하지 않고 주식 투자를 하는 것은 패를 보지 않고 포커를 치는 것과 같다"고 말했습니다.

③ 10~20년 동안 장기간 투자하라

원칙적으로 장기 투자를 지향했습니다. 그렇지만 단기적인 성향도 보였습니다. 주가가 목표한 수준에 도달하면 미련 없이 매각하여 이익을 실현했습니다.

④ 주가가 내재가치에 비해 낮아 저평가된 종목에 투자하라

기업 분석을 바탕으로 성장성과 수익성이 높고 재무구조가 투자 기준을 충족하는 기업을 선정했습니다. 이들 투자 후보 기업 중에서 실적이나 성장성을 감안하여 주가에 비해 내재가치가 일정 기준 높은 기업에 투자했습니다.

종목 선정 기준

피터 린치는 이익증가율이 20~25% 수준인 성장성이 높은 기업을 선호했습니다. 자신의 저서에서 언급한 "이익의 20배에 거래(PER 20배)되는 성장률 20% 기업이 이익의 10배에 거래(PER 10배)되는 성장률 10% 기업보다 훨씬 낫다"는 말에 성장성을 중시하는 피터 린치의 생각이 반영되어 있습니다. 투자 결정에는 현재의 상대적인 주가 수준과 성장성을 동시에 고려하여, 2가지 지표를 결합한 PEG(PER/EPS 증가율)라는 지표를 중요하게 생각했습니다.

피터 린치는 종목 선정 기준에서 재무건전성이 높은 안정적인 기업을 선호하는 방어적인 면모도 나타났습니다. 현금을 많이 보유하면서 부채비율이 낮은 기업을 선호했습니다. 기업의 판매 활동을 평가하는 지표로 재고자산의 증가세를 검토했습니다. 20~30년 동안 배당을 규칙적으로 지급한 회사를 최상의 선택이라고 평가했습니다.

피터 린치는 과대평가된 주식의 매입을 피하는 가치투자(Value investing)의 원칙을 지키면서, 주가 상승의 잠재성에 투자하는 성장투자(Growth Investing)와 균형을 맞추는 하이브리드 주식 종목 선정 접근법인 "GARP(Growth At A Reasonable Price, 합리적인 가격에서 성장)" 주식투자 전략으로 유명합니다.[*] 이와 같이 피터 린치는 가치투자를 추구하면서도 성장투자와 가치투자를 결합한 탄력적인 투자전략을 실행했다는 평가를 받고 있습니다.

피터 린치의 종목 선정 기준

구분	기준	세부 내용
현금 보유량	현금 보유가 많은 기업	· 현금 보유량을 조사하여 주당 가치 계산에 적용 – 주가에서 주당순현금을 차감하여 주당 가치 계산 주당순현금=(현금 및 현금성자산–장기부채)/발행주식 수
성장률	이익 증가율이 높은 기업	· 장기간 이익이 증가한 기업 – 장기적으로 이익이 20% 성장한 기업 – 이익성장률 20~25%인 기업을 선호 "이익의 20배에 거래되는 성장률 20% 기업(PER 20배)이 이익의 10배에 거래되는 성장률 10% 기업(PER 10배)보다 훨씬 좋은 기업"

* 위키피디아, (https://en.wikipedia.org/wiki/Peter_Lynch)

구분	기준	세부 내용
수익성	수익성이 높은 기업	· 세전 이익률이 업종 평균보다 높은 기업 – 세전이익은 매출에서 감가상각과 이자비용을 포함한 모든 비용을 차감한 뒤 남은 금액
재고	재고 증가율이 낮은 기업	· 재고가 매출보다 빠르게 증가하는 것은 위험 신호 – 재고증가율 > 매출증가율 → 위험신호 · 침체를 겪던 회사의 재고가 감소하기 시작하면 상황이 호전되었다는 첫 번째 증거
부채 요소	부채 의존도가 낮은 기업	· 부채와 지분을 비교하여 재무건전성 판단 – 자기자본비율[자기자본/(부채+자기자본)] 75% 수준이면 정상 기업 * 부채비율(부채/자기자본)로 환산하면 33% 이하인 기업 – 자기자본비율[자기자본/(부채+자기자본)] 20% 이하이면 취약 기업 * 부채비율(부채/자기자본)로 환산하면 400% 이상인 기업 · 부채구조를 파악하여 위험 평가 – 은행차입금 및 장기차입금(회사채) 등의 부채구조 조사
현금흐름	현금흐름이 많은 기업	· 주가 대비 주당현금흐름이 높아야 함 – 표준은 PCFR = 10% * PCFR(Price to Cash Flow ratio) = 주당현금흐름/주가 · 자본적 지출이 적어 순현금흐름이 많은 기업 – 잉여현금흐름(현금흐름−자본지출)이 높은 기업
배당	배당이 안정적인 기업	· 배당을 장기간 안정적으로 지급한 기업 – 20~30년 동안 배당을 규칙적으로 지급한 회사가 최상의 선택
장부가치	장부가치보다 실제가치가 높은 기업	· 자산의 실제 가치를 자세하게 파악 – 유형자산의 실제 가치, 자연자원의 가치, 브랜드 가치의 장부가치 반영 정도, 영업권의 내용과 가치, 자회사 또는 보유 주식 가치 등을 조사하여 장부가치의 적정성 평가
PER	PER가 낮은 종목	· PER가 과거 평균 또는 산업 평균보다 낮을 것 – 평균 PER: 일반적으로 15배 수준, 유틸리티 기업 : 7~9배, 대형 우량주 : 10~14배, 고성장주 : 14~20배 – PER가 지나치게 높은 종목은 피함.

시장을 이긴 주식 대가의 성공 투자 비결

구분	기준	세부 내용
PEG	PEG가 낮은 종목	· 일반적인 PEG 기준 : 이익증가율만 적용 – PER이 이익 증가율의 절반(PEG=0.5)이면 투자 유망 (PER<(이익증가율*0.5)=(PER/이익증가율)<0.5=PEG<0.5 ➜ PEG가 0.5 이하이면 저평가 – PER이 이익 증가율의 2배(PEG=2)이면 투자에 불리 (PER>(이익증가율*2)=(PER/이익증가율)>2=PEG>2 ➜ PEG 가 2 이상이면 고평가 · 배당 조정 PEG 기준 : 배당을 고려한 이익증가율 적용 – PER/(이익 장기성장률+배당수익률)>1 ➜ 고평가, 투자에 불리 – PER/(이익 장기성장률 + 배당수익률)=0.67 ➜ 적정, 투자에 양호 – PER/(이익 장기성장률 + 배당수익률)<0.5 ➜ 저평가, 투자에 유망

자료: 『월가의 영웅』, 13장 '중요한 숫자들'을 중심으로 정리

주가 배수(multiple)의 의미와 사용법

주가 배수는 주가를 재무 지표로 나눈 값으로 주가 수준을 평가하는 데 사용됩니다. 많이 사용되는 주가 배수에는 PER(주가수익비율), PBR(주가순자산비율), PSR(주가매출액비율), EV/EBITDA 등이 있습니다. 주가는 주가 배수가 높을수록 상대적으로 고평가, 낮을수록 저평가되어 있다고 판단합니다.

주가 배수(Multiple)는 주식의 시장 가격과 기업의 경영성과 또는 자산가치 등과 같은 재무 지표와의 비율(주가/재무지표)입니다. 주가 배수는 상대적인 주식 가치를 측정하고 비교하는 데 유용하게 사용되는 지표입니다. 다른 기업과의 비교를 통해 상대적인 가치를 평가하는 방법으로 주가 배수가 활용됩니다. 사용되는 재무 지표에 따라 주가 배수에는 주식의 시장가치와 비교한 기업의 펀더멘털 요인인 수익성, 성장성, 건전성 등이 반영됩니다.

서로 비교하여 주가 수준의 적정성 평가

주가 배수는 상대적인 가치를 평가한 지표이기 때문에 다른 기업의 주가 배수와 비교하여 주가의 적정성을 평가하고 투자 결정을 내리는 기준으로 활용됩니

 시장을 이긴 주식 대가의 성공 투자 비결

다. 주가 배수별로 측정하는 특성에 차이가 있습니다. 또한 기업이 속한 업종에 따라 특성이 다릅니다. 따라서 업종별 특성을 반영할 수 있는 적절한 주가 배수를 선정하여 비교해야 합니다.

일반적으로 시장 평균 또는 동일한 업종에 속한 유사 기업이나 경쟁 기업의 평균 주가 배수와 비교하여 주가 수준을 판단합니다. 특정 기업의 주가 배수가 업종 평균이나 경쟁 기업 평균에 비해 높으면 주가가 상대적으로 고평가되어 있다고 평가합니다. 반대로 낮으면 저평가되어 있다고 평가합니다. 예를 들어 A기업의 주가수익비율(주가/주당순이익, PER)이 10, 경쟁기업들의 평균 PER이 15인 경우 A기업의 주가는 상대적으로 저평가되어 있다고 판단할 수 있습니다. A기업의 주가가 10,000원이고 주당순이익이 1,000원이라면, 주당순이익에 경쟁기업 평균 PER를 곱한 15,000원이 적정한 가격이라고 평가할 수 있습니다.

주가 배수는 단순하고 쉽게 주가 수준을 평가하는 데 유용합니다. 하지만 단순히 특정한 하나의 주가 배수만으로 주가의 적정성을 평가하기 어려운 측면이 있습니다. 주가 배수별로 특성이 다르고, 장점은 물론 한계점을 가지고 있기 때문입니다. 주가 배수는 산업 특성에 따라 적정 수준이 다르고, 기업의 성장성이나 수익성에 따라 달라집니다. 예를 들면 미래에 높은 성장성이 기대되는 기업의 주가 배수는 높은 수준에서 결정되는 것이 합리적입니다. 주가 배수를 사용하여 주가를 평가하기 위해서는 다양한 추가적인 정보를 고려할 필요가 있는 이유입니다.

주가 배수를 사용하여 주가 수준을 평가할 때에는 일반적으로 하나의 주가 배수에 의존하기보다는 여러 주가 배수를 함께 비교하여 분석합니다. 여기에 기업의 재무적 상황(재무 건전성, 성장 잠재력, 현금 흐름 등), 거시경제 환경(금리, 경제성장률, 물가 등), 주식시장 주변 여건(국내외 정세, 투자 심리 등) 등과 같은 다양한 정보를 종합적으로 고려하여 주가 수준을 평가하고 투자 여부를 결정합니다.

주가 배수별 계산 방법과 장점 및 한계점

주가 배수	계산 방법	평가	장점	한계점
PER (Price to Earnings Ratio, 주가수익비율)	주가/주당순이익(EPS, Earnings Per Share)	· 기업의 이익 대비 주가 수준 평가 · 낮을수록 저평가, 높을수록 고평가 · 성장성 높은 기업이 높은 경향	· 간단하고 이해하기 쉬워 많이 사용 · 이익을 사용하여 기업간 비교가 용이	· 일시적 요인의 영향으로 이익 변동성이 커서 안정성이 낮음. · 적자기업에 적용불가 · 이익의 질, 자본 구조 반영 어려움
PBR (Price to Book Ratio, 주가순자산비율)	주가/주당순자산(BPS, Book value per Share)	· 순자산 장부가치 대비 주가 수준 평가 · 낮을수록 저평가, 높을수록 고평가	· 객관성 있는 순자산 가액을 기초로 평가 · 안정성 높음. · 금융업 등 자산이 많은 업종 평가에 유용	· 자산의 시장가치 간의 차이 반영 못함. 특히 무형자산 가치를 반영 못함. · 자산의 회계처리 방식에 따라 평가에 차이 발생
PSR (Price to Sales Ratio, 주가매출액비율)	시가총액/매출액 또는 주가/주당매출액(SPS, Sales Per Share)	· 매출 규모 대비 주가 수준 평가 · 매출 대비 저평가 또는 고평가 여부 판단	· 수익성 낮거나, 적자 기업에 적용 가능 · 설립 초기 성장성 높은 기업 평가에 유용	· 수익성을 반영 못해 매출은 많지만 수익성이 매우 낮은 취약기업이 높게 평가될 가능성
PCR (Price to Cashflow Ratio, 주가현금흐름비율)	주가/주당현금흐름 (CFPS, Cash Flow Per Share)	· 영업활동 현금흐름 대비 상대적 주가 수준 평가	· 현금 창출 능력 반영 · 회계 조작 영향 가능성 낮음.	· 투자활동 현금흐름 반영 못함.
EV/EBITDA (기업가치 대비 EBITDA 비율)	(시가총액+순차입금)/EBITDA	· 기업이 창출하는 현금흐름 대비 기업가치 평가 · 낮을수록 저평가, 높을수록 고평가	· 기업 전체의 경상적인 현금흐름만을 반영하여 평가 · 자본구조, 감가상각 방법의 영향 배제하고 평가 · 이익이 적자인 기업에 적용 가능	· 차입금 많은 기업 평가에 왜곡발생가능성 · 현금 유출을 반영하지 못함. · 감가상각이 많은 기업의 가치를 과대평가할 가능성

시장을 이긴 주식 대가의 성공 투자 비결

주가 배수	계산 방법	평가	장점	한계점
EV/Sales (기업가치 대비 매출 비율)	(시가총액+ 순차입금)/ 매출액	· 매출 대비 기업가치 평가 · 낮을수록 저평가, 높을수록 고평가	· 이익이 없는 기업에 적용 가능 · 매출이 핵심 경쟁력 요인인 기업 평가에 유용	· 매출이 많아도 이익이 낮은 기업의 가치 왜곡 가능
PEG Ratio (Price/ Earnings to Growth Ratio, 주가 수익성장 비율)	PER/연평균 EPS 성장률	· 성장성을 고려한 PER로 평가 · 절대적이지 않지만, 관행적으로 1 이하이면 저평가, 1 이상이면 고평가로 판단	· 성장성과 수익성을 모두 반영하여 평가 · 많은 투자로 이익이 적지만, 성장성이 높은 기업 평가에 유용	· 미래 장기 성장률 예측 어려움 · 적자이면서 성장률이 마이너스인 경우에도 계산 가능하여 왜곡 발생 · 투자위험이 높아 PER가 낮은 기업을 저평가로 판단할 가능성

▐ 존 네프(John Neff), 소외주 발굴 가치투자자

존 네프는 주식시장에서 실적에 비해 상대적으로 주가가 낮은 주식 중에서 성장성과 수익성이 높은 펀더멘털이 튼튼한 기업을 찾아내서 투자했습니다.

존 네프(1931년 9월 19일~2019년 6월 4일)는 뮤추얼펀드를 운용했던 펀드매니저였습니다. 존 네프는 1955년 은행에서 기업을 분석하는 애널리스트로 투자 업무 경력을 시작했습니다. 1963년 자산운용회사인 월링턴 매니지먼트(Wellington Management Company)로 이직했고, 1964년부터 윈저 펀드(Windsor Fund)의 운용을 책임지는 펀드매니저로 임명되었습니다. 윈저 펀드는 존 네프가 운용하는 도중에 세계 최대 투자회사의 하나인 뱅가드에 인수되었습니다. 존 네프는 1995년 말 뱅가드에서 은퇴했습니다.[*]

존 네프가 윈저 펀드를 운용한 1964년 6월부터 1995년 12월 말까지 31년 동안 윈저 펀드의 연평균 수익률은 운용 비용을 차감한 이후 기준으로 13.7%에 달했습니다. 이 기간 동안 S&P500 지수의 연평균 상승률은 10.6%였습니다. 존 네프가 윈저 펀드를 운용하기 시작한 1964년 6월에 1달러를 투자했다면 은퇴한 1995년 말에는 55달러로 증가해서 S&P500 지수에 투

---

[*] 존 네프의 생애와 경력에 대해서는 『가치투자, 주식황제 존 네프처럼 하라』(존 네프, 스티븐 민츠 지음, 김광수 옮김, 시대의창, 2016), 『주식시장의 천재투자자들』(존 리즈, 잭 포핸드 지음, 김승진 옮김, 슬로디미디어, 2020), 『가치투자의 거장들』(글렌 아널드 지음, 이광희 옮김, 국일증권경제연구소, 2011), 위키피디아(https://en.wikipedia.org/wiki/John_Neff) 등을 참고

자했을 경우의 22달러와 비교하면 2.5배나 더 많았습니다. 연평균 초과 수익률은 3.1%p에 그치지만, 31년 동안 누적된 결과는 엄청났습니다.

존 네프는 주식시장에서 인기가 없어 주가가 낮은 소외주에 집중적으로 투자하는 전략으로 유명했습니다. 단순하게 소외주에 투자한 것은 아니었습니다. 꼼꼼한 분석을 통해 펀더멘털이 튼튼한 기업을 찾아냈습니다. 투자자들의 관심을 받지 못해 주가가 낮은 소외주 중에서 추가적인 하락 가능성이 낮은 반면 성장성과 수익성이 높아 앞으로 상승할 가능성이 높은 종목을 엄격한 기준으로 선별했습니다.

존 네프는 시장 분위기에 휩쓸리지 않고 자신의 투자 기준을 엄격하게 지켰습니다. 펀더멘털이 튼튼하면서도 저평가된 주식의 시장가격은 내재가치를 찾아갈 것이라는 확고한 신념이 있었습니다. 인기 없는 주식에 대한 투자와 수익률 하락에 대한 주변의 불만이 제기되더라도 자신의 방식을 고수했습니다. 결국에는 장기간에 걸친 높은 수익률로 자신의 투자 방식이 옳았음을 증명했습니다.

존 네프는 윈저 펀드를 미국 최대 규모의 펀드로 성장시켰습니다. 윈저 펀드는 1985년 투자 업계에서는 이례적으로 새로운 현금 유입을 차단하기 위해 신규 투자자들의 투자를 일시적으로 금지하는 조치를 취했습니다. 주식시장 상승으로 좋은 투자대상이 줄어들고 있는 상황에서 대규모 자금 유입이 실적을 저해하는 요인으로 작용할 것을 우려했기 때문입니다. 그만큼 철저하게 실적을 추구했습니다.

존 네프는 전문가의 전문가("The Professional's Professional")로 불렸습니다. 이 정도로 존 네프의 투자 방식은 투자 업계에 상당한 영향을 미쳤습니다. 존 네프도 투자 전문가 모임에 참석하여 자신의 투자 철학과 방식을 외부에 적극적으로 알렸습니다. 존 네프는 은퇴 이후인 1999년 자서전 성격의 저서인『가치투자, 주식황제 존 네프처럼 하라』(원저는『John Neff on Investing』)을 발간하여 자신의 생애와 투자 철학 및 방법 등을 상세하게 공개했습니다.

존 네프의 종목 선정 기준

존 네프는 주가가 낮은 좋은 기업을 저렴하게 매입하여 주가가 상승하면 매도하는 전략을 일관되게 추구했습니다. 존 네프는 주식시장에서 인기가 없어 저평가되어 있으면서 상승할 가능성이 높은 종목을 철저한 분석을 통해 선별했습니다. 주가가 하락하더라도 분석 결과를 믿으면서 인내심을 갖고 목표가격에 도달할 때를 기다렸습니다. 목표가격에 도달하면 과감하게 매도하여 이익을 실현했습니다.

■ 주가수익비율(PER)이 낮은 종목

존 네프는 주식시장의 인기를 측정하는 기준으로 이익과 비교한 상대적인 주가 수준을 나타내는 주가수익비율(Price Earnings Ratio, PER)를 중시하였습니다. 인기가 없어 PER가 낮은 종목들을 선호했습니다. PER가 시장 평균보다 40~60% 정도 낮은 종목을 투자 후보로 검토했습니다. PER가 시장 평균에 비해 지나치게 낮은 종목은 부실한 기업의 주식일 가능성이 높기 때문에 투자 대상에서 제외했습니다.

  시장을 이긴 주식 대가의 성공 투자 비결

■ 이익증가율과 배당수익률이 높은 종목

존 네프는 주가 수준과 더불어 기업의 펀더멘털을 중요한 투자 기준으로 삼았습니다. 기업의 성장성과 재무안정성, 수익성 등을 철저하게 분석하여 종목을 선정했습니다. 특히 성장성을 중요하게 생각했습니다. 존 네프는 이익 증가율이 높은 기업을 좋아했습니다. 최근 5년 동안 이익증가율이 시장 평균보다 높으면서 7~20%인 기업을 투자 대상으로 선정했습니다. 미래에도 이익증가율이 12~15% 수준의 높은 성장성이 기대되는 종목을 골랐습니다. 다만 매우 높은 성장세를 장기간 유지하기 어렵고, 지나치게 높은 성장세를 보인 기업은 위험도 높다고 판단하여 이익증가율이 20% 이상인 기업은 투자 대상에서 제외했습니다. 배당수익률도 중요하게 생각했습니다. 존 네프는 배당을 주식 투자에 따르는 '덤'으로 보았습니다. 배당수익률이 높을수록 좋아했으며, 시장 평균보다 높은 종목을 투자 대상으로 검토했습니다.

■ 총수익률비율이 2 이상인 종목

존 네프는 자신이 중요하다고 생각한 이익증가율과 배당수익률을 결합하여 주가 수준을 평가하는 방법을 고안했습니다. 존 네프는 이익증가율과 배당수익률을 합하여 '총수익률(total return)'이라고 이름 붙였습니다. 총수익률과 PER의 비율인 총수익률비율(total return ratio, 총수익률/PER)을 기준으로 저평가 여부를 판단했습니다.* 존 네프는 총수익률비율이 2 이상인 종목을 투자 대상으로 선정했습니다. 다만 주식시장이 전체

---

* 총수익률비율은 GYP비율 또는 존 네프 상수라고도 불립니다. GYP는 Growth plus Dividend Yield to PER)의 약자입니다.

적으로 높은 상승세를 보여 총수익률비율이 2 이상인 종목이 많지 않을 경우에는 총수익률비율이 시장 또는 업종 평균의 2배 이상인 종목도 투자 대상으로 검토했습니다.

■ 펀더멘털이 튼튼한 종목

존 네프는 종목 선정에 있어 주가 수준 검토에 그치지 않고 경영성과를 분석하여 펀더멘털이 건실한 기업을 골랐습니다. 아무리 주가가 저평가되어 있어도 펀더멘털이 튼튼하지 못하면 주가가 상승하기 어렵다고 보았습니다. 현금흐름(당기순이익+감가상각비)이 자본지출을 초과하는 기업을 투자 대상에 포함시켰습니다. 존 네프는 자기자본이익률(Return on Equity, ROE)을 수익성을 측정하는 핵심적인 지표로 보았습니다. 자기자본이익률이 업종 평균 이상인 기업을 투자 대상으로 검토했습니다. 사업 환경이 악화되더라도 견딜 수 있는 능력을 측정하는 지표로는 영업이익률과 세전이익률을 검토했습니다. 영업이익률 및 세전이익률이 업종 평균보다 높은 종목을 투자 대상에 포함시켰습니다.

존 네프의 종목 선정 기준

지표	기준
PER	· 시장 평균보다 40~60% 낮은 종목
이익 증가율	· 5년 동안 매년 7~20%의 이익증가율을 기록한 종목 · 최근 4분기 동안 분기별 이익이 전년 동기보다 증가한 기업 · 5년 동안 연평균 이익증가율이 시장 평균보다 높은 기업 · 향후 5년 동안 이익증가율이 12~15% 수준을 유지할 가능성이 높은 기업
매출 증가율	· 이익증가율보다 매출증가율이 약간 낮은 수준이면 기준 충족: EPS 증가율의 70% 이상, EPS 증가율의 70% 미만이지만 7% 초과
배당수익률	· 배당수익률이 시장 평균보다 높은 기업

시장을 이긴 주식 대가의 성공 투자 비결

지표	기준
총수익률비율	· 총수익률비율(총수익률/PER)이 2 이상인 기업 · 총수익률비율(총수익률/PER)이 시장 또는 업종 평균의 2배 이상인 기업 * 총수익률 = 이익증가율+배당수익률, 총수익률비율=총수익률/PER
현금흐름	· 현금흐름(당기순이익+감가상각비)이 자본지출보다 많은 기업
수익성	· 자기자본이익률(ROE)이 업종 평균보다 높은 기업 · 영업이익률 및 세전이익률이 업종 평균보다 높은 기업

주: 『가치투자 존 네프처럼 해라』(존 네프, 스티븐 민츠 저, 김광수 옮김, 시대의창, 2016), 『주식시장의 천재투자자들』(존 리즈, 잭 포핸드 지음, 김승진 옮김, 슬로디미디어, 2020), 『가치투자의 거장들』(글렌 아널드 지음, 이광희 옮김, 국일증권경제연구소, 2011) 등을 참고하여 작성

존 네프의 매도 기준

존 네프는 매수 종목 선정뿐만 아니라 매도에 있어서도 원칙을 수립하고 확고하게 지켰습니다. 투자에서 매도 시점 결정이 더욱 어렵다고 보았습니다. 존 네프는 '윈저 펀드의 성공에는 저평가된 우량종목의 발굴이 중요한 역할을 했지만 확고한 매도 전략이 그에 못지 않게 기여했다'고 평가했습니다.

존 네프는 ▲펀더멘털이 심각하게 훼손된 경우 ▲주가가 목표주가에 근접했을 경우 등의 두 가지 기준을 바탕으로 종목을 매도했습니다. 펀더멘털이 심각하게 훼손되었지만 분석 오류 또는 판단 착오로 잘못 매수한 종목을 일차적으로 매도했습니다. 이익 추정치와 5년간 성장률의 두 가지 기준으로 펀더멘털의 훼손 여부를 판단했습니다. 펀더멘털에 대한 확신이 서지 않고, 가능성이 없는 종목이라고 판단되면 손실을 감수하고 과감하게 매도했습니다.

주가가 상승하더라도 목표 수준에 도달하면 매도하는 전략을 일관되게 유지했습니다. 이익 추정치와 예상 PER 상승률을 근거로 종목들의 목표 가격을 설정했습니다. 존 네프의 목표가격은 시장과 기업의 상황에 따라 달라졌습니다. 존 네프는 하나의 절대적인 목표가격 수준을 정해 놓지 않고 시장 변화에 따라 추정 이익과 주식시장의 전반적인 가격 수준을 반영하여 조정했습니다.

존 네프는 주가가 정점인 시점에 맞춰 매도하려고 기다리다가 매도 시점을 놓쳐 손실을 보는 행동을 어리석다고 보았습니다. 존 네프는 주가가 상승 추세를 보이고 있는 중이라도 추가적인 가격 상승에 대한 미련을 버리지 못하고 매도를 주저하기보다는 자신이 사전에 정한 수준에 도달하면 과감하게 매도하고, 더 많은 주가 상승이 기대되는 다른 종목을 매수하는 방식을 일관되게 고수했습니다.

▋ 필립 피셔(Philip Fisher), 성장 투자의 창시자

성장 투자의 창시자로 알려진 필립 피셔는 철저한 사실 조사를 통해 경영진의 자질, 연구개발 능력 등과 같은 질적인 정보를 파악하고 재무 정보를 통해 경영성과를 분석한 이후 주로 성장성이 높은 주식에 투자했습니다.

　　　　　　　　시장을 이긴 주식 대가의 성공 투자 비결

필립 피셔(1907년 9월 8일~2004년 3월 11일)는 '성장주 투자'를 정립한 미국의 투자 전문가입니다. '성장 투자의 창시자'로 불리면서 후대 유명 투자자들에 많은 영향을 준 주식 투자의 대가입니다. 필립 피셔는 1928년 스탠포드 경영대학원을 중퇴하고 은행에 증권분석가로 취직하면서 투자 업계에 뛰어들었습니다. 1931년에 자신의 이름을 붙인 투자회사(Fisher & Co.)를 설립하여 1999년 91세에 은퇴할 때까지 운영했습니다. 필립 피셔는 부자(父子)가 투자 전문가로 유명합니다. 뒤에서 소개할 주가매출액 비율(PSR)을 종목 선정 기준으로 사용하여 높은 성과를 올린 투자 전문가로 유명한 케네스 피셔가 필립 피셔의 아들입니다.

필립 피셔는 사교적이지 못한 성격을 갖고 있어 외부 노출이 적었고, 30명 이하 소수 고객만을 위해 자금을 운용한 것으로 알려졌습니다. 1958년에 저서 『위대한 기업에 투자하라』를 출판하면서 유명해지기 시작했습니다. 워런 버핏은 이 책을 읽고 필립 피셔를 찾아가 조언을 구했고, 벤저민 그레이엄의 극단적 가치투자에 필립 피셔의 성장주 투자방식을 결합하여 자신만의 새로운 투자 방식을 개발한 것으로 알려졌습니다. 워런 버핏은 윌리엄 그레이엄과 필립 피셔를 자신의 투자 방식에 영향을 많이 준 2명의 스승으로 꼽았습니다.

필립 피셔는 투자 종목을 선정할 때에 경영자의 자질, 연구개발 능력 등과 같은 질적인 요소를 중시했습니다. 투자 대상 기업의 경영자와 고객, 경쟁 기업 임직원 등을 만나 정보를 듣는 사실수집(Scuttlebutt)*을 통해 투

---

* scuttlebutt의 원래 사전적 의미는 선박에서 식수를 담아두었던 통입니다. 항해 중에 선원들이 물통 주변에 모여 소문을 주고받아서, 소문(rumor), 가십(gossip) 등을 뜻하는 미국 해군의 속어가 된 것으로 알려져 있습니다. 필립 피셔는 scuttlebutt를 회사와 관련된 내부 임직원, 또는 외부 관계자, 전문가 등과 대화하여 회사에 대한 정보를 최대한 많이 수집하는 과정을 의

자 기업을 선정했습니다. 높은 성장성이 기대되는 혁신기업의 주식을 매우 신중하게 선별하여 투자하고 장기간 보유했습니다. 1950년대에 매입한 텍사스 인스트루먼트(Texas Instruments) 주식은 1980년대 말에 매각했습니다. 1955년에 매입한 모토로라(Motorola) 주식도 2000년대까지 보유했던 것으로 알려져 있습니다.

필립 피셔의 투자원칙[*]

① 철저한 정보 조사를 통한 사실 수집

필립 피셔는 '사실수집'(Scuttlebutt)이라고 이름 붙인 철저한 정보 수집과 분석을 통해 종목을 선정했습니다. 사실 수집은 분석 대상 기업과 이해관계를 갖고 있는 경쟁업체 및 고객, 납품업자, 외부 전문가 등을 상대로 기업에 대한 정보를 수집하는 것입니다. 사실수집을 통해 필립 피셔는 투자대상 기업을 찾기 위한 정해 높은 15가지 포인트를 확인했습니다. 기업과 가까운 사람들로부터 사실수집을 통해 수집한 정보를 바탕으로 높은 수익이 기대되는 강한 기업을 찾아냈습니다.

② 성장성 높은 주식 엄선

필립 피셔는 주로 장기적으로 계속 성장해 나갈 수 있는 기업의 주식을 매수했습니다. 15가지 포인트를 충족하고 있지만 시장에서 제대로 평가

미하는 말로 사용했습니다.
[*] 이하는 『위대한 기업에 투자하라』(필립 피셔 지음, 박정태 옮김, 굿모닝북스, 2005)를 주로 참고하였습니다.

 시장을 이긴 주식 대가의 성공 투자 비결

받지 못하는 주식을 찾아냈습니다. 뛰어난 경영진을 갖고 있으며 전망이 좋은 분야에서 새로운 제품이나 신기술을 개발하는 데 높은 역량을 가지고 있는 혁신적인 기업을 투자 대상으로 선정했습니다. 현재 내재가치에 비해 주가가 저평가된 주식보다는 미래 성장 가능성이 높아 주가가 많이 상승할 수 있는 주식을 찾는 데에 집중했습니다. 저평가된 주식이 내재가치를 회복하는 데에 상당한 시간이 걸리기 때문에 탁월한 성장기업에 투자하는 것이 같은 기간에 훨씬 높은 투자 수익을 얻을 수 있다고 믿었습니다.

③ 장기 보유

필립 피셔는 아주 적은 숫자의 위대한 기업을 찾아내 매도하지 않고 장기간 보유했습니다. 뛰어난 기업은 다른 기업과 경쟁에서 이길 수 있는 핵심역량을 계속 유지하면서 여러 세대에 걸쳐 젊은 생명력을 지켜 나갈 수 있다는 신념을 갖고 있었습니다. 주가가 큰 폭으로 상승하고, 일시적으로 고평가된 것처럼 보인다고 이유로 뛰어난 주식을 팔아서는 절대 안 된다고 보았습니다. 이와 같은 기업은 성장하면서 주가가 계속 상승하기 때문입니다. 필립 피셔는 장기적으로 높은 성장성이 기대되는 주식을 매입하여 이익이 날 때까지 장기 보유하는 것이 단기매매보다 훨씬 높은 투자수익을 올릴 수 있다고 생각했습니다. 필립 피셔는 종목선정의 중요성과 장기투자를 강조하면서 "주식을 매수할 때 해야 할 일은 정확히 했다면 그 주식을 팔아야 할 시점은 거의 영원히 찾아오지 않을 것이다"라고 말했습니다.

필립 피셔의 종목 선정 기준: 투자 대상 기업을 찾는 15가지 포인트

필립 피셔는 주식 투자자들에게 높은 투자성과를 올릴 수 있게 해 주는 위대한 기업의 특징으로 15개 포인트를 제시했습니다. 이와 같은 15개 포인트는 필립 피셔가 높은 투자 성과를 올린 주식에 대한 연구를 통해 찾아냈습니다. 15개 포인트는 "투자할 만한 가치가 있는 기업"을 선정하는 기준과 같은 역할을 했습니다. 15가지 포인트를 충족하지만 제대로 평가받지 못하는 기업을 찾아내는 것이 높은 투자수익을 올릴 수 있는 성장주를 발굴하는 핵심이라고 보았습니다. 15가지 포인트를 보면 필립 피셔는 계량적 정보보다 질적인 정보를 중시했음을 알 수 있습니다.

[투자 대상 기업을 찾는 15가지 포인트]

1. 적어도 향후 몇 년간 매출액이 상당히 늘어날 수 있는 충분한 시장 잠재력을 가진 제품이나 서비스를 갖고 있는가?

2. 최고 경영진은 현재의 매력적인 성장 잠재력을 가진 제품 생산라인이 더 이상 확대되기 어려워졌을 때에도 회사의 전체 매출액을 추가로 늘릴 수 있는 신제품이나 신기술을 개발하고자 하는 결의를 갖고 있는가?

3. 기업의 연구개발 노력은 회사 규모를 감안할 때 얼마나 생산적인가?

4. 평균 수준 이상의 영업 조직을 가지고 있는가?

5. 영업이익률은 충분히 거두고 있는가?

6. 영업이익률 개선을 위해 무엇을 하고 있는가?

7. 돋보이는 노사 관계를 갖고 있는가?

8. 임원들 간에 훌륭한 관계가 유지되고 있는가?

9. 두터운 기업 경영진을 갖고 있는가?

10. 원가 분석과 회계 관리 능력은 얼마나 우수한가?

11. 해당 업종에서 아주 특별한 의미를 지니는 별도의 사업 부문을 갖고 있으며, 이는 경쟁업체에 비해 얼마나 뛰어난 기업인가를 알려주는 중요한 단서를 제공하는가?

12. 이익을 바라보는 시각이 단기적인가 아니면 장기적인가?

13. 성장에 필요한 자금 조달을 위해 가까운 장래에 증자를 할 계획이 있으며, 이로 인해 현재의 주주가 누리는 이익이 상당 부분 희석될 가능성은 없는가?

14. 경영진은 모든 것이 순조로울 때는 투자자들과 자유롭게 대화하지만 문제가 발생하거나 실망스러운 일이 벌어졌을 때는 "입을 꾹 다물어 버리지" 않는가?

15. 의문의 여지가 없을 정도로 진실한 최고 경영진을 갖고 있는가?

필립 피셔는 투자 대상 기업을 찾는 15가지 포인트에 더해 투자자들이 저지르지 말아야 할 잘못 10가지를 지적했습니다.

[투자자가 저지르지 말아야 할 10가지 잘못]

1. 광고하는 신생 기업의 주식을 매수하지 마라.

2. 훌륭한 주식인데 단지 "장외시장"에서 거래된다고 해서 무시해서는 안 된다.

3. 사업보고서의 '표현'이 마음에 든다고 해서 주식을 매수하지 말라.

4. 순이익에 비해 주가가 높아 보인다고 해서 반드시 앞으로의 추가적인 순이익 성장이 이미 주가에 반영되었다고 속단하지 말라.

5. 너무 작은 호가 차이에 연연하지 말라.

6. 너무 과도하게 분산 투자하지 말라.

7. 전쟁 우려로 인해 매수하기를 두려워해서는 안 된다.

8. 관련 없는 통계 수치들은 무시하라.

9. 진정한 성장주를 매수할 때는 주가뿐만 아니라 시점도 정확해야 한다.

10. 군중을 따라가지 말라.

필립 피셔의 성장주 발굴법

필립 피셔는 조사대상 기업을 선정하는 작업이 투자 성공의 열쇠를 쥐고 있기 때문에 주식을 선정할 때에는 처음부터 철저한 조사 및 분석과 정확한 판단으로 주식을 골라야 한다고 생각했습니다. 필립 피셔는 4단계를 거쳐 투자기업을 선정했습니다.

[1단계: 관심 기업 선정]

산업 현장과 투자업계의 동료들로부터 정보를 듣고 조사 여부를 고려하는 관심 기업을 선정합니다. 주로 알고 있는 기업 임원, 과학자, 투자 전문가 등을 만나 산업이나 기업에 대한 이야기를 듣고 관심 종목을 선정하였습니다.

[2단계: 자료 분석]

관심 기업 중에서 검토할 만한 가치가 있다고 판단되는 기업에 대해 사업보고서 등을 통해 핵심적인 사항을 점검합니다. 재무구조, 손익구조, 경쟁관계, 지분구조, 경영진, 연구개발 능력 등에 대한 자료를 조사하고 분석하였습니다. 필요한 자료를 구할 수 없는 기업은 투자 대상 후보에서 제외하였습니다.

[3단계: 사실 확인]

15가지 포인트에 대한 사실 수집 작업을 진행합니다. 알고 있는 전문가, 기업 임원 등을 만나거나 전화로 연락하여 사실 관계를 확인하였습니다.

[4단계: 경영진 면담]

철저한 사전 조사를 통해 15가지 포인트를 충족하는 경우에는 기업의 경영진을 만났습니다. 경영진을 만나 직접 면담하여 사전에 파악한 사항에 대해 확인하고 경영진의 능력 등을 파악하였습니다. 의사결정 권한을 가진 경영진을 면담한 이후 최종적으로 투자를 결정했습니다.

필립 피셔는 이와 같은 4단계를 거쳐 자신의 기준을 충족하는 소수의 기업만을 엄격하게 선정했습니다. 경영진을 만나는 기업은 철저한 사전 조사를 통해 15개 포인트를 충족하는 기업 중에서 엄격하게 선별했습니다. 필립 피셔는 조사 여부를 고려하는 관심 대상 기업이 150개라면, 40~50개를 조사하고, 2~2.5개 기업을 방문한 이후 최종적으로 1개 기업에 투자한다고 밝혔습니다. 그만큼 투자종목을 철저하게 조사하고 분석하여 엄격하고 신중하게 선정하였습니다.

❚❚ 토마스 로우 프라이스(Thomas Rowe Price), 성장 투자의 아버지

토마스 로우 프라이스는 성장 투자의 기반을 정립한 투자 전문가입니다. 프라이스는 과거 장기간 성장성과 수익성이 높았고, 미래에도 높은 성장성이 지속될 것으로 기대되는 기업에 초점을 맞춰 투자했습니다.

토마스 로우 프라이스(Thomas Rowe Price, 1898년 3월 16일~1983년 10월 20일, 이하 프라이스)는 미국의 자산운용 전문가입니다. 미국 메릴랜드주 볼티모어에 본사를 두고 있는 글로벌 투자 관리 회사인 티 로우 프라이스(T. Rowe Price)를 설립하고 운영했습니다. 미국 나스닥에 상장되어 있고 S&P 500에 편입되어 있는 종목인 티 로우 프라이스는 2024년 말 기준 17개국에 사무소를 설치하고 55개국에서 520여 명의 전문가들을 포함한 8,160명의 임직원이 다양한 금융 서비스를 제공하고 있습니다. 운용하는 자산의 규모는 2025년 2월 말 기준 1.63조 달러에 이르고 있습니다.

대학에서 화학을 전공한 프라이스는 신생 화학기업인 포트 피트 스탬핑 & 에나멜링 회사(Fort Pitt Stamping & Enameling Company)에서 직장 경력을 시작했지만, 취업한 지 얼마 되지 않아 경영진의 무능과 부정으로 파산했습니다. 1920년 듀폰(DuPont)으로 이직했습니다. 듀폰에서 직장 생활을 하면서 경쟁력 높은 우량기업의 경영 활동을 직접 목격했고, 자기 회사 주식에 투자하게 되었습니다. 이를 계기로 프라이스는 기업 경영에서 경영진의 중요성을 인식하고 기업 분석에 관심을 갖게 되었습니다.

프라이스의 화학회사 경력은 짧았습니다. 1921년 증권회사로 이직하여 본격적으로 투자 업계에서 경력을 쌓기 시작했습니다. 1930년대 중반 자산관리 책임자가 되면서 운용 성과에 따라 수수료를 부과하는 방식을 도입하려고 했습니다. 그렇지만 당시 관행이었던 운용 성과에 관계없이 일정한 금액을 받는 커미션 방식을 고수하는 회사 경영진들과 의견 충돌로 12년 동안 경력을 쌓아왔던 회사에서 퇴사했습니다. 1937년 자신의 이름을 붙인 회사를 설립하여 기관 및 부유한 개인 투자자를 주요 목표 고객으로 자산관리 사업을 시작했습니다.

성장주 투자로 승승장구하던 프라이스는 1960년대 후반 주식시장의 전반적인 상승으로 성장주를 찾기가 어려워졌다고 판단했습니다. 이에 따라 프라이스는 1966년 회사를 동업자에게 매각하고 경영진에 남아 있다가 1971년 은퇴한 이후에는 회사 경영에 관여하지 않았습니다. 현역 은퇴 이후 프라이스 자신은 인플레이션을 방어할 수 있는 부동산과 채권, 원자재 관련 주식의 투자 비중을 늘렸습니다. 1970년대 후반 인플레이션으로 주식시장이 약세를 보이면서 성장주들의 주가가 하락하여 프라이스의 판단이 옳았던 것으로 나타났습니다.

프라이스는 "성장 투자의 아버지"로 불립니다. 프라이스는 '성장주'의 개념을 정의하고 자산 운용에 적용에 높은 투자 성과를 거두었습니다. 성장 투자는 당시 미국에서 다른 투자 회사나 전문가들이 전혀 시도

하지 않았던 새로운 방식이었습니다. 프라이스가 자산을 운용한 40년
(1934~1974년으로 추정) 동안 연평균 수익률은 15%를 기록하여 시장 평
균 8%에 비해 2배에 가까운 수익률을 기록했습니다.[*] 투자 성과를 조사
한 자료에 따라 투자 기간과 수익률에 다소 차이가 있습니다. 그렇지만
프라이스가 자산을 운영했던 1930년대 초중반부터 1970년대 초중반까지
약 40년 동안 시장을 훨씬 초과하는 투자 성과를 달성했다는 것은 확실합
니다.

프라이스의 투자 전략[**]

프라이스는 투자 업계에 뛰어들면서 성장주에 대한 신념을 갖게 되었
고, 성장 투자에 대한 철학을 정립했습니다. 자산을 운용했던 1930년대부
터 1960년대 중반까지 성장투자 전략을 일관성 있게 고수했습니다. 성장
투자 전략은 '동일 업종 기업에 비해 상대적으로 높은 성장세가 기대되는
우량기업을 식별하여 투자하는 전략'입니다. 성장성을 미래 기업가치를
결정하는 핵심적인 요인으로 보고, 성장성을 기준으로 종목을 선정하는
방식입니다. 프라이스는 자신이 미래를 예측할 수 있는 능력이 부족하다

---

[*] 『위대한 투자자 위대한 수익률』에서 제시한 투자 성과입니다. 투자 기간을 40년으로 명
시했지만 구체적인 연도는 제시하지 않아 추정했습니다. 다른 자료인 『T. Rowe Price:
The Company, and The Investment Philosophy』(Cornelius C. Bond, 2019)에 따르면
1934~1972년 동안 프라이스의 모델 포트폴리오 연평균 수익률은 13.4%, 다우존스 지수는
4.7% 상승하여 초과수익률은 8.7%p를 기록했습니다. 참고로 같은 기간 동안 S&P500 지수
(연말 기준)는 연평균 6.4% 증가했습니다.

[**] 프라이스의 성장주 철학에 대해서는 『T. Rowe Price : The Man, The Company, and The
Investment Philosophy』, Cornelius, C. Bond, Wiley, 2019) 참조

 시장을 이긴 주식 대가의 성공 투자 비결

고 인정하고, 주가의 상승과 하락을 맞춰 투자하기보다는 성장하고 있는 좋은 주식을 소유하고 장기간 보유하는 것에 초점을 맞추는 투자전략을 유지했습니다. 프라이스는 성장 기업을 100% 정확하게 선별하는 것은 불가능하다는 사실을 알고 있었으며, 75% 정도만 맞춰도 뛰어난 성과를 거둘 수 있다고 믿었습니다.

프라이스는 성장주를 '지금까지 장기적으로 높은 성장성을 유지해 왔고, 경기 사이클의 정점마다 주당 순이익이 새로운 최고치를 경신했으며, 미래에도 이익이 높은 성장세를 지속할 것으로 예상되는 사업체의 주식'으로 정의했습니다. 이를 통해 성장주는 기업의 내재가치가 계속 상승하는 주식이라고 해석할 수 있습니다. 프라이스는 지속적으로 성장하는 산업에서 다른 경쟁기업보다 빠르게 성장하는 우량기업을 선별하여 성장이 지속되는 기간 동안 보유하면 높은 투자 성과를 얻을 수 있다고 믿었습니다. 주당 순이익 성장률은 생계비 상승률보다 높아야 하고, 목표는 10년 이내에 이익이 2배 이상 성장하는 포트폴리오를 구축하는 것이었습니다.

프라이스의 성장 투자 철학의 핵심 개념 중 하나는 '산업과 기업의 생애주기(life cycle)'에 대한 이해와 연구입니다. 프라이스는 거시경제와 산업구조의 장기적인 트렌드 변화를 분석하고 높은 성장성이 예상되는 산업과 분야에 투자의 초점을 맞추었습니다. 프라이스는 기업이 인간의 생애와 비슷하게 설립-성장-성숙-쇠퇴의 수명주기를 가진다고 보았습니다. 기업의 이익이 강하게 성장하고 있는 성장기의 초기 시점에 투자하는 것이 성숙기나 쇠퇴기에 투자하는 것보다 투자에서 이익을 얻을 가능성은 더 크고 위험은 더 낮다고 믿었습니다. 이익이 빠르게 증가하는 기업의 주가가 빠르게 상승한다는 믿음에 따라 성장 초기에 속해 있는 성장 잠재력이 높은 기업에 집중적으로 투자했습니다.

프라이스의 기업수명주기 판단 기준

우량기업 지속의 조건	쇠퇴기로 전환될 때의 특징
· 우수한 경영자 · 뛰어난 연구개발 능력 · 특허 · 건실한 재무구조 · 적절한 공장 입지(좋은 공장 입지)	· 매출과 이익의 성장성 둔화 또는 감소 · 몇 분기 동안 수익성 하락 지속 · 나쁜 경영진으로 교체 · 시장의 포화 상태 · 특허 기간 만료 또는 경쟁사의 신제품 개발과 출시 등에 따른 경쟁 우위 위협 · 경쟁 격화 · 새로운 법적 규제 도입 · 세금의 빠른 증가 · 인건비, 원재료, 세금 부담 증가

자료: 『대가들의 주식투자법』(존 트레인 지음, 오승훈, Emily Moon 역), 『Lessons from the Legends of Wall Street』(Nikki Ross, 2000) 등을 참고하여 작성

프라이스는 기업을 평가할 때에 경영진의 중요성을 강조했습니다. 경영진의 능력이 핵심적인 투자 결정 기준이었습니다. 프라이스는 경영진의 역량에 따라 기업의 미래가 좌우된다고 생각했습니다. 프라이스가 회사를 운영하는 동안 투자하는 모든 기업은 반드시 투자 전에 최소 한 차례 애널리스트가 직접 방문하여 경영진을 평가해야 한다는 원칙을 고수했습니다. 투자한 이후에도 매년 최소 한 번 이상 기업 방문을 지속하도록 했습니다. 이와 같은 전통은 오늘날까지도 유지되고 있습니다. 현장 방문에서 애널리스트는 가능한 최고경영자(CEO)를 포함한 여러 경영진들과 만나서 회사의 미래 전망을 논의하고 경영진의 역량을 평가합니다.

프라이스가 매출과 이익의 성장성 이외에 기업의 투자가치를 판단하는 중요한 재무 성과 기준은 투하자본수익률(Return on Invested Capital,

　시장을 이긴 주식 대가의 성공 투자 비결

ROIC)이었습니다. 일반적으로 수익성은 매출액 대비 이익의 비율인 이익률(profit margin)로 측정합니다. 프라이스는 이익률은 여러 기업 간의 수익성 비교에는 유용하지만, 기업이 투자한 자금에 대해 실질적으로 얼마만큼의 이익을 창출하고, 얼마나 빠르게 성장할 수 있으며, 얼마나 오래 생존 가능한지는 판단할 수 없다고 보았습니다. 기업의 성장성과 수익성, 지속가능성을 판단하기 위해서는 투하자본수익률을 사용해야 한다고 보았습니다.

프라이스는 성장주 투자는 결국은 배당 수입의 증가로 연결된다고 확신했습니다. 프라이스가 생각하는 투자 기간은 수십 년이었습니다. 일반적으로 성장주는 이익의 대부분을 성장 기회가 있는 사업에 재투자하기 때문에 배당금이 적습니다. 그렇지만 이익의 빠른 성장은 배당금 지급의 기반이 됩니다. 높은 성장세를 지속하는 기업은 현재 배당이 적더라도 장기적으로 더 많은 배당수입을 제공하게 된다는 것입니다. 프라이스는 성장주에 투자했지만, 보유하는 수십 년간 동안 실적이 빠르게 증가하면서 가치주의 성격을 갖게 된다고 판단할 수 있는 대목입니다.

프라이스는 주가 변동성을 위험이 아니라 투자의 기회로 보았습니다. 투자자들이 단기 성과에 민감하게 반응하여 일시적인 실적 저하에 주가가 크게 하락했다면 매수 기회라는 것입니다. 수십 년 동안의 진정한 내재가치를 기반으로 투자하는 사람들에게는 내재가치에 변화가 없는 일시적인 충격에 의한 주가 변동성은 더 많은 투자 기회가 된다고 보았습니다. 프라이스는 진정한 위험은 주가 변동성이 아니라 기업의 실적이 하락하고 재무구조가 악화되면서 파산할 가능성을 의미한다고 생각했습니다.

프라이스의 성장주 철학의 핵심은 다음과 같습니다.

- 진정한 성장주는 장기적이고 구조적으로 매출과 이익 성장이 지속되는 사업체의 주식
- 수십 년 관점의 장기적인 투자
- 기업에 대한 철저하고 신중한 분석
- 기업의 생애 주기(성장→성숙→쇠퇴) 분석을 통해 주로 매출과 이익이 빠르게 증가하는 성장 단계의 기업에 집중 투자
- 경영진의 능력을 분석하여 투자 여부 결정: 실제 기업을 방문하여 CEO 포함 경영진 면담 진행은 투자 결정의 필수 요건
- 성장성과 더불어 수익성 평가. 수익성은 투하자산수익률(ROIC)을 핵심 지표로 분석
- 주식을 매매할 때는 내재가치를 기준으로 판단해야 하며, 시장가격보다 내재가치에 집중하면서 인내심을 가지고 점진적으로 분할하여 매수 또는 매도
- 주가 변동성은 위험이 아니라 기회. 진정한 위험은 재무 성과 악화에 따른 파산 가능성

종목선정 기준, 성장주의 조건

프라이스는 현재 저평가된 종목을 찾기보다는 우수한 경영진, 강한 시장 지위, 지속 가능한 이익 증가율을 가지고 있어 미래에 높은 성장성이 기대되는 기업에 집중했습니다. 현재의 일시적인 시장가격 하락보다 미래의 장기적인 성장 가능성을 더 중시했습니다. 시장 타이밍 포착보다 기

업의 본질적인 핵심역량 분석에 초점을 맞추었습니다.

프라이스는 미래에 기업가치가 증가할 가능성이 높은 성장기업의 특징으로 매출과 이익의 높은 성장성과 더불어 다음과 같은 4개를 제시했습니다.

■ 지능적인 연구(Intelligent Research)

기존 제품보다 신제품은 경쟁이 약해 더 높은 이익을 실현하기 쉽기 때문에 끊임없이 변화하는 세상 속에서 경쟁에서 승리하기 위해서는 신제품 개발과 기존 제품을 위한 새로운 시장 개척 등에 필요한 연구 역량이 필수적

■ 강한 재무구조(Strong Finances)

재무 상태가 튼튼한 기업은 좋은 시기에 사업을 공격적으로 확장할 수 있으며, 나쁜 시기에는 파산이나 유동성 압박에 견딜 수 있음.

■ 양호한 이익률(Favorable Profit Margins)

산업에 따라 차이는 있지만, 합리적인 세전 이익률 수준을 유지해야 함. 예를 들어 식품, 의류, 저가 제품처럼 회전율이 높은 소비재 판매 기업은 6% 정도의 이익률이 적정한 반면 고가 제품을 낮은 회전율로 판매하는 기업은 10~15%의 이익률이 필요

■ 건전한 노사 관계(Favorable Management-Employee Relationships)

직원들에게 충분한 보상을 제공하면서 총 인건비는 상대적으로 낮고,

경기 변동에 따라 유연하게 조정될 수 있어야 함.

프라이스는 성장주 발굴을 위해 우선 매출과 순이익이 동시에 증가하는 유망산업에서 경기 변동에 관계없이 경영성과가 지속적으로 증가하는 우량기업을 찾았습니다. 다음으로 우량기업을 분석하여 현재의 좋은 경영성과를 계속 유지할 수 있는지 분석했습니다. 미래에도 높은 성장성을 유지할 수 있는 성장주에 대해서는 투자를 확대했습니다. 반대로 현재 성장주라도 성장성과 수익성이 하락할 것이라고 분석되는 주식에 대해서는 미련을 갖지 않고 매각했습니다.

프라이스는 과거 실적에 대한 철저한 분석을 통해 성장성과 수익성이 높았고, 경쟁 환경과 내부 경쟁력을 평가하여 미래에도 높은 성장성이 지속될 것으로 기대되는 종목을 선정했습니다. 구체적인 기준은 표와 같습니다.

프라이스의 종목 선정 기준

구분	기준
경쟁력	· 경영진의 역량이 높고 평판이 좋은 기업 · 새로운 상품 개발과 시장 개척에 필요한 연구개발 능력이 뛰어난 기업 · 시장 경쟁이 심하지 않은 기업 · 정부 규제를 많이 받지 않는 업종에 속한 기업 · 우수한 직원 복지와 노사관계를 통해 뛰어난 인재를 보유한 기업
성장성	· 매출이 지속적으로 증가하는 기업 · 이익(주당순이익)이 빠르게 증가하는 기업 : 최근 10년간 2배 이상 증가, 인플레이션보다 더 빠르게 증가

　시장을 이긴 주식 대가의 성공 투자 비결

구분	기준
수익성	· 투하자산수익률(ROIC) 또는 자기자본이익률(ROE)이 높은 기업: 투하자산수익률(ROIC)이 10% 이상인 기업, 15% 이상이면 우수 · 매출액순이익률(또는 매출액영업이익률)이 높은 수준을 지속적으로 유지하면서 꾸준히 상승하는 기업 · 현금흐름 창출 능력이 높아 배당금을 많이 지급할 수 있는 기업 · 인건비 총액은 낮지만 1인당 인건비가 높은 기업
시장가치	· PER가 시장 평균보다 낮으면서 과거 5년 동안 역사적 평균보다 낮은 종목 · 성장주의 가치는 평균적인 주식의 2배(금리가 3~5%일 때 성장주의 경우 1년 후 예상이익 기준 PER 20~25가 적정 수준, 평균적인 주식의 적정한 PER 수준은 10~12)
재무 구조	· 부채가 적거나 합리적인 수준 · 신용등급이 높은 기업
지분 구조	· 경영진을 포함한 내부자들이 주식을 갖고 있는 기업

주: 『대가들의 주식투자법』(존 트레인 지음, 오승훈, Emily Moon 역), 『Lessons from the Legends of Wall Street』(Nikki Ross, 2000), 『T. Rowe Price: The Man, The Company, and the Investment Philosophy』(Cornelius C. Bond, Wiley, 2019) 등을 참고하여 작성

프라이스의 매매 전략

프라이스는 주식시장이 상승하거나 하락할 때에 주가가 어느 정도 변할지 예측할 수 없다고 보았습니다. 주식시장 추세를 감안하면서 목표가격을 정하고 매매하는 전략을 사용했습니다. 프라이스는 주식을 매매할 때 수년에 걸쳐 점진적으로 분할하여 매매했습니다. 매력적인 주식이라도 너무 높은 가격에 사지 않기 위해 분할하여 매입했습니다. 가격이 충분히 올랐다고 판단되는 주식은 분할하여 매도하여 이익을 극대화하였습니다. 성장주가 아니라고 판단될 경우에는 주식 전체를 매도했습니다. 수십 년 동안 보유 기간은 생각하고 투자하면서 주식 매매는 일정한 기준에

따라 점진적으로 분할하여 진행되었기 때문에 시장 타이밍보다는 기본적
분석과 가치 평가를 중요하게 생각했습니다.

① 주식 매수

프라이스는 주식을 매수하기 전에 목표가격을 설정했습니다. 프라이스
는 시장 주가가 목표 가격보다 낮으면 과감하게 매수했습니다. 여러 차례
로 나누어서 분할 매입했습니다. 프라이스는 고평가된 종목을 매입하지
않도록 주의를 기울였습니다. 주식을 매수할 때에는 PER를 핵심적인 기
준으로 평가했습니다. PER를 관찰하면서 매매 타이밍을 결정했습니다.
프라이스는 종목 선정 기준을 충족한 성장주라도 과거 주가 변화의 정점
과 저점을 살펴보고 목표 주식의 PER가 과거 저점 PER보다 1/3 정도 높은
수준에서 분할하여 매입했습니다.

② 주식 매도

프라이스는 매출이나 이익의 감소 또는 수익성 하락을 성장성이 낮아
지는 성숙기에 진입했다는 신호로 보았습니다. 기본적으로 장기보유를
원칙으로 하되, 성장성과 수익성이 낮아지는 모습이 나타나거나 목표가
격에 도달한 주식은 매도하여 이익을 실현했습니다. 강세장에서 주식을
매각할 경우에는 주가 상승에 따라 단계적으로 높은 가격에 일정 부분씩
나누어서 매각했습니다. 주식시장 전체가 하락세로 전환되거나 기업에
대한 나쁜 뉴스가 발표되어 주가가 크게 하락할 것으로 예상되는 경우에
는 매각 가격에 제한을 두지 않고 낮은 가격이라도 시장가격에 모두 매각
했습니다.

시장을 이긴 주식 대가의 성공 투자 비결

회계 지표로 기업의 수명주기를 파악하는 방법

기업의 수명주기에 따라 경영성과의 패턴이 달라집니다. 경영성과를 통해 기업이 수명주기의 어디에 위치하고 있는지 파악이 가능해지고, 기업수명주기의 위치를 파악하면 경영성과 예측이 쉬워집니다. 기업수명수기 분석은 투자의사결정에 유용하게 활용할 수 있습니다.[*]

기업의 수명주기(life cycle)는 기업이 설립된 이후 시간이 지나면서 설립기 또는 태동기(introduction 또는 embryo), 성장기(growth), 성숙기(maturity), 쇠퇴기(decline)의 발전 단계를 거치며, 각 단계별로 경영환경과 영업활동, 경영전략, 경영성과가 달라진다고 기업의 흥망성쇠를 설명하는 모형입니다. 모든 기업이 설립기, 성장기, 성숙기, 쇠퇴기를 동일하게 거치는 것은 아닙니다. 장기간의 역사를 가진 우량기업은 성숙기 이후 신사업이나 신제품을 통해 매출이 증가하는 부활기(survival)를 거쳐서 다시 성장기, 성숙기, 부활기를 반복하면서 장기 성장을 유지합니다. 제품에 대한 수요가 줄면서 성장률이 둔화되고 경쟁이 심해지는 성장기와 성숙기 사이를 조정기(shakeout)로 구분하는 경우도 있고, 성숙기와 쇠퇴기 사이를 조정기로 구분하기도 합니다.

---

[*] 본 내용은 〈한국기업의 역동성 평가〉(2015. 12, LG경영연구원 연구보고서)의 내용을 주로 인용하였습니다.

기업수명주기 단계별로 경영성과 차이

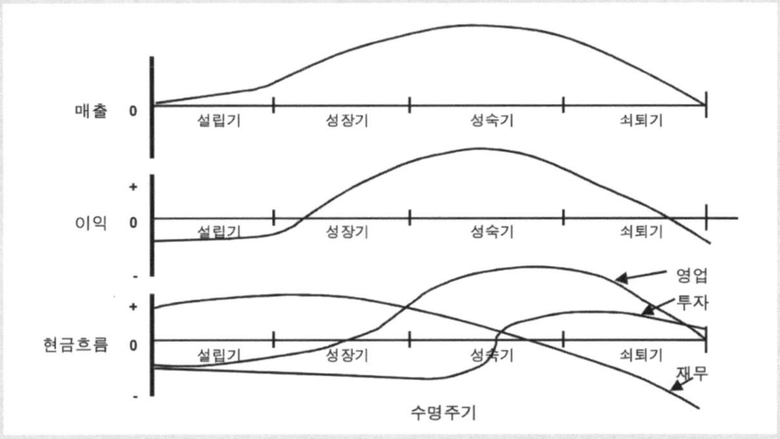

기업수명주기 단계별 기업실적의 전형적인 패턴

자료: 『Financial Reporting, Financial Statement Analysis and Valuation 8th Edition』(2014.
08. 01), James M. Wahlen, Stephen P. Baginski, Mark T. Bradshaw, Cengage Learning, p.
152
〈한국 기업의 한국 기업의 역동성 평가〉, 이한득, 2015.12, LG경제연구원 재인용

기업수명주기 모형에 따르면 기업의 수명주기 각 단계별로 기업이 처한 경영환경이 다르고, 이에 따라 경영전략과 경영목표가 달라지고 경영성과에도 서로 다른 특징이 나타납니다.

① [매출] 설립기에 완만하게 증가하고 성장기에 증가세가 가파르게 높아지다가 성숙기에는 성장세가 둔화되고 쇠퇴기에는 감소합니다.

② [이익] 수요가 적은 설립기에 적자를 보는 경우가 많습니다. 이익은 성장기에 빠르게 증가하다가 성숙기에는 안정적인 높은 수준을 유지합니다. 쇠퇴

기 초반에 이익은 급격하게 감소하고 쇠퇴기 후반에는 적자가 발생합니다.

③ [현금흐름] 영업현금흐름은 이익이 높은 수준에 도달하는 성장기 중반 이후 흑자로 돌아서서 성숙기에 높은 수준을 유지하다가 쇠퇴기에 감소합니다. 성숙기 중반까지 매출이 계속 증가하면서 투자지출이 늘어나기 때문에 투자현금흐름은 성숙기 중반까지 계속 유출되고 외부에서 자금을 조달하게 됩니다.

기업수명주기 단계별 경영환경과 경영성과

	태동기(설립기)	성장기	성숙기	쇠퇴기
경영 환경	· 생산 제품에 대한 신규 수요 발생 · 경쟁이 낮음 · 높은 제품 가격 · 소수의 기업이 시장 점유	· 신규 수요 빠르게 증가 · 생산 증가에 따라 규모의 경제 실현 시작 · 신규 경쟁자 진입으로 경쟁 강도 점차 증가	· 시장 포화에 진입, 신규 수요 둔화 또는 감소, 대체 수요만 존재 · 경쟁 증가	· 수요 감소, 시장 규모 축소 · 기존 제품 대체하는 신규 제품 등장 · 경쟁 심화
핵심 역량	· 혁신제품 개발 · 기술 · 노하우	· 생산 효율성 개선 · 규모의 경제 실현 · 브랜드 충성도	· 내부 효율성개선능력 · 원가 효율화	· 원가 절감
경영 활동	· 제품 개발 · 제품 인지도 제고 · 유통망 개발 · R&D 투자 확대	· 시장 확대 주력 · 제품차별화 강화 · 생산능력 증가 · 설비 및 R&D 투자 확대 · 유통망 확대 · 마케팅 강화 · 다양한 제품 개발	· 진입장벽 구축 · 전략적 제휴 · 인접 영역으로 시장 확대 · 가격 인하 · 원가 절감 · 투자 축소	· 단기 이익 극대화에 중점 · 인수 합병, 시장 철수 · 가격 인하 · 투자 회수 : 매각 또는 합병

	태동기(설립기)	성장기	성숙기	쇠퇴기
경영 성과	· 낮은 매출 성장세 · 투자 규모 확대, 연구개발 투자 빠르게 증가 · 이익 및 현금흐름 적자 지속, 규모는 축소 · 낮은 수익성 · 외부자금 조달	· 성장세 빠르게 높아진 이후 둔화 · 이익은 적자에서 흑자로 전환 이후 확대 · 수익성 개선 이후 높은 수준 유지 · 설비투자 빠르게 증가 · 현금흐름 개선되지만 투자 증가로 외부자금 조달 지속 · 개별 기업 시장점유율 하락	· 성장성 정체 또는 감소로 전환 · 이익은 흑자 지속, 규모는 감소세 전환 · 높은 수익성 유지 이후 점차 하락 · 시장 상황에 따라 설비 및 R&D 투자 조절 · 일반적으로 투자 빠르게 감소하면서 현금흐름 개선 · 점유율 하락 지속, M&A를 통해 과점이 되는 경우도 발생 · 차입금 상환으로 재무구조 개선 · 배당 점차 확대	· 매출이나 자산 등 외형 감소 · 이익은 흑자 규모 축소 이후 적자 전환 · 수익성 악화 · 과잉 설비 발생, 자산 매각 등 투자 회수 · 잉여현금흐름은 차입금 상환, 배당 확대 또는 자사주 매입 등에 사용 · 일부 경쟁기업들의 철수로 점유율 증가

자료: ▲김지대 등, 『경영전략』, 한티미디어, 2015, pp. 71~75 ▲James M. Wahlen, Stephen P. Baginski, Mark T. Bradshaw, 『Financial Reporting, Financial Statement Analysis and Valuation』, Cengage Learning, 2014, pp. 156~159 ▲고영우, 〈기업수명주기 관점에서의 이익조정과 원가비대칭〉(고려대 박사학위논문, 2009) 등을 참조하여 작성

경영성과로 기업수명주기 파악

기업수명주기 단계별로 경영성과의 특징이 다르기 때문에 재무정보를 이용하여 개별 기업의 수명주기 단계를 파악할 수 있습니다. 기업수명주기를 판단하는 방법에는 ▲여러 재무지표를 종합하는 방법 ▲현금흐름만으로 결정하는 방법 ▲기업수명주기를 가장 잘 포착하는 특정 재무지표만으로 판단하는 방법 등이 있습니다.

 시장을 이긴 주식 대가의 성공 투자 비결

현금흐름 지표를 이용한 기업수명주기 측정(Dickinson이 제시한 방법)[*]

Dickinson(2011)은 다른 기업과 비교하지 않고 개별 기업의 현금흐름 크기를 사용하여 기업수명주기를 측정하는 방법을 제시하였습니다. 기업수명주기에 따라 영업활동별로 서로 다른 현금흐름 패턴이 나타나기 때문에 현금흐름의 패턴을 통해 기업수명주기를 판정합니다.

기업수명주기와 영업활동별 현금흐름 패턴

구분		설립기 (Introduction)	성장기 (Growth)	성숙기 (Mature)	조정기 (Shake-out)	쇠퇴기 (Decline)
영업활동	특징	잠재적 수익이나 원가에 대한 지식이 부족한 상태로 시장 진입	가장 많은 투자를 하는 기간에 수익성 극대화	경영 운영에 대한 지식이 증가하면서 효율성 극대화	가격하락으로 성장률 감소, 기존 기업의 정형화된 영업은 경쟁적 유연성 방해	가격 하락에 따라 성장성 감소
	현금흐름	(−)	(+)	(+)	(+/−)	(−)
투자활동	특징	경영자의 낙관이 투자 유발, 경쟁자 진입 방해하기 위해 설립 초기에 대규모 투자 실행	경쟁자 진입을 방해하기 위해 대규모 투자 조기 집행	성숙기 진입에 따라 신규 투자에서 상대적으로 진부화 증가		부채를 상환하기 위해 자산유동화
	현금흐름	(−)	(−)	(−)	(+/−)	(+)
재무활동	특징	기업은 은행 차입을 조달한 이후 주식 발행, 성장하는 기업은 차입금 증가	은행차입 조달 이후 주식 발행, 성장 기업들은 차입금 증가	초점이 자본 조달에서 부채상환과 주주에 대한 초과자금 분배로 이동, 차입금 감소		차입금 상환 또는 차입조건 재협상에 초점
	현금흐름	(+)	(+)	(−)	(+/−)	(+/−)

---

[*] Victoria Dickinson, 〈Cash Flow Patterns as a Proxy for Firm Life Cycle〉, The Accounting Review, Vol. 86, No. 6, November 2011, pp. 1969-1994 참조

예상되는 영업활동 단계별 현금흐름과 기업수명주기

	1 설립	2 성장	3 성숙	4 조정	5 조정	6 조정	7 쇠퇴	8 쇠퇴
영업활동	−	+	+	−	+	+	−	−
투자활동	−	−	−	−	+	+	+	+
재무활동	+	+	−	−	+	−	+	−

Dickinson은 영업현금흐름, 재무현금흐름, 투자현금흐름이 흑자(+)인지 적자(−)인지에 따른 8개의 조합에 따라 5개의 기업수명주기를 구분하였습니다. Dickinson의 측정 방법은 다른 기업과 비교하지 않고 개별 기업 자체의 실적만으로 기업수명주기의 위치를 판단할 수 있는 장점이 있습니다.

회계 전문가들은 기업수명주기 단계별 특징을 포착할 수 있는 재무지표들을 선정하고, 이들 재무지표들에 대해 기업들의 순서에 따라 점수를 부여하고 합하여 기업별로 수명주기 단계를 측정하는 방법을 주로 사용합니다. 이와 같은 방법에서는 기업수명주기 단계에서 개별 기업 특유의 성장 발전 경로 상의 위치보다 다른 기업과 비교한 상대적인 수준을 파악하게 됩니다. 체계적인 방법으로 많은 기업의 수명주기를 한번에 결정할 수 있습니다. 하지만 기업들 사이의 상대적인 위치를 파악하여 수명주기 단계를 판단하기 때문에 산업별 특징이나 기업 특유의 성장경로 또는 발전단계를 반영하여 어떤 단계에 위치하고 있는지를 파악하지 못하는 한계가 있습니다. 예를 들어 개별 기업의 역사적 성장경로를 추적하면 성숙기나 쇠퇴기에 진입했음이 명백함에도 불구하고 비교 대상이 되는 다른 기업의 성장성이나 투자활동이 부진할 경우 성장기로 구분될 가능성이 있습니다.

현금흐름에 초점을 맞춘 간편한 방법도 사용됩니다. 영업현금흐름, 투자현금흐름, 재무현금흐름의 적자 여부에 따른 조합으로 기업수명주기를 미리 정해 놓

시장을 이긴 주식 대가의 성공 투자 비결

고, 개별 기업의 현금흐름과 비교하여 기업수명주기를 판단합니다.

재무지표를 비교하여 종합하는 방법을 사용하기 위해서는 많은 데이터와 여러 복잡한 계산 과정이 필요합니다. 개별 기업의 자체적인 경영성과보다 다른 기업과 비교한 상대적인 경영성과를 비교하는 과정에서 기업수명주기 단계가 제대로 판정되지 못할 위험도 잠재되어 있습니다. 이와 같은 한계점으로 인해 단순하게 매출증가율 또는 다른 특정 재무지표 추이만으로 수명주기 단계를 판단하는 방법이 제시되기도 하였습니다.

재무지표로 기업수명주기 위치 추측

개별 기업에 대한 기업수명주기 판단은 단순한 접근 방법을 사용할 수 있습니다. 일반인들이 여러 기업들의 재무지표들을 수집하고 비교하고 종합하여 기업수명주기를 파악하기는 쉽지 않기 때문입니다. 기업의 수명주기 파악에 사용되는 여러 재무지표를 종합하는 것이 아니라 몇몇 재무지표들의 추이를 관찰하는 방식을 사용하여 기업수명주기의 위치를 추측하는 것입니다.

기업수명주기를 파악하기 위해 이용하는 재무지표에는 매출증가율, 총자산증가율, 유형자산증가율 또는 설비투자(CAPEX) 증가율, 시장가치/장부가액(Market Value/Book Value: M/B) 비율, 종업원 증가율, 기업 연령, 이익잉여금/자기자본총액(또는 자산총액) 비율, 배당성향, 연구개발비/매출액 비율 등이 있습니다.

기업수명주기 단계별로 재무지표들의 패턴이 달라집니다. 개별 기업에 따라 차이는 있겠지만, 일반적으로 성장기에는 성장성은 높지만 수익성이 낮고, 성숙기에는 성장성이 낮지만 수익성은 높은 패턴이 나타납니다. 투자활동, 연구개발, 배당 등에서도 기업수명주기 단계에 따라 다른 패턴이 나타납니다. 이와 같은 패턴을 적용하여 여러 재무지표의 추이를 관찰하고 기업수명주기를 추측합니다. 재무지표별로 기업수명주기 단계에 따라 나타날 것으로 예상되는 전형적인 패턴에 맞춰 기업수명주기를 판정하는 것입니다.

기업 수명주기 측정 재무지표와 예상되는 패턴

지표	기업수명주기 단계별 예상되는 변화
매출증가율	· 성장기에 매출이 빠르게 증가, 성숙기에는 매출 증가세가 둔화, 쇠퇴기에는 매출 감소
총자산증가율	· 설립기와 성장기에 자산 규모 빠르게 증가, 성숙기에 자산 증가세 둔화 · 인수합병을 통해 성장하는 기업은 총자산증가율을 감안할 필요가 있음.
유형자산증가율, 설비투자 증가율	· 성장기에 투자활동이 활발하게 이루어지면서 설비자산에 많은 투자 지출 · 설비투자가 유형자산으로 누적되기 때문은 설비투자 증가율이 높을수록 유형자산증가율도 높아짐.
시장가치/ 장부가액 비율	· 설립기와 성장기에 미래 성장가능성에 대한 기대가 높아 주식시장에서 상대적으로 높은 기업가치 형성
이익잉여금/ 자기자본 총액 (또는 자산총액) 비율	· 설립기와 성장기에는 매출이 적은 데다 설비투자와 연구개발 투자가 많아 이익은 적자이거나 규모가 작음. · 성숙기에 진입하면서 매출은 늘고 투자지출이 줄면서 이익 규모가 증가함에 따라 누적되는 이익잉여금도 증가
배당성향	· 성숙기에는 투자 둔화로 현금흐름이 개선되고 내부에 유보되는 이익이 증가함에 따라 배당 확대에 대한 요구가 높아짐.
연구개발비/ 매출액 비율	· 설립기와 성장기에 핵심역량 강화를 위해 연구개발 활동이 활발하게 이루어지면서 상대적으로 많은 연구개발비 지출
기업 연령	· 기업 연령이 많을수록 성숙기에 위치할 가능성이 높음. · 일반적으로 설립일로부터 경과 연수로 측정

기업수명주기의 위치 파악은 과거 경영성과 분석을 기초로 합니다. 기업의 과거를 보고 미래를 전망하는 것입니다. 기업수명주기를 판단하기 위해서는 과거

시장을 이긴 주식 대가의 성공 투자 비결

경영성과에 대한 분석을 바탕으로 전반적인 기업활동에 대해 평가할 수 능력과 더불어 기업이 속한 산업 전반에 대한 지식이 필요합니다.

정확한 기업수명주기 단계를 파악하는 것이 최선이지만 현실적으로 어렵습니다. 몇몇 재무지표를 사용한 기업수명주기 파악은 정확성이 다소 떨어질 수 있습니다. 그렇지만 이와 같은 대략적인 위치 파악만으로도 경영성과 예측과 기업가치 평가에 도움이 됩니다. 기업수명주기의 위치에 따라 이후의 성장성과 수익성의 방향이 달라지기 때문입니다.

수명주기를 파악하면 미래의 경영성과를 예측하기가 편해집니다. 성장기에 있는 기업들의 경영성과는 전체적으로 좋아질 가능성이 큽니다. 예를 들면 매출증가율이 높아지면서 설비투자가 증가하는 기업은 성장기에 있는 기업이라고 판단할 수 있습니다. 이와 같은 기업은 앞으로 높은 성장세를 유지하면서 수익성도 좋아질 가능성이 높습니다. 매출증가율이 정체되고 투자가 감소하는 기업은 성숙기나 쇠퇴기에 위치한다는 판단이 가능합니다. 성숙기에 있는 기업들의 경우에는 성장성은 낮아지더라도 수익성은 높은 수준을 유지할 가능성이 높습니다. 같은 성숙기에 위치하더라도 쇠퇴기에 가까운 기업은 성장성과 수익성이 모두 낮아질 가능성이 큽니다. 성숙기에 있는 기업들은 성숙기의 시작 단계인지, 마지막 단계인지를 여러 다른 재무지표를 통해 확인할 필요가 있습니다. 매출액증가율과 설비투자증가율 등과 일부 지표만으로 기업수명주기의 위치를 판단하기 어려우면 다른 지표를 추가로 사용하여 검토합니다.

기업수명주기 파악은 기업가치 평가와 투자의사결정에 유용합니다. 기업가치가 증가할 가능성이 높은 기업들을 선정하는 데 있어 기업수명주기의 위치를 활용할 수 있습니다. 투자 대상을 선정할 경우 설립기와 성장기에 있는 기업들에 투자하는 것이 유리합니다. 설립 또는 성장 단계에 있는 기업들은 영업기반을 확

고하게 갖추지 못해 투자에 따르는 위험이 높지만, 성장성이 높아 기업가치가 증
가할 가능성도 큽니다. 성숙기에 있는 기업들은 매출이나 이익의 규모가 크고 상
당 기간 안정적인 경영성과를 지속할 수 있겠지만, 성장성에 대한 기대가 약해
기업가치는 증가하지 못할 가능성이 크고, 오히려 감소할 가능성도 있습니다.

▌ 마틴 츠바이크(Martin Zweig), 보수적 성장투자자

정확한 주식시장 예측으로 인기가 높았던 투자 전문가인 마틴 츠바이크는 높은 성장성이 기대되는 주식 중에서 경영성과와 재무구조를 기준으로 펀더멘털이 튼튼한 기업을 엄격하게 선별했습니다.

마틴 츠바이크(1942년 7월 2일~2013년 2월 18일)는 미국의 투자 전문가이면서 주식시장과 개별 종목에 대한 탁월한 분석가였습니다. 13세에 삼촌이 생일 선물로 준 GM(General Motors) 주식 6주로 주식 투자를 시작했습니다. 1964년 펜실베니아대학교 와튼스쿨을 졸업하고, 1967년 마이애미대학교 경영대학원에서 MBA 학위를 받았으며, 1969년 미시간주립대학교에서 주식시장 전공으로 재무관리 박사 학위를 취득했습니다. 박사 학위 취득 이후 뉴욕시립대학(City University of New York)과 이오나대학(Iona College)에서 재무관리 관련 과목을 강의하고 증권회사의 컨설턴트로 일하는 등 다양한 분야에서 투자 관련 경력을 쌓았습니다.

마틴 츠바이크가 유명해진 것은 투자전문지에 기고한 칼럼에서 비롯되었습니다. 1970년 투자전문지 '배런스'(Barron's)에 AT&T 주식을 매도하라는 증권회사의 추천을 반박하는 편지를 시작으로 몇 개의 칼럼을 게재했는데, 모두가 정확하게 예측한 것으로 나타났습니다. 1971년부터 본격적으로 주식시장에 대한 분석을 담은 뉴스레터인 '츠바이크 예측(Zweig Forecast)'을 쓰기 시작하여 1997년까지 26년 동안 발행했습니다. 투자 뉴스레터의 시장 성과를 추적하는 뉴스레터인 '헐버트 파이낸셜

다이제스트'(Hulbert Financial Digest, 2016년 발행 중단)가 집계한 15년 (1980~1995년) 동안 츠바이크의 주식 뉴스레터가 추천한 종목들의 연평균 위험 조정 수익률은 15.9%의 기록했습니다. 이는 위험 조정 수익률 기준으로 1위였습니다. 마틴 츠바이크는 투자 관련 TV 프로그램에도 정기적으로 출연했습니다. PBS TV의 월 스트리트 위크(Wall Street Week)에 출연하여 1987년의 주가 대폭락을 예상한 것으로 유명합니다.

마틴 츠바이크는 투자에 대한 전문지식과 인기를 기반으로 자산운용 사업에서 성공을 거두었습니다. 1986년과 1988년에 2개의 뮤추얼펀드를 설정하여 운용했습니다. 헤지펀드도 설립하여 높은 수익률을 올렸습니다. 이와 같은 성공을 기반으로 마틴 츠바이크는 많은 부를 쌓았고 호화로운 생활을 한 것으로 알려졌습니다. 뉴욕에 있는 호텔의 최상층에 가격이 7,000만 달러에 달하는 펜트하우스를 소유하면서 마릴린 먼로가 입었던 드레스, 비틀즈의 정장과 골든 레코드, 마이클 조던의 경기 유니폼 등과 같은 고가의 역사적인 골동품과 특이한 기념품을 수집하는 취미 생활을 즐긴 것으로 알려졌습니다. [*]

마틴 츠바이크의 투자 전략

마틴 츠바이크는 기본적으로 성장형 투자자이면서도 기업의 펀더멘털 요인을 중시는 보수적인 성향을 보였습니다. 거시경제와 금융시장 분석

---

[*] 마틴 츠바이크의 경력에 대해서는 위키피디아(https://en.wikipedia.org/wiki/Martin_Zweig), 『주식시장의 천재투자자들』(존 리즈, 잭 포핸드 지음, 김승진 옮김, 슬로디미디어, 2020) 등을 참조

  시장을 이긴 주식 대가의 성공 투자 비결

을 바탕으로 시장 타이밍을 결정하고 주식 투자 비중을 조정하였습니다. 기본적인 투자 전략은 시장의 방향이 강세일 때 시장에 충분히 투자하고, 시장의 방향이 약세일 때 매도하는 것입니다. 종목 선정에 있어서는 기업에 대한 기본적 분석을 통해 일정한 기준을 충족하는 특징을 가진 성장주를 선택하는 데 초점을 맞추었습니다. 이와 같이 기술적 분석과 기본적 분석을 모두 사용하는 시스템을 사용했습니다.

마틴 츠바이크는 하향식(Top-Down) 접근법과 상향식(Bottom-Up) 접근법을 병행하는 주식 투자 전략을 사용했습니다. 거시경제와 금융시장의 흐름을 주로 고려하는 하향식 접근법을 통해 투자 시점을 결정하고 주식 투자 비중을 조정하였습니다. 기업의 세부적인 정보를 주로 반영하는 상향식 접근법을 사용하여 종목을 선정했습니다.

마틴 츠바이크는 시장 전체의 변화를 파악하는 기술적 분석을 중시했습니다. 거시경제와 금융시장 지표에 바탕을 둔 기술적 분석에 따라 주식 투자 비중을 조정했습니다. 주식시장의 강세를 보일 때에는 주식 투자를 확대하고, 약세를 보일 때에는 투자를 줄이는 전략을 유지했습니다. 이를 위해 마틴 츠바이크는 많은 연구 결과와 분석을 바탕으로 주식시장의 전체적인 추세 변화를 파악하는 방법을 개발했습니다. 통화 지표로 중앙은행 기준금리, 소비자들의 할부채무 규모, 은행들이 적용하는 우대금리, 기술적 지표로 주식시장의 상승/하락 비율, 거래량 변화 등을 점수화하고 종합하여 주식시장의 추세를 예측하고 매매 타이밍을 결정했습니다.

마틴 츠바이크의 슈퍼 모형(Super Model)[*]

마틴 츠바이크는 주식의 매매 시점 결정과 비중 조정에 사용하기 위해 통화 모형(monetary model)과 모멘텀 모형(momentum model)을 개발했습니다. 통화 모형은 우대 금리, 할인율, 지불준비금 요건, 개인 할부 채무 등으로 구성된 지표를 기초로 구성됩니다. 각 지표에 점수를 부여하고, 점수를 결합하여 "통화 상황 판단 종합지수(composite reading on monetary conditions)"를 산출하였습니다. 모멘텀 모형은 뉴욕증권거래소 상승과 하락 종목 및 거래량 비율, 그리고 밸류라인종합지수(Value Line Composite Index, VLIC)의 가격 변화를 기초로 구성했습니다. 각 지표에 점수를 부여하고, 지표의 점수를 결합하여 시장의 모멘텀을 판단하였습니다. 통화 모형과 모멘텀 모형을 주식 매매에 사용하기 위한 규칙도 개발했습니다. 마틴 츠바이크는 통화 모형과 모멘텀 모형의 점수를 결합하여 슈퍼 모형(Super Model)이라고 불렀습니다. 슈퍼 모형의 점수를 기준으로 강세장인지 약세장인지 예측하고 포트폴리오 조정의 타이밍과 비중을 결정했습니다.

투자 종목 선정에 있어서 마틴 츠바이크는 성장성을 중시하는 투자자였습니다. 상대적으로 높은 PER를 가진 종목을 선호했습니다. 다만 지나치게 높거나 낮은 PER를 가진 종목은 투자에서 배제했습니다. 주가가 시장 전체보다 높은 상승세를 보이는 종목에 투자했습니다. 매출과 이익의 성장성이 높으면서 성장 추세가 강해지는 종목들에 주로 투자했습니다.

마틴 츠바이크는 주식시장 전체의 변화 추세를 우선적으로 고려하여 주식시장이 상승할 때에 주식 비중을 늘리는 투자결정을 하였고, 주가가 상승하는 종목에 투자하는 성장 투자의 성향이 강했습니다. 그렇지만 기본적 분석을 통해 펀더멘털이 튼튼한 특성을 가진 성장주를 선택하는 보

---

[*] 본서의 초점은 종목 선정 기준에 있기 때문에 슈퍼 모형의 자세한 지표와 계산 방법은 생략합니다. 슈퍼 모형에 대한 자세한 내용은 마틴 츠바이크가 저술한 『Winning on Wall Street』 (1986)를 참고하십시오.

 시장을 이긴 주식 대가의 성공 투자 비결

수적인 성향도 동시에 가지고 있었습니다. 시장 전체를 판단할 때에는 기본적 분석보다 기술적 분석을 중시했지만, 개별 종목을 선정할 때에는 기술적 분석보다 기본적 분석에 더 많은 비중을 두었습니다.

마틴 츠바이크 종목 선정 기준

마틴 츠바이크는 이익과 매출의 성장성을 중점적으로 고려하는 기준을 적용했습니다. 주로 이익과 매출 증가율이 높고 성장세가 가속화되고 있는 종목을 투자 대상으로 선정했습니다. 펀더멘털 측면에서 일정 수준 이상을 충족하는 종목들을 투자 대상으로 삼았습니다. 높은 성장성이 기대되어 주가가 상승하고 주가 수준이 비교적 높은 성장주에 주로 투자했습니다.

■ 높은 성장성이 기대되는 종목

시장에서 높은 성장성에 대한 기대로 주가 수준이 높고 빠르게 상승하는 종목을 골랐습니다. 주가수익비율(PER) 기준으로 시장 평균의 3배 이하인 종목을 선정했습니다. 다만 PER가 지나치게 낮거나 높은 종목은 투자 대상에서 배제했습니다. PER가 5 이하인 종목은 부실 위험이 높은 종목으로 평가했습니다. PER가 43 이상인 종목은 주식시장이 강세를 보이는 상황이라도 지나치게 고평가되어 있을 가능성이 높은 종목으로 보았습니다. 주로 주가가 상승하는 종목에 투자했습니다. 높은 성장성에 대한 기대로 과거 6개월 및 12개월 동안 주가가 시장 전체 평균보다 빠르게 상승한 종목을 투자 대상으로 선정했습니다.

■ 이익과 매출 성장성이 높은 종목

마틴 츠바이크는 이익과 매출의 성장성을 중시했습니다. 가장 최근 분기의 이익증가율(전년 동분기 대비 주당순이익 증가율을 의미)이 플러스(0% 이상)인 종목을 투자 대상에 포함시켰습니다. 최근 분기 이익증가율이 30% 이상인 종목을 최우선으로 선호했습니다. 장기간에 걸쳐 높은 이익증가율을 유지하는 종목을 선정했습니다. 최근 5년 중에서 최소한 4년 이상 이익증가율이 플러스이고, 연평균 이익증가율이 15% 이상인 종목을 투자 대상에 포함시켰습니다. 5년 연평균 이익증가율이 30% 이상인 종목을 가장 좋게 보았습니다.

매출이 이익의 원천이라고 평가하고, 매출 성장세가 높은 종목을 선호했습니다. 가장 최근 분기 매출증가율(전년 동분기 대비 증가율)이 0% 이상이면서, 최근 5년 동안 연평균 매출증가율이 이익증가율과 비슷한 수준(연평균 매출증가율이 이익증가율의 85% 이상)을 유지하는 종목을 선정했습니다. 최근 5년 동안 매년 매출증가율 30% 이상인 종목을 가장 좋아했습니다.

■ 이익과 매출 성장세가 강해지는 종목

이익과 매출이 성장성이 높을 뿐만 아니라 성장세가 가속화되는 기업을 선정했습니다. 특히 이익 성장세가 높아지는 기업을 선호했습니다. ▲가장 최근 분기 이익증가율이 직전 분기, 이전 3개 분기 평균, 장기(5년) 연평균보다 높고 ▲최근 4분기 동안 이익증가율이 0% 이상이면서 계속 증가 추세를 유지한 종목을 투자 대상으로 선정했습니다. 매출 성장세도 강해지는 기업을 투자 대상으로 선정했습니다. 가장 최근 분기 매출증가율이 직전 분기보다 상승했으면서 장기(5년) 연평균보다 높은 종목을 투자 대상에 포함시켰습니다.

■ 재무 위험이 낮은 종목

마틴 츠바이크는 이익과 매출의 성장성 수준과 변화뿐만 아니라 재무 건전성도 고려하여 종목을 선정했습니다. 부채가 많아 재무 건전성이 취약한 기업은 이자비용 부담이 많아 경기가 부진해질 경우 이익이 빠르게 줄어들 가능성이 높다고 진단했습니다. 다만 업종별로 재무구조가 상당히 차이가 있다는 점을 감안했습니다. 마틴 츠바이크는 부채비율(부채/자기자본)이 업종 평균보다 낮은 종목을 투자 대상으로 선정했습니다.

■ 내부 임직원이 매입하는 종목

기업 내부 임직원들의 주식 거래를 통해 기업의 미래 전망을 판단하고 종목 선정에 반영했습니다. 기업의 현재 상황과 미래 전망에 대해 가장 잘 알고 있는 사람들은 임직원이라고 생각했습니다. 마틴 츠바이크는 임직원들이 주식을 매수하는 것을 기업에 대한 긍정적 신호, 매도하는 것을 부정적 신호로 보았습니다. 구체적으로 최근 3개월 동안 자기 회사 주식을 매도한 내부 임직원이 없고, 3명 이상의 임직원이 매수한 기업을 투자 대상으로 선정했습니다.

마틴 츠바이크는 높은 성장성이 기대되는 성장주에 주로 투자했습니다. 자신이 정한 여러 개의 기준을 적용하여 실적 개선이 가속화되는 기업을 꼼꼼하게 선별했습니다. 재무 건전성과 기업의 미래에 대한 임직원의 기대까지 종목 선정에 반영하였습니다. 성장주에 주토 투자하면서도 경영 성과와 재무구조를 기준으로 펀더멘털이 튼튼한 기업을 엄격하게 선별했기 때문에 마틴 츠바이크는 '보수적인 성장 투자자'라고 평가받습니다.

마틴 츠바이크의 종목 선정 기준

	구분	기준	내용
주가 수준	이익 대비 주가(PER)	·주가수익비율(PER)이 시장 평균의 3배 이하이고, 5 이상, 43 이하인 종목	높은 성장성이 기대되는 성장주
주가 변화	가격 모멘텀	·6개월 및 12개월 동안 주가 상승률이 시장 전체보다 높았던 종목	
성장성수준	이익 수준	·가장 최근 분기 주당순이익이 0 이상 ·1년 전 분기 주당순이익이 0 이상	이익 창출 능력이 지속되고 있는 기업
	이익 증가율	·가장 최근 분기의 전년 동기 대비 주당순이익 증가율이 0% 이상(최근 분기 이익이 전년 동기 분기의 이익보다 커야 함), 30% 이상일 경우 가장 좋음. ·최근 5년 동안 중에서 최소한 4년 이상 주당순이익 증가율이 0% 이상 ·장기(최근 5년) 연평균 주당순이익 증가율이 15% 이상, 30% 이상이면 가장 좋음.	높은 성장성이 지속되는 기업
	매출 증가율	·가장 최근 분기의 전년 동기 대비 매출 증가율이 0% 이상(최근 분기 매출이 전년 동기 분기의 매출보다 커야 함) ·장기(최근 5년) 연평균 매출증가율이 주당순이익 증가율의 85% 이상 ·최근 5년 동안 매년 매출증가율 30% 이상	

구분		기준	내용
성장성변화	이익 증가 모멘텀	· 가장 최근 분기의 전년 동기 대비 주당순이익 증가율이 직전 분기보다 상승 · 최근 4분기 동안 전년 동기 대비 주당순이익 증가율이 0% 이상이고 계속 증가 추세 유지 · 가장 최근 분기의 전년 동기 대비 주당순이익 증가율이 이전 3개 분기 평균 전년 동기 대비 성장률보다 높아야 함 · 가장 최근 분기의 전년 동기 대비 주당순이익 증가율이 장기(5년) 연평균 주당순이익 증가율보다 높아야 함.	이익과 매출의 성장 추세가 강해지는 기업(과거보다 최근 성장성이 높은 기업)
	매출 증가 모멘텀	· 가장 최근 분기의 전년 동기 대비 매출 증가율이 직전 분기보다 상승 · 가장 최근 분기의 전년 동기 대비 매출 증가율이 장기(5년) 연평균 매출 증가율보다 높아야 함.	
재무 건전성		· 부채비율(부채/자기자본)이 업종 평균보다 낮은 종목	재무 위험이 낮은 기업
내부자의 주식 거래		· 최근 3개월 동안 내부자의 주식 매도가 없으면서, 3인 이상이 매수	내부자가 긍정적으로 평가하는 기업

자료: 『Winning on the Wall Street』(Martin Zweig, Warner Books, 1986), 『주식시장의 천재 투자자들』(존 리즈, 잭 포핸드 지음, 김승진 옮김, 슬로디미디어, 2020), 〈Martin Zweig: Turbo Charged Value Stocks〉(www.forbes.com/2009/02/23/zweig-growth-value-personal-finance_marty_zweig.html?sh=7e87d8c873a0), 〈Martin Zweig Stock Screener Criteria: Growth Investment Strategy〉(https://thesovereigninvestor.net/martin-zweig-stock-screener-strategy/), 〈Using Zweig's Monetary and Momentum Models in the Modern Era〉(William Ziemba, John Swetye) 등을 참고하여 작성

▌ 조엘 그린블라트(Joel Greenblatt),
마법공식의 개발자

조엘 그린블라트는 자본수익률과 이익수익률의 순위 합계인 '마법공식'을 개발하고 적용하여 투자 종목을 선정했습니다.

조엘 그린블라트(1957년 12월 13일 출생)는 미국의 전문 투자자이면서 교수입니다. 펜실베이니아 대학교 와튼스쿨(Wharton School)에서 1979년 학사 학위, 1980년 경영학 석사 학위를 받았습니다. 대학교 3학년 때에 벤저민 그레이엄에 대한 기사를 읽고 감명을 받아 투자에 대한 관심을 갖게 되었습니다. 벤저민 그레이엄이 쓴 책과 글을 모두 읽었고, 이를 계기로 워런 버핏을 만났습니다. 그린블라트는 벤저민 그레이엄과 워런 버핏의 영향을 받아 가치 투자의 원칙을 지향하면서 저평가된 우량 기업에 투자하는 것을 핵심 전략으로 추진하게 되었습니다.

대학원에서 주식 투자 방법론에 대한 연구로 석사학위 논문을 작성하였고, 자금 관리에 매력을 느끼고 투자 업계에서 일하기로 결심했습니다. 그린블라트는 1985년 헤지펀드인 고담 캐피탈(Gotham Capital)을 설립하고 운용하다가 1995년 외부 투자자들의 자금을 반환하고 고담 캐피탈을 폐쇄하였습니다. 2009년 고담 에셋 매니지먼트(Gotham Asset Management) 설립하여 투자 업계로 돌아왔습니다. 그린블라트는 1985년부터 2005년까지 연평균 40%의 수익률을 기록한 것으로 알려져 있습

　　　　　　　　시장을 이긴 주식 대가의 성공 투자 비결

니다.[*]

그린블라트는 교육에 대한 관심이 높았습니다. 1996년부터 그린블라트는 콜롬비아 대학의 경영대학원에서 투자에 대한 강의를 시작했습니다. 벤저민 그레이엄과 워런 버핏의 투자 방식인 가치투자에 초점을 맞춰 강의가 진행되었습니다. 그린블라트는 교육에 대한 자선 활동을 적극적으로 실천하였습니다. 2002년 주로 남미 및 동남아시아 출신 이민자의 자녀들이 다니는 뉴욕의 공립 초등학교에 250만 달러를 기부하는 등 교육 발전을 위한 여러 활동에 참여하였습니다.[**]

그린블라트는 4권의 책을 출간한 베스트셀러 작가이기도 합니다. 1997년 첫번째 책인『당신은 주식 시장 천재가 될 수 있다』(You Can Be a Stock Market Genius: Uncover the Secret Hiding Places of Stock Market Profits)를 출간되었습니다. 첫번째 책이 투자자들 사이에서 높은 평가를 받았지만, 너무 어렵다고 생각한 그린블라트는 일반 투자자들이 쉽게 읽을 수 있는 책을 목표로 두번째 책을 출간하였습니다. 2005년에 출간한 두번째 책인『주식시장을 이기는 작은 책』(The Little Book That Beats the Market)은 30만부 이상 판매되는 큰 인기를 얻었습니다. 이 책에서 그린블라트는 개인 투자자들이 가치투자를 위해 쉽게 적용할 수 있는 '마법 공식'을 제시하여 커다란 관심을 불러일으켰습니다.

---

[*] 그린블라트의 저서『주식시장을 이기는 작은 책』의 저자 소개에서 밝힌 투자 성과입니다. 그린블라트는 인터뷰에서 고담 캐피탈을 운용한 1985년부터 1994년까지 10년 동안 연평균 50%(수수료를 제외하면 30%)의 수익률을 달성했다고 밝혔습니다. 출처는 (https://seekingalpha.com/article/4201803-joel-greenblatt-interview-his-magic-formula-for-stock-market-investing)입니다.

[**] 조엘 그린블라트의 경력은 주로 위키피디아(https://en.wikipedia.org/wiki/Joel_Greenblatt)와 '주식시장의 전체투자자들(존 리즈, 잭 포핸드 지음, 김승진 옮김, 슬로디미디어, 2020)' 참조

마법공식[*]

그린블라트는 2005년 출간된 『주식시장을 이기는 작은 책』을 통해 '마법공식(magic formula)'이라고 이름 붙인 2개의 재무지표로 주식시장을 이기는 난순한 방법을 소개하였습니다. 마법공식을 적용한 투자 결과를 테스트한 결과, 1988~2009년 동안 투자 대상을 1000대 종목으로 제한했을 경우 19.7%, 3500대 종목으로 제한했을 경우 23.8%를 기록하여 S&P500 지수의 9.5%를 훨씬 능가한 것으로 나타났습니다.

그린블라트는 내재가치보다 싼 가격에 주식을 매입하는 것을 성공 투자의 핵심으로 보았습니다. 마법공식 전략을 평균 이상 기업들의 주식을 평균 이하 가격으로 구매하려는 투자자들을 위해 설계된 장기 투자 전략이라고 소개하였습니다. 마법공식이 내재가치에 비해 상당히 낮은 시장가격에 거래되는 기업들을 찾는 방법이라는 것입니다.

마법공식은 자본수익률(return on capital)과 이익수익률(earnings yield)의 2개 지표로 구성되어 있습니다. 자본수익률은 우량 기업을 찾는 방법이고, 이익수익률은 염가에 거래되는 종목을 찾는 방법입니다. 자본수익률과 이익수익률을 합하면 염가에 거래되는 우량기업을 찾는 방법이 되는 것입니다.

① 자본수익률(Return on Capital, ROC) 계산

자본수익률은 펀더멘털이 튼튼한 기업을 찾는 공식입니다. 기업이 경

---

[*] 마법공식의 대부분은 『주식시장을 이기는 작은 책』(조엘 그린블라트 지음, 안진환 옮김, 알키, 2021) 참조 및 인용

영활동을 위해서는 운전자본과 고정자산의 투입이 필요합니다. 자본수익률은 투입유형자본(운전자본과 고정자산)을 통해 벌어들인 이익이 어느 정도인지를 측정하는 지표입니다. 자본수익률이 높을수록 펀더멘털이 우량한 기업이라고 평가할 수 있습니다.

> **자본수익률 =**
> **세전영업이익(EBIT)/투입유형자본(순운전자본+순고정자산)**

자본수익률은 재무구조와 세율에 따른 이익 변화의 영향을 배제하기 위해 세전영업이익(EBIT)을 성과지표로 사용합니다. 투입유형자본은 영업 관련 유동자산에서 유동부채를 차감한 순운전자본과 고정자산 총액에서 감가상각비 누계액을 차감한 순고정자산의 합계액을 사용합니다. 자본수익률은 기업이 투입한 경영자원(운전자본과 유형자산)을 기준으로 수익성을 측정하기 때문에 기업 전체 입장에서 경영성과를 측정하는 지표라 할 수 있습니다.

② 이익수익률(Earnings Yield) 계산

이익수익률은 가격 매력도, 즉 낮은 가격에 거래되는 기업을 찾는 공식입니다. 이익수익률은 기업가치(주식시가총액+순이자부담부채)에 대한 세전영업이익(EBIT)의 비율로 측정합니다. 세전영업이익을 창출하기 위해서는 자기자본과 타인자본이 모두 필요합니다. 자기자본과 타인자본의 가치인 시가총액과 순이자부담부채(순차입금)을 합한 기업가치를 사용하여 세전영업이익과 비교합니다.

이익수익률 =
세전영업이익(EBIT)/기업가치(주식시가총액+순이자부담부채)

세전영업이익에 비해 기업가치가 상대적으로 낮을수록 이익수익률은 높아집니다. 기업가치는 투자자들이 기업을 구매하는 가격으로 볼 수 있습니다. 이익수익률은 기업의 구매 가격에 비해 어느 정도의 소득을 올리는지를 측정합니다. 이익수익률이 높을수록 이익에 비해 상대적으로 낮은 가격으로 거래되고 있는 주식이라고 할 수 있습니다. 구매 가격에 비해 높은 이익을 올릴수록 투자자에게 유리합니다. 이익수익률은 투자자들이 지불 또는 투입하는 투자 금액을 기준으로 수익성을 측정하기 때문에 투자자 입장에서 기업의 경영성과를 측정하는 지표라고 할 수 있습니다.

③ 마법공식을 이용한 종목 선정

마법공식을 이용한 종목 선정을 위한 과정은 다음과 같습니다.

- 일정한 규모 이상인 대형주로 투자 대상을 제한한다.
- 자본수익률을 계산하여 순위를 매긴다(우량기업을 찾는다).
- 이익수익률을 계산하여 순위를 매긴다(내재가치에 비해 시장가격이 낮은 기업을 찾는다).
- 자본수익률의 순위와 이익수익률의 순위를 합하여 종합 순위를 매긴다(내재가치에 비해 시장가격이 낮은 기업 중에서 우량기업을 찾는다).
- 종합 순위 상위 종목을 최종적인 투자 대상으로 선정한다.

그린블라트는 마법공식으로 결정된 상위 20~30개 종목에 투자할 것을 권했습니다. 마법공식으로 선별된 종목 중에서 어떤 종목이 좋고, 어떤 종목이 나쁜지 알 수 없기 때문에 선정된 종목 전체에 투자해야 한다고 생각했습니다. 선정된 종목들로 구성된 포트폴리오에는 나쁜 종목보다 좋은 종목들이 많이 포함되어 있어 평균적으로 시장을 상회하는 초과수익을 올릴 수 있다고 보았습니다. 그린블라트는 능력과 시간이 있어 투자 대상을 집중적으로 제대로 분석할 수 있다면 5~8개의 우량 기업으로 투자 대상을 한정하는 것도 괜찮다고 보았습니다.

그린블라트는 3년 또는 5년 이상 장기 투자를 권고합니다. 마법공식으로 선정한 종목이라도 일시적으로 시장보다 낮은 성과를 보일 수 있다는 것입니다. 하지만 보유 기간별 투자성과에 대한 분석을 바탕으로 3년 이상 장기적으로 투자하면 시장보다 높은 수익률을 올릴 수 있다고 확신했습니다. 그린블라트가 분석한 결과에 따르면 3년을 투자 기간으로 설정했을 때 마법공식이 시장 평균을 능가하는 확률이 95%에 달했습니다. 장기 투자할수록 성공 가능성이 높아지기 때문에 단기적인 주가하락을 견딜 수 있는 인내력의 중요성을 강조했습니다.

▋ 윌리엄 오닐(William O'Neil), 기본적 분석과 기술적 분석의 달인

윌리엄 오닐은 계량적 정보와 질적인 정보를 포함하는 '캔 슬림(CAN SLIM)' 접근법을 사용하여 투자를 결정했습니다. 기본적 분석뿐만 아니라 기술적 분석에 정통했습니다.

윌리엄 오닐(1933년 3월 25일~2023년 5월 28일)은 미국의 투자 전문가이면서 기업가입니다.* 총 400만부 이상 판매된 여러 권의 투자 관련 베스트셀러를 집필한 작가이기도 합니다. 윌리엄 오닐은 데이터에 기반한 주식 투자의 선구자로 평가받고 있습니다. 1958년 25세에 입사한 주식 중개회사에서 투자 경력을 시작한 윌리엄 오닐은 컴퓨터를 활용한 투자 전략을 개발했습니다. 증권업계에서 뛰어난 분석력으로 빠르게 두각을 나타내면서 뛰어난 실적을 올리는 중개인으로 자리잡았습니다.

윌리엄 오닐은 주식 투자에 전문화된 정보를 제공하는 기업을 설립하고 일간지를 창간하였습니다. 윌리엄 오닐은 30세인 1963년 최연소의 나이로 주식 거래를 직접 수행할 수 있는 권리를 가진 뉴욕 증권거래소 회원이 되었습니다. 같은 해에 최초로 컴퓨터화된 일일 증권 데이터베이스를 개발하여 기관 투자자에게 연구 결과를 판매하는 한편 전 세계 70,000개 이상의 기업 정보를 추적하는 회사(William O'Neil + Co. Inc.)를 설립

---

* 윌리엄 오닐의 경력에 대해서는 주로 위키피디아 참고(https://en.wikipedia.org/wiki/William_O%27Neil)

 시장을 이긴 주식 대가의 성공 투자 비결

했습니다. 여기에서 윌리엄 오닐은 자신의 트레이드마크인 캔 슬림(CAN SLIM) 전략을 개발하고 체계화하였습니다. 1973년에는 최첨단 고속 인쇄 및 데이터베이스 출판 설비를 제공하는 회사(O'Neil Data Systems, Inc.)를 만들었습니다. 1984년에는 투자자들에게 주식 관련 정보를 인쇄물 형태로 제공하는 일간지인 'Investor's Daily'(1991년 Investor's Business Daily로 이름 변경)를 발간하기 시작했습니다. 'Investor's Daily'는 2016년 인쇄물 발행 주가를 주간으로 변경(일간 뉴스는 인터넷을 통해 계속 발행)하여 발간되다가 2021년 다른 기업에 인수되었습니다.

1988년 CAN SLIM 전략을 처음으로 일반 대중에게 체계적으로 설명한 책인 『주식으로 돈 버는 법』(How to Make Money is Stocks)을 출간(국내에서는 『최고의 주식 최적의 타이밍』의 번역서로 출판)하였습니다. 이 책의 개정판이 계속 베스트셀러가 되면서 투자 업계의 고전으로 자리잡았습니다. 윌리엄 오닐의 연구 결과와 저서는 많은 투자자에게 영형을 미쳤고 투자 업계에서 유용한 투자 전략으로 활용되었습니다.

윌리엄 오닐의 종목 선정 기준: 캔 슬림(CAN SLIM) 접근법

윌리엄 오닐은 기업의 재무정보를 이용한 기본적 분석과 주가 추이를 통한 기술적 분석을 모두 사용하여 주식 투자 종목을 선정하고 매매 시점을 결정하였습니다.[*] 윌리엄 오닐은 1953~2001년 동안 높은 상승세를 보

---

[*] 윌리엄 오닐은 기술적 분석을 중시했습니다. 그가 저술한 저서에는 기술적 분석을 설명하는 많은 그래프가 포함되어 있습니다.

인 600개 기업을 분석하여 경영성과와 주가 변화의 공통적인 특징을 찾아내서 종목 선정 기준인 캔 슬림(CAN SLIM) 접근법을 개발했습니다.[*]

캔 슬림(CAN SLIM)은 중요한 주가 결정 요인들인 ▲현재 분기 순이익(Current Earnings) ▲연간 순이익(Annual Earnings) ▲신제품 및 신경영, 신고가(New) ▲수요와 공급(Supply and Demand) ▲선도주 또는 부진주(Leader or Laggard) ▲기관투자자의 관심과 수요(Institutional Sponsorship) ▲시장의 방향(Market Direction) 등의 영문 첫 글자를 따서 만들어진 이름입니다.

캔 슬림 접근법에서 투자 대상에 포함되는 종목은 뛰어난 경영성과(높은 이익과 매출 증가세 및 자기자본이익률)를 달성한 기업 중에서 주가가 많이 상승했고, 기관투자자들이 많이 보유하고 있는 펀더멘털이 튼튼한 기업들의 주식입니다. 윌리엄 오닐은 자신이 잘 알고 있고 이해도가 높은 종목 가운데 신중하게 선정한 4~5개 종목으로 투자 종목 수를 한정할 것을 제안하였습니다.

윌리엄 오닐의 주식 선택 기준에는 정량적 요인과 정성적 요인이 모두 포함되어 있습니다. 윌리엄 오닐은 재무적으로 기초적 요인이 뛰어난 주식을 선정하고, 주가 동향을 면밀하게 관찰하고 분석하여 매수 타이밍을 잡았습니다. 주가와 거래량 변화에 대한 분석을 통해 최적의 매수 타이밍을 포착하는 것이 투자 성공의 핵심 요인으로 보았습니다. 이를 위해 매일 주요 주가 지수와 개별 종목 주가의 거래량 변화를 확인하고 의미를 정확하게 해석할 수 있어야 한다는 점을 강조하였습니다.

---

[*] 윌리엄 오닐의 CAN SLIM 접근법에 대해서는 『최고의 주식 최적의 타이밍』(윌리엄 오닐 지음. 백정태 옮김, 굿모닝북스, 2012)의 3~9장을 인용하였습니다.

 시장을 이긴 주식 대가의 성공 투자 비결

윌리엄 오닐이 개발한 CAN SLIM의 구체적인 내용은 다음과 같습니다.

■ C : 현재 분기 순이익(Current Earnings)

주당순이익 변화 방향 및 속도가 종목 선정의 가장 중요한 요소이며, 최근 분기별 순이익이 전년도 같은 분기보다 상당히 큰 폭으로 증가한 종목을 선정

- 전년 동기 대비 분기 주당순이익이 큰 폭으로(최소 25~30%) 증가한 종목(분기 순이익 계산에서 일회성 특별손익은 제외)
- 향후 1~2분기 순이익 예상치가 1년 전 같은 분기의 순이익보다 증가한 기업
- 분기 순이익 증가율 속도가 빨라진 기업
- 이번 분기 매출이 25% 이상 증가하거나, 지난 3분기 이상에 걸쳐 증가 속도가 빨라진 기업
- 최근 분기 세후순이익률(세후순이익/매출액)이 회사 설립 이후 최고 수준에 가까운 기업
- 같은 업종 내에서 높은 분기 매출 증가율을 보이는 다른 주식이 하나 이상 있어야 함.

■ A : 연간 순이익(Annual Earnings)

지난 3년간 순이익 증가율이 높고 실적이 강하게 호전된 기업

- 연간 주당순이익 증가율이 최소 25~50% 또는 그 이상이 되는 기업

- 지난 3년 동안 매년 주당순이익이 증가 추세를 유지한 기업
- 내년 이익 전망치 컨센서스가 올해보다 증가한 기업
- 자기자본이익률이 17% 이상인 기업
- 연간 주당 현금흐름이 실제 주당순이익보다 최소 20% 이상 많은 기업
- 최근 3년 동안 매년 순이익 증가율이 안정적이고 지속적으로 이루어
  진 기업

■ N : 신제품, 신경영, 신고가(New)

획기적인 새로운 제품 및 서비스 개발, 새로운 경영진 교체 또는 경영혁
신, 긍정적인 산업 환경 변화 등이 나타나고 있는 기업을 찾아내고, 주가
가 거래량을 수반하면서 신고가에 근접하거나 돌파했을 때 매수

- [신제품] 대단한 성공(이전 순이익 증가율을 훨씬 능가하는 이익 창
  출)을 가져다주는 신제품 또는 새로운 서비스 출시
- [신경영 또는 경영혁신] 창조적인 기업가 정신을 가진 경영진이 운영
  하는 기업, 회사에 새로운 활력을 불어넣고, 새로운 아이디어와 함께
  기존의 낡은 사고 방식을 일소하는 신사고 방식의 경영혁신을 도입하
  고 실행하는 기업
- [신환경] 긍정적 사업 환경 변화 : 공급 부족과 판매 가격의 상승, 혁신
  적인 생산 기술 같은 산업 여건의 새로운 변화로 해당 업종에 속한 기
  업 대부분 주가 상승
- [신고가] 일정 기간 횡보한 이후 주가가 상승하고 거래량이 증가하면
  서 신고점에 근접하거나 신고점을 기록한 주식

■ S : 수요와 공급(Supply and Demand)

주식 공급 물량이 적고 수요는 많은 종목

- 유통주식 수(전체 주식 중에서 대주주 등이 보유하여 시장에서 유통되지 않는 주식을 차감한 물량)가 적은 기업. 과도한 주식 분할에 따른 유통주식 수 증가는 주가에 부정적 영향을 미치기 때문임.
- 최고 경영진이 많은 주식을 보유하고 있는 기업
- 기업이 장내에서 일정 기간 지속적으로 자기 회사 주식을 매입하는 기업
- 장기부채비율(장기부채/자기자본)이 낮고, 재무구조가 건실한 기업: 최근 2~3년 동안 부채를 상환해 부채비율이 크게 낮아진 기업
- 거래량이 과거 평균보다 40~50% 증가한 기업
- 기업 규모와 관계없이 CAN SLIM 원칙을 충족하는 기업

> ### 주식시장의 대역설 현상
>
> 윌리엄 오닐은 최고의 주식에 대한 연구 결과, "주식시장의 대역설" 현상을 발견하고 주식투자 전략의 원칙으로 적용
>
> **[주식시장의 대역설] 주가가 너무 높아 보이고, 많은 사람에게 위험하게까지 보이는 주식이 더 높이 오르는 반면, 주가가 낮아 싸게 보이는 주식이 더 떨어지는 경우가 많은 현상**

■ L : 선도주 또는 부진주(Leader or Laggard)

활황을 구가하고 있는 업종 내 최고 기업 중에서도 1위 또는 상위 2~3

개 기업

- 업계 리더이면서 해당 분야 1위 기업: ▲분기 순이익과 연간 순이익
  증가율이 가장 높고 ▲자기자본이익률이 가장 높으며 ▲판매마진 폭
  이 가장 여유 있고 ▲매출액이 폭발적으로 증가하고 있으며 ▲주가
  움직임이 가장 역동적인 기업
- 시장 또는 업종 주도주와 소외주는 주가의 상대적인 강도를 측정한
  점수로 확인: 상대적인 주가 강도가 80점(주가 상승률 상위 80%) 이상
  인 주식에 투자
※ 주가 강도 점수: 주식시장에서 거래되는 종목들의 지난 52주 간의 주
  가 상승률을 비교하여 매긴 점수로 최저 1점에서 최고 99점(주가상
  승률이 하위 1%이면 1점, 상위 99%이면 99점)
- 강세장에서 조정을 받을 때에 하락률이 가장 작은 성장주가 최선의
  선택
- 시장 전반의 하락세가 끝났을 때 가장 먼저 신고가를 기록하는 종목

■ I : **기관투자자의 관심과 수요**(Institutional Sponsorship)
기관투자들이 많이 보유하고 있거나, 보유 물량을 늘린 주식

- 여러 기관투자자들이 보유한 주식(최소한 20개 정도의 기관이 보유한
  기업)
- 보유 기관투자자의 수가 최근 몇 분기 동안 꾸준히 증가한 기업
- 가장 뛰어난 운용 성과를 보여 주고 있는 포트폴리오 매니저 중 적어

　　　　　　　시장을 이긴 주식 대가의 성공 투자 비결

도 1~2명이 보유하고 있는 기업

※ 최근 12개월 및 3년 동안의 투자수익률로 기관투자자의 운용능력
  평가

- 탁월한 운용 성과를 내고 있는 기관투자자의 보유 물량이 많고, 최근
  주식을 매수한 기업

- 기관투자자의 보유 종목 가운데 새롭게 비중 있게 편입된 종목

- 기관투자자들이 과도한 비중을 차지하는 종목은 피하기

■ M : 시장의 방향(Market Direction)

시장의 방향은 매매 타이밍을 잡는 기준: 시장 추세에 맞서지 말고, 강
제장인지 약세장인지를 파악하여 대응해야 하며, 이를 위해 강세장인지
약세장인지를 판단할 수 있는 신뢰성 있는 분석 기법을 가지고 있어야 함.

- 매일 전체 시장의 움직임을 알려 주는 주요 지수들의 변화와 거래량
  동향에 대한 주의 깊은 관찰과 추적, 연구 및 분석을 통해 시장 동향을
  해석하고 이해해야 함.

- 경기 사이클을 주의 깊게 살펴서 주식시장의 다양한 국면에서 각 업
  종들이 어떻게 움직이는지 파악

- 매도 원칙을 배우고, 수립하여 실천: 시장이 정점에 도달했다는 신호
  가 나타나면 주저하지 말고 보유 주식의 25% 이상을 시장 가격으로
  매도하여 현금화

- 주도주의 주가 변화를 통해 시장 변화를 파악: ▲주도주 가격이 하락
  하기 시작하면 시장이 좋지 않은 방향으로 돌아서고 있다는 징후 ▲

주가 움직임이 둔했고 저가주이면서 기업 내용이 좋지 않은 소외주들
이 강세를 띄는 것은 시장의 상승 기조가 끝나가고 있음을 의미
- 주가와 거래량 모두 강한 반등이 확인되어야 새로운 강세장 시작
- 강세장의 2년이 지나면서 주가가 상승하지 못하고 거래량이 급증하면
  약세장이 시작된다는 신호
- 정책금리를 3번 이상 연속해서 인상하는 경우 통상 약세장의 시작과
  경기 위축이 임박했음을 알려 주는 신호

윌리엄 오닐의 매도 기준[*]

윌리엄 오닐은 종목 선정 기준뿐만 아니라 매도 기준을 제시하였습니
다. 주가가 고점에 도달했을 때 매도하여 이익을 실현하는 것이 중요하
며, 무조건 장기보유를 하는 것이 능사는 아니라고 보았습니다. 일정한
원칙과 기준에 따라 보유한 주식을 매도하여 이익을 실현해야 높은 투자
수익을 올릴 수 있다는 점을 강조했습니다.

윌리엄 오닐은 가격이 하락한 주식의 주가가 다시 상승할 것이라고 기
대하고 매각하지 않는 매매 방식에서 투자 손실이 초래된다고 보았습니
다. 잘못된 투자 판단에 따른 손실을 최소화하기 위해 손실이 7~8%를 넘
어가면 매도하는 것을 절대적인 원칙으로 삼았습니다.

■ **손절매 기준**

손실의 한계를 미리 정해 놓고, 한계에 도달하면 매각하여 손실 규모 최소화

- 어떤 종목이라도 처음 매수한 가격에서 최대 7~8% 하락하면 무조건 매도

■ **이익 실현 기준**

주가가 최고치 또는 과열 수준까지 상승하면 보유 물량을 매도하여 이익 실현

- 20% 상승하면 이익 실현
- 상승세가 강력한 주식은 예외: 기관투자자가 매수하는 시장 주도주이면서 매수 시점에서 1~3주 만에 20% 넘게 상승한 종목 또는 8주가 지나지 않아 20% 이상 상승한 종목은 추가로 8주 더 보유
- 약세장에서는 15% 상승하면 이익 실현, 3% 하락하면 무조건 손절매

주식 투자의 실수와 성공 투자를 위한 지침

윌리엄 오닐은 투자자들이 많이 저지르는 실수를 지적했습니다. 그리고 성공적인 투자를 위해 명심해야 할 지침을 제시하였습니다. 실질적인 내용에 있어서는 중복되는 것들이 많고 캔 슬림 접근법의 종목 선정 기준

을 포함합니다. 윌리엄 오닐의 성공 투자 지침은 종목 선정 기준에 그치지 않고 투자에 필요한 지식과 마음가짐에 대한 내용을 담고 있어 투자의 유용한 길잡이가 될 것으로 보입니다.

■ 투자자들이 가장 많아 저지르는 21가지 실수[*]

1. 손실이 아주 적고 충분히 감내할 수 있는데도 고집스럽게 손실을 키워 나가는 것
2. 주가가 떨어질 때 매수함으로써 비극적인 종말로 치닫는 것
3. 평균 매수 가격을 높이기보다 낮추는 것
4. 차트 이용하는 법도 배우지 않고, 제대로 된 모양을 형성한 뒤 신고가를 경신했는데도 매수하기를 두려워하는 것
5. 적절한 종목 선정 기준이 없거나 성공하는 기업을 찾아낼 안목이 없어서 처음부터 종목 선정에서 실패하는 것
6. 시장 전체를 바라보는 안목이 없어 언제 조정이 시작되는지, 언제 하락이 끝나고 새로운 상승세가 확실해지는지 알지 못하는 것
7. 자신의 매수 및 매도 원칙을 따르지 않아 실수가 점점 더 잦아지는 것
8. 어떤 주식을 살 것인가만 생각하고, 일단 매수 결정이 내려지면 언제, 어떤 상황에서 그 주식을 매도할 것인지를 전혀 생각하지 않는 것
9. 기관투자자가 적극적으로 매수하고 기업 내용이 훌륭한 종목을 매수하는 것이 얼마나 중요하고, 또 차트를 이용해 종목 및 타이밍 선정의 정확성을 높이는 것이 얼마나 중요한지 이해하지 못하는 것
10. 고가주를 소량 매수하기보다는 저가주를 대량으로 매수하는 것

---

[*] 『최고의 주식 최적의 타이밍』 12장 참고

　시장을 이긴 주식 대가의 성공 투자 비결

11. 주변의 말이나 루머에 솔깃해서, 혹은 주식 분할이나 새로운 뉴스, 낙관적인 전망, TV에 출연한 세칭 시장 전문가의 추천과 의견을 들었다고 해서 주식을 매수하는 것

12. 배당금을 받을 욕심에, 혹은 낮은 주가수익비율(PER)에 현혹돼 이류 종목을 선정하는 것

13. 너무 빨리 너무 쉽게 돈을 벌려고 하는 것

14. 낯익은 전통 기업 주식만 매수하는 것

15. 어떤 것이 좋은 정보이며 훌륭한 조언인지 제대로 이해하지 못하고 따르지도 않는 것

16. 손해난 주식을 계속 붙들고 있으면서 이익이 난 주식은 조금만 올라도 쉽게 팔아 버리는 것

17. 세금과 수수료에 대해 너무 걱정하는 것

18. 하루 아침에 부자가 되기 위해 선물과 옵션에 과도하게 투기하는 것

19. '시장 가격'으로 거래하지 않고, 매수와 매도 주문 시 미리 가격대를 정해 둔 예약 주문을 하는 것

20. 중요한 결정이 필요한 순간에 결심하지 못하는 것

21. 주식을 객관적으로 보지 못하는 것

■ 반드시 명심해야 할 23개 지침들[*]

1. 싸구려 주식은 사지 마라.

2. 최근 3년간 주당 순이익 증가율이 적어도 25%는 되고, 내년도 순이익 증가율 추정치도 25% 이상인 성장주를 매수하라.

---

[*] 『최고의 주식 최적의 타이밍』 16장 참고

3. 최근 2~3분기 동안 주당 순이익이 많이 늘어났는지 확인하라. 최소한 25~30%는 늘어났어야 한다.

4, 최근 3분기 동안 매출증가율이 계속 높아졌거나 지난 분기 매출액 증가율이 25% 이상인지 확인하라.

5. 자기자본이익률이 17% 이상인 주식을 매수하라.

6. 최근 분기의 세후 순이익률이 좋아졌는지, 또는 지금까지 가장 좋았던 세후 순이익률에 근접하고 있는지 점검하라.

7. 신고가를 경신한 종목이 많이 속해 있는 업종이거나 세부 종목군의 수익률이 상위권에 있을수록 그 종목의 수익률도 높다.

8. 배당금이나 주가수익비율(PER)에 현혹돼 주식을 매수하지 마라. 순이익과 매출액 증가율, 자기자본 이익률, 순이익률, 탁월한 제품 등과 같은 잣대로 매수할 주식을 선정하라.

9. 상대적 주가 강도가 85 이상인 주식을 매수하라.

10. 소형주 또는 대형주에 관계없이 하루 거래량이 적어도 수십만 주는 되는 종목이어야 한다.

11. 차트 읽는 법을 배우고, 적절한 모양과 정확한 매수 시점을 집어내는 방법을 이해하라.

12. 추격 매수는 신중하게 하되 평균 매수 단가는 높여야지 낮춰서는 안 된다. 최초 매수 가격보다 7~8% 하락하면 무조건 손절매하라.

13. 매도 원칙을 종이에 적어 두라.

14. 성과가 뛰어난 뮤추얼펀드 한두 곳이 최근 분기에 매수한 종목인지 확인하라.

15. 아주 탁월한 품질의 신제품이나 새로운 서비스를 개발한 기업이어

야 한다.

16. 시장 전반이 상승세를 타야 하며, 시장의 중심이 소형주에 있는지 아니면 대형주에 있는지 파악하라.

17. 옵션이나 채권, 우선주, 외국 주식, 상품 따위에 너무 신경 쓰지 마라.

18. 최고 경영진이 자사 주식을 보유한 종목이어야 한다.

19. 설립한 지 오래된 "낡은" 기업이나 소외주보다는 창조적 기업가 정신을 가진 새로운 기업에 주목하라.

20. 자만심과 고집을 버려라. 고집을 부릴수록 손해만 커진다. 시장과 싸우지 마라. 당신이 옳고 시장이 틀렸다는 것을 굳이 증명하려고 애쓰지 마라.

21. 시장의 천정과 바닥이 어떻게 만들어지는지 이해하라. 보유하고 있는 종목과 매수 대상 종목이 어떤 기업인지 신문에서 읽어 보라.

22. 최근 자기회사 주식을 보통주로 5~10% 매수하겠다고 발표한 기업을 주목하라.

23. 바닥권을 헤매는 종목이나 주가가 떨어지고 있는 종목을 매수해서는 안 된다. 물타기를 해서도 안 된다.

▌ 케네스 피셔(Kenneth Fisher),
PSR 지표로 슈퍼스톡을 찾는 투자 전문가

케네스 피셔는 주가매출액비율(PSR)을 종목 선정 기준으로 사용하여 높은 투자 성과를 올렸습니다. 기업분석을 통해 펀더멘털이 튼튼한 슈퍼 컴퍼니를 찾아냈고, PSR 지표를 기준으로 슈퍼 컴퍼니 중에서 주가 상승 잠재력이 높은 종목을 선별하여 투자했습니다.

케네스 피셔(1950년 11월 29일 출생)는 미국 출신의 투자 전문가입니다. 케네스 피셔는 앞에서 소개한 필립 피셔(Philip Fisher)의 아들입니다. 부자가 모두 주식 투자의 대가인 특이한 집안 내력을 갖고 있습니다. 케네스 피셔는 언론에 정기적으로 칼럼을 게재하고, 다수의 학술 논문과 단행본을 집필한 저술가이기도 합니다.

케네스 피셔는 1979년 투자자문 및 자금관리 회사인 피셔인베스트먼트(Fisher Investments)를 설립하여 2016년 7월까지 37년간 CEO로 재직했습니다. 현재에는 이사회 의장과 공동 최고 책임 투자자(Chief Investment Officer)로 재직하고 있습니다. 피셔인베스트먼트는 2024년 말 기준 6,000명의 종업원을 고용하고 전 세계 17만 명의 고객을 대상으로 2,990억 달러의 자산을 관리하고 있습니다.[*] 2024년 6월 미국 사모펀드(Advent International)와 아부다비 투자청(Abu Dhabi Investment Authority)에 전체 기업가치를 127.5억 달러로 평가받고 일부 지분을 매각하기로 결정했

---

[*] Fisher Investments社 홈페이지(www.fisherinvestments.com)

   시장을 이긴 주식 대가의 성공 투자 비결

습니다. 지분 매각 후에도 케네스 피셔는 피셔인베스트먼트의 지분 70%
이상을 보유하고 있습니다.

　케네스 피셔는 1996~2006년 동안 11.5%의 투자수익률을 기록하여 S&P
지수 9.5%보다 2.0%p 높은 수익률을 올렸습니다.[*] 케네스 피셔는 2025
년 포브스 선정 400대 부자 미국인 순위에서 132억 달러(2025년 9월 1일
기준)의 재산을 보유하여 86위, 2025년 글로벌 억만장자 순위에서 224위
(2025년 3월 7일 기준 112억 달러 재산 보유)에 올랐을 정도로 주식 투자
와 회사 설립을 통해 많은 재산을 쌓았습니다.[**]

　케네스 피셔는 투자 분야의 유명한 저술가입니다. 피셔는 포브스(Forbes)
지에 1984년부터 2016년까지 32년 동안 매달 '포트폴리오 전략(Portfolio
Strategy)'이라는 칼럼을 게재하여 잡지 역사상 가장 오랫동안 기고한 칼럼
니스트가 되었습니다. 피셔는 주식 투자에 대한 11권의 책을 저술하였습
니다. 이 중에서 4권은 뉴욕타임스(New York Times) 선정 베스트셀러에
포함되었습니다. 학술지에도 다수의 논문을 기고하였습니다.[***] 케네스 피
셔는 선도적으로 주가매출액 비율(PSR, Price-to-Sales Ratio)을 투자 분석
의 핵심 지표로 개척한 투자자로 널리 알려져 있습니다.

　케네스 피셔는 저술을 통해 자신의 투자 방식을 공개하였습니다.[****] 케네

---

*　존 리즈, 잭 포핸드 저, 『주식시장의 천재 투자자들』에서 분석한 결과입니다. 매그너스 안
젠펠트 저, 『위대한 투자자 위대한 수익률』에서는 18년 동안 연평균 10%의 수익률을 기록
하여 벤치마크 6%보다 4%p 높은 초과수익률을 올린 것으로 조사되었습니다.

**　동일한 2025년 순위이지만 조사 시점이 달라서 보유한 자산 규모에 차이가 있습니다. 자
세한 내용은 Forbes 400(www.forbes.com/forbes-400) 및 Forbes World's Billionaires
list(www.forbes.com/billionaires) 참고

***　Fisher Investment 홈페이지(https://www.fisherinvestments.com/en-us/about/leadership/
ken-fisher)

****　이하는 케네스 피셔가 저술하여 2009년 국내에 번역 출판된 『슈퍼 스톡』에서 제시한 투자

스 피셔는 슈퍼 컴퍼니(super company)에서 슈퍼 스톡(super stock)을 찾아내서 투자하고, 투자 이후 주가가 일정 수준 이상으로 상승하면 매각하는 방식을 소개했습니다. 기업 분석을 통해 펀더멘털이 튼튼한 슈퍼 컴퍼니를 선정하고, 가치 평가를 통해 슈퍼 컴퍼니 중에서 주가 상승 가능성이 높은 슈퍼 스톡을 골라 투자하면 높은 성과를 올릴 수 있다는 것입니다.

1. 슈퍼 컴퍼니 선정

슈퍼 컴퍼니는 사업의 펀더멘털이 강해 미래에 성장할 가능성이 높은 기업입니다. 슈퍼 컴퍼니는 사업의 측면에서 ▲성장 지향성 추구 ▲탁월한 마케팅 능력 ▲일방적 경쟁우위 보유 ▲창조적 인사관리 ▲완벽한 재무관리 등의 특징을 갖는 기업입니다.

케네스 피셔는 이익 분석의 중요성을 강조했습니다. 이익 분석은 기업에 대한 다양한 정보를 결합하여 기업의 미래를 전망하는 것입니다. 이익 분석을 통해 기업이 미래에 돈을 얼마나 벌 것인지를 대략적으로라도 예측합니다. 이익 분석은 사업 분석과 가치평가를 연결합니다. 이익 분석을 통해 슈퍼 컴퍼니를 가려내고 슈퍼 스톡을 선별합니다. 이익 분석은 기업 가치를 합리적으로 평가하는 기본이기 때문에, 슈퍼 컴퍼니 선정과 슈퍼 스톡 분석에 결정적인 요소로 작용합니다.

높은 수익성은 슈퍼 컴퍼니의 필수 요건입니다. 슈퍼 컴퍼니는 경쟁 우위를 바탕으로 높은 시장점유율을 확보하고 높은 수익성을 유지합니다.

방식입니다(원저는 1984년 출간된 『Super Stocks』).

 시장을 이긴 주식 대가의 성공 투자 비결

케네스 피셔는 제조업 분야의 슈퍼 컴퍼니는 장기적으로 평균 5%의 순이익률을 유지해야 한다고 보았습니다.

높은 성장률도 슈퍼 컴퍼니의 요건입니다, 슈퍼 컴퍼니는 자체 자금 조달(외부 차입이 아니라 벌어들인 이익을 의미)로 평균 성장률을 훨씬 웃도는 성장을 창출합니다. 케네스 피셔는 물가상승률을 차감한 실질 성장률 기준으로 적어도 연평균 15% 이상 성장해야 한다는 슈퍼 컴퍼니의 요건을 제시하였습니다.

튼튼한 재무구조도 슈퍼 컴퍼니가 갖추어야 할 요건입니다. 슈퍼 컴퍼니는 최악의 손실이 발생해도 5년간 견딜 수 있는 여유 운영자금을 확보하고 있어야 하고, 재무위험을 낮추기 위해 부채에 대한 의존도가 낮아야 한다고 보았습니다. 케네스 피셔는 총자산에서 부채 비중이 40% 미만인 기업 중에서 슈퍼 컴퍼니를 선정하였습니다.

현금흐름도 중요한 요건으로 고려합니다. 현금흐름은 플러스(+)를 유지(현금흐름 유입>현금흐름 유출)하는 것이 바람직하고, 현금흐름에서 마이너스가 발생해도 3년간은 운영할 수 있는 여유자금을 확보하고 있어야 한다고 보았습니다.

슈퍼 컴퍼니의 요건

① (성장성) 물가상승률을 조정한 이익 성장률 15% 이상

② (수익성) 장기적으로 순이익률 5% 이상 유지

③ (현금흐름) 현금흐름 플러스 유지(현금흐름 유입 > 현금흐름 유출)

④ (안정성) 자산 대비 부채의 비율 40% 이하(부채비율로 환산하면 66.7% 이하)

2. 슈퍼 스톡에 투자

케네스 피셔는 사업에 대한 펀더멘털 분석과 가치평가를 통해 내재가치에 비해 시장가격이 낮은 슈퍼스톡을 매수하는 것이 투자 성공의 핵심 요인으로 보았습니다. 슈퍼 스톡은 기업의 내재가치에 비해 시장가치가 저평가되어 주가가 상승할 가능성이 매우 높은 주식을 의미합니다.

케네스 피셔가 제시하는 슈퍼 스톡의 요건은 2가지입니다. 첫째, 3~5년 동안 매입가격 대비 3~10배 상승하는 주식입니다. 둘째, 열등한 기업 수준의 가격으로 매수한 '슈퍼 컴퍼니'의 주식입니다.

슈퍼 스톡은 연평균 25~100%의 장기 수익률을 제공합니다. 슈퍼 스톡의 최소 요건을 충족하려면 주가가 5년 안에 적어도 매입 가격의 3배 이상 올라야 합니다. 이렇게 되려면 적어도 이익이 최소한 연평균 25%씩 상승해야 합니다. 슈퍼 스톡의 최대 요건을 충족하려면 주가가 3년 동안 10배 상승해야 합니다. 이렇게 주가가 상승하려면 이익이 3년 동안 연평균 115% 증가해야 합니다.

케네스 피셔는 시장가격을 내재가치 이하로 떨어뜨리는 요인을 '결함'(glitch)이라는 용어로 표현하였습니다. 슈퍼 컴퍼니에서 슈퍼 스톡을 만드는 것이 바로 결함이라는 것입니다. 성장성과 수익성이 높은 슈퍼 컴퍼니에서 결함이 나타나서 주가가 내재가치 이하로 하락한 주식을 슈퍼 스톡이라고 정의합니다. 결함이 나타나서 주가가 하락한 슈퍼 스톡을 매수하면 높은 투자 이익을 올릴 수 있다는 것입니다.

슈퍼 스톡은 가치평가를 통해 골라냅니다. 케네스 피셔는 가치평가를 위한 핵심지표로 주가매출액비율(Price Sales Ratio, 이하 PSR), 보조지표

 시장을 이긴 주식 대가의 성공 투자 비결

로 주가연구개발비비율(Price Research Ratio, 이하 PRR)을 제시하였습니다. 매출액은 다른 성과 지표보다 안정적이라는 점에서 유용성이 높습니다. 슈퍼 스톡을 구성하는 슈퍼 컴퍼니들이라도 이익은 급변하는 경우가 많지만, 매출액은 안정성이 높아 기업가치를 평가하는 기준으로 매출액을 사용하는 것이 안전하다는 것입니다. PRR은 PSR에만 의존할 때 발생할 수 있는 실수를 줄이기 위한 보완적인 척도로 사용합니다. 먼저 PSR로 가치평가를 하고, 가치를 PSR로 정확하게 평가하기 어려운 경우에 PRR을 사용할 것을 권했습니다.

사업의 펀더멘털을 분석해 경쟁력이 높은 기업의 주식에 투자하는 것이 슈퍼 스톡 투자의 기본입니다. 슈퍼 스톡에 투자하기 위해서는, 우선 슈퍼 컴퍼니를 찾아내야 합니다. 기업 분석을 통해 선정한 슈퍼 컴퍼니 중에서 가치평가를 통해 내재가치에 비해 낮은 가격으로 매수할 수 있는 주식이 슈퍼 스톡입니다. 케네스 피서는 PSR 0.75 이하에 매수한 슈퍼 컴퍼니의 주식이 슈퍼 스톡이라고 구체적인 기준을 제시하였습니다. PSR이 0.75 미만인 슈퍼 컴퍼니의 주식(슈퍼 스톡)을 매수하여 끈기 있게 보유한다면 매우 높은 투자 이익을 올릴 수 있다는 것입니다.

안정적이지만 성장성이 낮은 사업을 영위하는 전통 대기업 주식(일명 굴뚝주)의 경우에는 일반적인 기업과 다른 기준을 제시합니다. PSR 0.4 이하에서 매수하라는 좀 더 보수적인 기준을 적용합니다. 굴뚝주의 경우 대체로 매출 성장이 둔화되는 성숙기에 진입해 있어 매출에 비해 상대적으로 주가가 낮은 수준이고, 주가가 추가 상승할 여력도 상대적으로 높지 않다고 평가하고 보다 보수적인 기준을 제시한 것으로 보입니다.

3. 고평가된 주식은 매각

케네스 피셔는 구체적인 매각 기준을 제시합니다. 슈퍼 스톡에 투자한 이후 주식의 시장가치가 매각 기준 이상으로 상승하면 주식을 매각하여 이익을 실현합니다. 일반기업의 경우 PSR이 3을 넘으면 매각하라는 기준을 제시했습니다. 많은 위험을 부담하기 싫다면 PSR 3 수준에서 매각하는 것이 적절하고, 과도한 낙관론에 의해 강세장이 형성되어 좀 더 위험을 부담하면서 주가가 추가 상승하기를 기대할 수 있을 경우에는 PSR 6까지 기다릴 수 있지만, 그 이상 주가 상승을 기대하는 것은 도박이라고 말했습니다. 기존 전통적 산업을 영위하는 대기업(굴뚝주)의 경우 일반 기업에 비해 보수적인 매각 기준을 제시하였습니다. 전통 산업 대기업의 경우 PSR 0.8을 기준으로 매각할 것을 권고합니다.

PRR에 의한 매각 기준도 제시합니다. PRR을 기준으로 15가 넘으면 매각할 것을 추천합니다. 다만 PRR 기준으로 매도 기준을 넘어서도 PSR을 통해 추가적인 상승 여력을 분석한 이후 매도 결정을 내릴 것을 제안합니다.

매매 시점을 잡아 주는 '피셔의 공식'

① 슈퍼 스톡을 찾아내는 PSR 3가지 공식

(공식 1) PSR 1.5가 넘으면 피하고, 3이 넘으면 절대로 사지 말라

(공식 2) PSR이 0.75 이하인 슈퍼 컴퍼니를 적극적으로 탐색하라

(공식 3) 아무리 슈퍼 스톡이라도 PSR이 3~6으로 올라가면 매도하라

 시장을 이긴 주식 대가의 성공 투자 비결

② 슈퍼 스톡을 발견하는 PRR 2가지 공식

(공식 1) PRR이 15가 넘는 슈퍼 컴퍼니는 절대 사지 마라

(공식 2) PRR이 5~10인 슈퍼 컴퍼니를 찾아라

③ 기본 산업주(굴뚝주)에서 슈퍼 스톡을 발견하는 PSR 2가지 공식

(공식 1)PSR 0.4 아래에서 매수하라

(공식 2) PSR 0.8에 접근하면 매도하라

케네스 피셔의 종목 선정과 매매 기준 요약

① 기업 분석을 통한 슈퍼 컴퍼니 발굴 기준

구분	경영성과	재무지표 기준
슈퍼 컴퍼니 선정	성장성	물가상승률을 조정한 이익 성장률 15% 이상
	수익성	장기적으로 순이익률 5% 이상 유지
	현금흐름	현금흐름 플러스 유지(현금흐름 유입 > 현금흐름 유출)
	재무구조	자산 대비 부채의 비율 40% 이하 (부채비율로 계산하면 66.7% 이하)

② 가치 평가를 통한 슈퍼 스톡의 선정 및 매각 기준

구분	주가배수	선정(매입) 기준	매도 기준
슈퍼 스톡 선정과 매도	주가매출액비율 (일반기업)	(원칙) 최적은 0.75 이하 (예외) 0.75~1.5 매입은 신중하게 검토 가능	(원칙) 1.5 이상은 매입하지 않고, 3이 넘으면 매도 (예외) 시장이 강한 상승세를 보일 경우 6까지 기다려 매도 검토
	주가매출액비율 (전통 굴뚝산업 대기업)	0.4 이하	0.8 초과
	주가연구개발비 비율	최적은 5 이하 보통 5~10에서 매입	15 초과

▌데이비드 드레먼(David Dreman), 역발상 투자의 창시자

데이비드 드레먼은 주가배수를 기준으로 주식시장에서 저평가된 주식 중에서 펀더멘털이 튼튼한 종목에 투자하였습니다. 데이비드 드레먼은 투자자들의 관심을 끌지 못하는 소외된 기업에 투자한다는 점을 강조하여 자신의 투자 방식을 '역발상 투자(Contrarian Investment Strategy)'라고 하였습니다.

데이비드 드레먼은 1936년 캐나다에서 출생한 전문 투자자입니다. 학술지에 다수의 논문을 개제했고, 4권의 투자 관련 서적을 저술하였습니

시장을 이긴 주식 대가의 성공 투자 비결

다. 데이비드 드레먼은 심리가 투자에 미치는 영향에 관심이 많았고, 투자 전략을 수립하는 데 있어 심리적인 요인들을 상당히 고려하였습니다. 데이비드 드레먼은 시장에서 소외받는 저평가 주식에 중점 투자하는 '역발상 가치투자' 분야의 창시자로 알려져 있습니다.

데이비드 드레먼은 캐나다에서 유명한 주식 중개인이었던 아버지를 따라 거래소를 다니면서 주식 투자에 익숙해졌습니다. 대학 졸업 이후 아버지의 회사에서 증권분석가로 투자 업계 경력을 시작했고, 이후 미국으로 건너가 월스트리트의 금융회사에 입사하여 다양한 경험을 쌓았습니다. 1977년 자신의 투자회사인 드레먼 밸류 매니지먼트(Dreman Value Management, LLC.)를 설립하여 회장을 역임하고 최고 투자 책임자의 역할을 수행하면서 자산을 운용했습니다.

미국 금융위기로 가격이 폭락한 은행주를 매입한 이후 성과 부진을 이유로 2009년 6월 드레먼이 운용하던 펀드는 도이치뱅크에 인수되었고, 드레먼은 펀드 운용에서 제외되었습니다. 그렇지만 드레먼은 자신의 투자 전략이 장기적으로 효과적이라는 입장을 고수하였습니다. 1998년 출판된 저서의 개정판(Contrarian Investment Strategies, 번역서는『데이비드 드레먼의 역발상 투자』)을 2012년 발간하면서 미국의 금융위기 진행 과정에서 자신의 투자전략을 사용했다면 높은 수익을 얻을 수 있었을 것이라는 분석 결과를 내놓았습니다.

1980년『역발상 투자 전략』(Contrarian Investment Strategy: The Psychology of Stock Market Success) 이후 개정판(1982년, 1998년, 2012년)을 꾸준히 출간하면서 자신의 투자 철학을 널리 알렸습니다. 2000년대 들어서는 심리가 투자에 미치는 영향과 과잉반응에 따른 비합리적 행동 등을 분석하는 행동재무학(Behavioral Finance) 분야에 연구를 집중하였습니다.

역발상 가치 투자

데이비드 드레먼은 인간은 합리적이지 않고 주식시장은 효율적이지 않다고 보았습니다. 주식시장에서 투자자들이 특정한 정보나 사건에 과잉반응하는 경향이 있다고 보았습니다. 과잉반응에 따라 단기적으로 인기가 없는 주식의 가치는 과소평가되고, 인기가 높은 주식은 과대평가되는 현상이 나타난다는 것입니다. 그렇지만 장기적으로 주식 가격은 본질적인 내재가치에 수렴(평균회귀)하게 된다고 보았습니다. 시장의 비효율성과 평균회귀 원칙을 역으로 이용하여 시장에서 인기가 없고 저평가된 종목을 찾아내서 투자하고 장기간 보유하여 높은 투자 성과를 추구하는 투자 전략이 '역발상 투자'입니다.

데이비드 드레먼은 저평가된 종목에 국한하지 않고, 우량한 기업을 투자 대상으로 선별하는 가치투자를 지향하였습니다. 경영성과에 비해 주가가 상대적으로 낮으면서, 재무구조가 튼튼하고 성장성과 수익성이 높은 종목을 선별하여 투자하는 방식입니다. 이와 같이 데이비드 드레먼은 역발상 투자와 가치 투자를 결합한 '역발상 가치 투자' 전략을 추구했습니다. 현재는 인기가 없어 주가가 저평가되었지만 펀더멘털이 우량한 기업에 선별적으로 투자하는 것이 역발상 가치투자의 기본 개념인 것입니다.

데이비드 드레먼이 상대적인 가치평가 지표 4개를 사용하여 투자성과를 검증한 결과, 비인기 종목(상대적으로 가격이 낮은 종목)은 시장 평균보다 높은 수익률을 올렸고, 인기 종목(상대적으로 가격이 높은 종목)은 시장 평균보다 낮은 수익률을 기록했습니다. 어떤 가치 척도를 기준으로 투자하더라도 '역발상 전략'(저평가 종목 투자)이 '성장 전략'(고평가 종목 투자)보다 투자 성과가 높았고, 장기간에 걸친 실적 격차는 크게 벌어졌습니다. 특히 역발상 가치 투자 전략은 주식시장 하락기에 실적 방어에 우월한 것으로 분석되었습니다.

4가지 주가지표 기준 투자 전략의 성과

연평균수익률(%)					
역발상 전략(저평가 주식 투자)			성장 전략(고평가 주식 투자)		
주가 배수	1970~2010	2000~2010	주가 배수	1970~2010	2000~2010
저PER	15.2	11.2	고PER	8.3	0.0
저PBR	14.3	8.7	고PBR	8.1	−3.0
저PCR	14.0	9.8	고PCR	7.7	−2.9
고배당	13.6	11.5	저배당	8.7	2.4
시장	11.6	5.6	시장	11.6	5.6

자료: 『데이비드 드레먼의 역발상 투자』(데이비드 드레먼 지음, 신가을 옮김, 이레미디어, 2017)

데이비드 드레먼은 장기투자를 권고합니다. 매수한 후 장기간에 걸쳐 보유하는 전략을 사용하면 시장 대비 높은 수익을 얻을 수 있다고 분석했습니다. 장기투자는 거래비용과 세금을 줄일 수 있는 효과도 있습니다. 그렇다고 무조건 장기투자를 고집하지는 않습니다. 저평가된 종목을 매수한 후 시장 평균 수준까지 주가가 상승하거나, 주가가 오르지 못했더라도 경영성과가 2년 이내에 호전되지 않으면 매도할 것을 권고합니다. 주가가 올랐더라도 기업이 지속해서 성장할 것으로 기대되는 경우에는 보유 기간을 늘리라고 제안합니다. 데이비드 드레먼이 1970~2010년 동안을 대상으로 여러 투자 기간에 따른 수익률을 분석한 결과, 2~8년 동안 보유해도 시장 평균보다 높은 수익률을 올릴 수 있었던 것으로 나타났습니다.

분산투자도 데이비드 드레먼의 투자 원칙입니다. 데이비드 드레먼은 장기적인 위험 감소와 수익률 제고를 위해 분산투자가 필수적이라고 보았습니다. 15개 이상의 다양한 업종에서 30~40 종목에 균등하게 투자할 것을 권고했습니다.

데이비드 드레먼의 종목 선정 기준

① 저평가된 종목
- PER, PBR, PCR, 배당수익률 등의 4가지 주가배수를 중심으로 하위 20%에 포함되는 종목
- 네 가지 주가배수 중에서 최소한 2가지 이상 충족한 종목

② 주식시장에서 시가총액 규모가 중간 이상인 기업
- 시가총액이 큰 기업은 작은 기업에 비해 회계부정을 저지를 가능성이 낮음.
- 중대형 기업에 대해서는 시장의 감시가 강하게 작동
- 중대형 기업은 위험에 견디는 능력이 높아 신생 소형기업에 비해 도산할 확률이 낮음.

③ 펀더멘털이 튼튼한 우량 기업

- **[지표 1]** 탄탄한 재무 건전성: 유동비율(유동자산/유동부채), 부채비율(부채/자기자본), 이자보상배율 등을 적정 비율과 비교

- **[지표 2]** 여러 가지 영업비율과 재무비율을 최대한 검토하여 영업비율과 재무비율이 좋은 기업을 선정

- **[지표 3]** 최근 시장 전체(예를 들면 KOSPI 또는 S&P 500)보다 이익 성장률이 높고 단기간에 이익 성장률이 급락하지 않을 기업(이익을 정확하게 예측하기 어렵기 때문에 이익성장률 예측은 정확한 수치보다 1년 정도 단기간의 전반적인 방향을 아는 정도로 충분)

- **[지표 4]** 수익은 언제나 보수적으로 예측, 해당 기업의 수익이 1년 이상 시장 평균보다 빠르게 성장한다면 투자 대상에 포함

- **[지표 5]** 지속적으로 배당수익률이 시장 평균을 초과하고, 상승세를 지속하는 기업

구체적으로 데이비드 드레먼의 종목 선정 기준은 다음과 같습니다.

데이비드 드레먼의 종목선정 기준

구분	지표	기준
주가 배수(역발상 지표) : 4개 중에서 2개 이상 충족되는 종목 선정	PER(주가/주당순이익)	· 전체 종목 중에서 하위 20%
	PCR(주가/주당현금흐름)	· 전체 종목 중에서 하위 20%
	PBR(주가/주당순자산)	· 전체 종목 중에서 하위 20%
	PDR(주가/주당배당금)	· 전체 종목 중에서 하위 20%

구분	지표	기준
규모와 이익 증가율	시가총액	· 시가총액 기준 중형 또는 대형 기업
	이익 추이	· 가장 최근 분기 주당순이익, 이전 분기에 비해 증가 · 이익이 감소하는 기업은 피하고, 손실이 발생한 기업은 절대로 투자하지 않아야 함.
	주당순이익(EPS) 성장률	· 직전 2개 분기(6개월) 주당순이익 증가율이 시장 평균 이상 · 다음 연도 추정 성장률이 시장 평균 이상 · 향후 2개 분기(6개월) 추정 주당순이익이 과거 2개 분기보다 증가, 시장 전체 및 업종 평균 이상
재무구조와 수익성	유동비율	· 업종 평균 초과 또는 200% 초과(최소 기준은 100%)
	배당성향	· 최근 배당성향이 과거 5~10년 평균 미만(배당이 늘어날 가능성이 높은 종목)
	자기자본이익률(ROE)	· ROE 상위 1/3인 종목, 27% 초과하면 가장 좋음.
	세전이익률	· 8% 이상, 22% 초과하면 가장 좋은 기업
	배당수익률	· 시장 평균보다 높은 종목(최소 1%p 이상) · 높아지는 추세를 보이는 종목
	부채비율	· 낮을수록 좋음(0이면 가장 좋음). · 업종 평균보다 낮은 기업

자료: 『주식시장의 천재 투자자들』(존 리스, 잭 포핸드 지음, 김승진 옮김, 슬로디미디어, 2020), 『대한민국 주식투자 글로벌 가치투자거장 분석』(류종현 저, 한국주식가치평가원, 2014) 등을 참조하여 작성

시장을 이긴 주식 대가의 성공 투자 비결

제임스 오쇼너시(James O'Shaughnessy), 열정적 계량분석가

제임스 오쇼너시는 계량적 증권분석으로 높은 성과가 기대되는 포트폴리오 투자 전략을 개발하고 포트폴리오 운용에 적용한 투자 전문가입니다. 장기간의 데이터를 분석하여 단순하면서 이해하기 쉬운 투자전략을 개발했습니다.

제임스 오쇼너시(1960년 5월 24일 출생)는 미국의 투자자이면서 벤처 자본가입니다. 제임스 오쇼너시의 주요 전문 분야는 계량 주식분석과 포트폴리오 관리입니다. 계량적 가치투자의 선구자 중 한 명으로 평가받고 있으며, 장기 데이터를 사용한 통계적 분석을 통해 개발한 단순하면서 체계적인 투자 전략으로 명성을 얻었습니다. 1926~2009년 동안의 주식시장 성과 데이터를 사용한 광범위한 계량 분석을 통해 여러 가지 투자 전략을 통계적으로 검증하여 최적의 전략을 개발했습니다.

베스트셀러인『월가의 퀀트 투자 바이블 (what works on wall street)』을 포함한 4권의 투자 관련 서적을 저술했습니다. 1997년 초판이 출간된 대표적인 저서인『What Works on Wall Street(월가의 퀀트 투자 바이블)』은 가치투자와 퀀트 투자자들의 필독서로 평가받고 있습니다. 1999년에는 '투자관리를 위한 자동화 전략'으로 미국 특허를 획득하였습니다.[*]

---

[*] 『주식시장의 천재 투자자들』, John P. 리즈, Jack M. 포핸드 지음, 김승진 옮김, 2020년, 슬로디미디어

제임스 오쇼너시는 고등학교 시절 삼촌들과 대화에서 주가에 영향을 미치는 공통적인 요인의 존재에 대해 관심을 가지게 되었습니다. 미네소타 대학교 경제학과 재학 시절에는 다우존스 지수 30개 편입 종목의 특징을 계량적 분석을 통해 직접 추적하여 PER가 낮은 주식이 높은 주식에 비해 투자 성과가 높았다는 사실을 발견했습니다. 1985년 대학 졸업 이후 가족이 운영하던 벤처캐피털 회사에서 근무하면서도 계량적 분석에 대한 관심을 놓지 않고 주식시장에 대한 분석을 계속하였습니다.

오쇼너시의 계량적 분석에 관심을 갖고 있던 동료가 연금 관리 서비스 사업을 제안했고, 이를 받아들여 1988년 오쇼너시 캐피털 매니지먼트 (O'Shaughnessy Capital Management)를 설립하고 독립하여 연기금과 재단을 대상으로 자산 운용에 대한 컨설팅 서비스 사업을 시작했습니다. 1996년에는 뮤추얼펀드 운용을 시작했습니다. 2001년 베어스턴스 자산 운용(Bear Stearns Asset Management)으로 제임스 오쇼너시와 팀 전체가 이동했습니다. 2007년에 오쇼너시 자산운용사(O'Shaughnessy Asset Management, 이하 OSAM)로 분사하여 독립했습니다.[*] 2021년 말 프랭클린템플턴(Franklin Templeton)이 OSAM을 인수했습니다.

OSAM은 2007년부터 9개 펀드를 운용하였습니다. 2023년 말 기준 94억 달러의 자산을 관리했습니다. 시간을 거슬러 올라가면 2001년부터 22년 동안 자산을 운용한 기록을 가지고 있습니다. OSAM은 주가 결정 요인에 기반하여 개발한 투자 전략을 일관성 있게 적용했습니다. 다양한 데이터에서 주가에 영향을 미치는 요인을 찾아내고 테마별로 구분하여 투자 전

---

[*] 제임스 오쇼너시의 경력에 대해서는 주로 위키피디아를 참고하였습니다. (https://en.wikipedia.org/wiki/James_O'Shaughnessy_(investor))

 시장을 이긴 주식 대가의 성공 투자 비결

략을 개발했습니다. OSAM의 CEO를 역임하던 제임스 오쇼너시는 2022년 12월 31일 현역에서 은퇴하기로 결정했습니다.[*]

『주식시장의 천재투자자들』을 저술한 존 리스(John Reese)에 따르면 제임스 오쇼너시가 제시한 투자 전략을 사용했다면 1954~1996년 동안 연평균 17.1%의 수익률을 기록하여 해당 기간 S&P 500 지수의 수익률 11.5%를 훨씬 능가했을 것으로 나타났습니다.[**] 제임스 오쇼너시가 2012년 개정하여 출판한 『월가의 퀀트 투자 바이블(4판)』에 따르면 최적의 전략으로 제시한 추세형 가치주 전략을 따랐으면 1964~2009년 동안 21.2%의 수익률을 기록하여 전체 주식시장 수익률 11.2%보다 2배 가까운 성과를 얻었을 것으로 분석되었습니다. 실제로 OSAM이 운용한 펀드들은 대부분 벤치마크에 비해 높은 수익률을 기록했습니다.

OSAM의 운용성과

전략(펀드)	총수익률(%)	순수익률(%)	벤치마크 수익률(%)	벤치마크 지수	설정일
Market Leaders Value	12.0	10.4	8.1	Russell 1000® Value Index	2001.12.01
Small Cap Value	9.5	7.7	7.5	Russell 2000® Value Index	2004.03.01
All-Canadian Equity	8.8	8.0	6.8	S&P/TSX Index	2007.02.01
Micro Cap	11.3	10.0	6.6	Russell Microcap® Index	2006.08.01
All Cap Core	11.2	8.5	11.2	Russell 3000® Index	2003.01.01

[*]   OSAM 홈페이지(https://www.osam.com/)
[**]   매그너스 안젤펠트가 저술한 『위대한 투자자 위대한 수익률』에는 기간은 명시되어 있지 않지만 13년 동안 연평균 12.5%의 수익률을 기록하여 벤치마크의 8.8%보다 높았던 것으로 나타났습니다.

전략(펀드)	총수익률 (%)	순수익률 (%)	벤치마크 수익률(%)	벤치마크 지수	설정일
Enhanced Dividend®	8.2	5.4	9.1	MSCI AC World Index	2003.05.01
International ADR	6.8	4.5	4.4	MSCI ACWI ex USA Index	2006.01.01
Market Leaders Core	10.4	9.6	9.6	Russell 1000® Index	2001.12.01
			8.1	Russell 1000® Value Index	
Small–Mid Cap Growth	10.4	8.8	8.6	Russell 2500® Growth	1996.11.01

주: 운용 기간은 설정일 이후 2024년 12월 31일까지의 기간
　　순수익률은 고객에 적용되는 수수료율(최대 3%) 차감 후 수익률
자료: OSAM 홈페이지(https://www.osam.com/Strategies)

　제임스 오쇼너시는 은퇴 이후 벤처 투자자로 변신하여 사업을 시작하는 창작자를 지원하고 있습니다. 2023년 1월 제임스 오쇼너시는 예술, 과학, 투자 및 기술 분야의 유망한 창작자와 영감을 주는 아이디어의 성공을 지원하는 프로젝트인 'O'Shaughnessy Ventures'(OSV)를 시작했습니다. OSV는 사명(mission)을 "창작자에게 영감을 주는 창의적인 회사"로 정하고, 창작자들을 좋은 기업에서 훌륭한 기업으로 성장하도록 지원하는 것을 목표로 운영되고 있습니다.[*]

---

[*]　자세한 내용은 O'Shaughnessy Ventures 홈페이지(https://www.osv.llc/)를 참고하십시오.

　시장을 이긴 주식 대가의 성공 투자 비결

제임스 오쇼너시의 종목 선정 기준[*]

제임스 오쇼너스는 많은 데이터를 수집하여 분석하는 방법을 사용했습니다. 전체적으로 데이터 수집 → 요인 구분 → 점수화하여 순위 결정 → 종목 선정 → 포트폴리오 조정 등의 과정을 거쳐 주식을 운용했습니다. 수집한 원시 데이터를 주식을 비교하는 데 사용하는 척도인 6개의 요인으로 구분하고, 데이터를 결합하여 요인별로 점수를 계산하였습니다. 주식 가격이 급락하는 위기에 빠질 수 있는 나쁜 회사를 피하기 위해 재무적 강점, 이익의 품질, 이익 성장 등의 요인을 사용하였습니다. 미래에 다른 주식보다 높은 상승세를 보일 가능성이 가장 높다고 믿어지는 주식을 선택하기 위해서는 가치, 모멘텀, 주주 수익 등의 요인을 사용하였습니다.

전체 투자 가능한 주식 중에서 요인별 점수를 사용하여 주식의 상대적인 전망을 평가하고 투자 종목을 선정하였습니다. 투자 후보 종목 중에서 재무적 강점, 이익의 품질, 이익 성장 등의 요인 점수를 기준으로 미래에 수익률이 나쁠 것으로 예상되는 주식은 투자 고려 대상에서 제외합니다. 가치, 모멘텀, 주주 수익 등의 요인을 기준으로 순위를 정하고, 가장 높은 순위가 매겨진 기업에 집중합니다. 새로운 정보를 반영하여 투자 종목의 우선순위를 다시 평가하여 포트폴리오를 조정합니다.

---

[*] 오쇼너시의 종목 선정 기준에 대한 자세한 내용은 『월가의 퀀트 투자 바이블』(제임스 오쇼너시, 이건 등 옮김, 에프엔미디어, 2021) 참조하십시오. 오쇼너시의 종목 선정 기준은 많은 데이터가 필요해 일반인이 적용하기에는 상당한 어려움이 있을 것으로 보입니다.

오쇼너시 자산운용에 적용한 테마와 요인들

테마	개별 요인
가치(value)	PER, PSR 등
모멘텀(momentum)	3개월, 6개월 주가 변화율 등
이익 성장(earnings growth)	ROIC, EPS 증가율 등
재무적 강점(financial strength)	차입금/현금흐름, 차입금 변화 등
이익의 품질(earnings quality)	감가상각비/자본지출, 영업자산 변화 등
주주 수익(shareholder yield)	자사주매입, 배당 등

제임스 오쇼너시는 투자 전략 스타일에 따라 종목 선정 기준을 서로 다르게 조정하여 적용하였습니다. 과거 데이터를 사용하여 여러 가지 요인들을 다양하게 결합한 359개에 이르는 투자 전략의 성과를 분석했습니다. 분석 결과를 바탕으로 성장주와 가치주에 적합한 전략을 제시했습니다. 그리고 성장주와 가치주의 요소를 조합한 추세형 가치주(trending value) 전략을 최적의 전략으로 제시하였습니다.

제임스 오쇼너시가 제시한 전략은 가치, 모멘텀, 이익, 주주 수익 등 많은 요인들을 고려하였지만, 성장주와 가치주에 대한 최종 선정 기준은 5~6개 내외로 단순합니다. 최적의 전략으로 제시한 추세형 가치주 전략의 종목 선정 기준은 3개에 불과합니다.[*]

1) 성장주 종목 선정 기준: 전체 주식 성장주 전략

① 전체 주식 모집단(시가총액 2억 달러 초과)에서 선별

② 연 EPS 증가율 > 0

---

[*] 기준을 계산하기 위해서는 더 많은 요소들을 사용해야 합니다. 종합이익품질 계산을 위해서는 4개의 재무지표, 결합가치요소 계산을 위해서는 6개의 가치 요소가 필요합니다.

 시장을 이긴 주식 대가의 성공 투자 비결

③ 3개월 가격 모멘텀 > 모집단 중앙값

④ 6개월 가격 모멘텀 > 모집단 중앙값

⑤ 재무건전성, 종합이익품질, 결합가치요소가 상위 50% 이내

⑥ 6개월 가격 모멘텀이 가장 좋은 25종목 매수

각각의 기준을 계산하는 구체적인 방법은 다음과 같습니다.

[모멘텀] 해당 기간 동안의 주가 변화율을 의미합니다.

[종합이익품질] 4개의 재무비율 결합하여 이익의 품질이 높은 주식을 선별하는 기준입니다. 구체적인 계산 방법은 다음과 같습니다.

(1) 다음의 4가지 재무비율을 결합합니다.

① 발생액/총자산

발생액 = 당기순이익(손익계산서) - 영업활동현금흐름(현금흐름표)

② 순영업자산증가율

순영업자산 = 영업자산 - 영업부채

영업자산 = 총자산 - 현금 및 단기투자자산

영업부채 = 총자산 - 단기차입금 - 장기차입금 - 소주주주지분 - 우선주 - 보통주

③ 발생액/평균자산

④ 감가상각비/자본 지출액

(2) 4개의 재무비율을 결합하여 점수화합니다.

① 4개 요소에 각각 1~100 사이의 점수를 부여합니다.

비율	기업에 미치는 영향	점수 부여
발생액/총자산	발생액이 작을수록 이익의 질이 높음. 발생액이 크면 향후 이익이 감소할 가능성 큼.	최저 1% 100점, 최고 1% 1점
발생액/평균자산	(발생액/총자산)과 동일	최저 1% 100점, 최고 1% 1점
순영업자산증가율	순영업자산이 크면(또는 빠르게 증가하면) 이익 성과가 지속되기 어려움	최저 1% 100점, 최고 1% 1점
감가상각비/ 자본 지출액	빠른 속도로 감가상각하면 단기적으로 이익이 줄지만, 장기적으로 더 많은 이익을 얻을 수 있음.	상위 1% 100점, 하위 1% 1점
재무비율 수치가 없는 경우	–	50점

② 주식마다 부여한 점수를 취합하여 총점을 계산합니다.

③ 총점의 순위를 매긴 후 십분위수로 구분합니다. 점수가 가장 높은 상위 10% 주식과 가장 낮은 하위 10% 주식 등 10개 그룹으로 구분합니다.

[결합가치요소] 6개의 가치 요소를 결합하여 계산합니다.

(1) 6개의 가치 요소를 사용합니다.

① PBR(주가/주당순자산)

② PER(주가/주당순이익)

③ PSR(주가/주당매출액)

④ EV/EBITDA(기업가치/EBITDA)

⑤ PCR(주가/주당현금흐름)

 시장을 이긴 주식 대가의 성공 투자 비결

⑥ 주주수익률(=자사주매입수익률* + 배당수익률)

* 자사주매입수익률은 현재와 1년 전의 유통주식 수를 비교하여 계산. 예를 들면 현재 90주, 1년 전 100주인 경우 10%(10/100=10%), 만약 현재 100주, 1년 전 90주라면 -11%(-10/90=-11%)

(2) 가치 요소를 결합하여 점수화합니다.

① 가치 요소에 1~100 사이의 점수를 부여합니다.

가치 요소	기업가치에 주는 영향	점수 부여
PBR	낮을수록 저평가, 주가상승 가능성 높음.	하위 1% 100점, 상위 1% 1점
PER	낮을수록 저평가, 주가상승 가능성 높음.	하위 1% 100점, 상위 1% 1점
PSR	낮을수록 저평가, 주가상승 가능성 높음.	하위 1% 100점, 상위 1% 1점
EV/EBTDA	낮을수록 저평가, 주가상승 가능성 높음.	하위 1% 100점, 상위 1% 1점
PCR	낮을수록 저평가, 주가상승 가능성 높음.	하위 1% 100점, 상위 1% 1점
주주수익률	높을수록 주가에 긍정적	상위 1% 100점, 하위 1% 1점

② 주식마다 총점을 취합합니다.

③ 총점의 순위를 매긴 후 십분위수로 구분합니다. 점수가 가장 높은 상위 10% 주식과 가장 낮은 하위 10% 주식 등 10개 그룹으로 구분합니다.

2) 가치주 종목 선정 기준: 전체 주식 가치주 전략

① 전체 주식 모집단(시가총액 2억 달러 초과)에서 선별

② 연 EPS 증가율 > 0

③ 3개월과 6개월 가격 모멘텀 > 모집단 중앙값

④ 재무건전성, 종합이익품질, 결합가치요소가 상위 50% 이내

⑤ 결합가치요소 점수가 가장 높은 25종목 매수

3) 전체 주식 종목 선정 기준: 추세형 가치주(Trending Value) 전략

① 전체 주식 모집단(시가총액 2억 달러 초과)에서 선별

② 결합가치요소 점수 상위 10%

③ 6개월 가격 모멘텀이 가장 좋은 25종목과 50종목 매수

결과적으로 일정한 규모를 가진 주식 중에서 주가배수가 상당히 낮고 최근 6개월 동안 주가 상승률이 높았던 종목을 투자 대상으로 선정합니다. 제임스 오쇼너시가 제시한 최적의 전략은 가치투자와 모멘텀 전략을 결합한 방법이라고 볼 수 있습니다.

제임스 오쇼너시가 제시한 주식투자 성과를 극대화하기 위한 원칙[*]

1. 항상 전략을 사용하라

항상 개별 주식이 아니라 전반적인 전략 관점에서 생각하라. 노력해도 전략을 고수할 수 없다면 자금 대부분은 인덱스펀드에 투자하고 소액만 스토리 주식(매출, 실적, 이익 등과 같은 현재의 실적이나 가치가 아니라 성장잠재력, 혁신가능성, 최고경영자(CEO)의 능력이나 신념 등과 같은 미래 전망 요인을 보고 투자하는 주식)에 재미 삼아 투자하라.

2. 단기는 무시하라

매우 짧은 기간의 주식시장은 상대적으로 예측이 불가능하지만, 기간을 늘리면 시장을 이해하기가 훨씬 쉬워진다. 장기에 초점을 맞춰 전략을 유지하는 투자자만이 장기 보상을 얻을 수 있다. 단기를 무시하는 것이 포트폴리오의 전반적인 건전성을 위해 할 수 있는 가장 어려우면서도 가장 좋은 일이다.

---

[*] 『월가의 퀀트 투자 바이블』(『What works on Wall Street』 번역서) 29장(pp. 773~782)의 핵심 내용을 요약하였습니다.

 시장을 이긴 주식 대가의 성공 투자 비결

3. 장기적으로 입증된 전략만 사용하라

항상 다양한 시장 환경에서 효과가 입증된 전략에 집중하라. 특정 주식이 좋은 투자라는 근본적인 이유는 동일하게 유지된다. 투자 업계의 유행에 끌려가지 말고 자신의 투자 철학을 뒷받침하는 장기 데이터를 고수하라.

4. 깊게 파라

투자 전문가라면 최대한 긴 기간과 다양한 상황에서 전략을 테스트해야 한다. 최악의 시나리오, 손실을 복구하는 데 걸린 시간, 적절한 벤치마크와의 일관성을 확인하라. 개인 투자자라면 재무설계사에게 이런 연구를 요구하거나 직접 수행하라.

5. 일관성 있게 투자하라

일관성은 훌륭한 투자자의 전형적인 특징이며, 이들을 다른 사람들과 구분하는 것이다. 자신의 위험 수용도를 현실적으로 고려하여 계획을 짜고, 그에 따라 투자하라. 검증한 전략을 사용해서 일관성 있게 투자하라.

6. 항상 기저율로 베팅하라

기저율은 투자하려는 기간 동안 시장을 이길 확률이다. 최근 성과가 좋았지만 전체 기간 타율이 낮은 전략은 채택하지 말라.

7. 위험이 높은 전략은 사용하지 말라

위험이 높은 전략을 사용하는 것은 무의미하다. 매우 효과적인 전략이 많이 있으니 위험 조정 수익률이 가장 높은 전략들에 집중하라.

8. 항상 전략을 하나 이상 사용하라

항상 여러 전략에 투자해 포트폴리오를 다각화하라. 월스트리트의 불가피한 유행 변화에 대비하기 위해 성장주와 가치주를 일부 보유해야 한다. 가장 단순하고 효과적인 전략 한 가지는 최소한 1년에 한 번씩 리밸런싱해서 다양한 스타일과 자산군의 목표 비중을 맞추는 것이다. 전체 포트폴리오에 대한 전략을 세우는 것이 중요하다.

9. 복수 요소 모형을 사용하라

몇 가지 요소를 이용해 포트폴리오를 구축하는 것이 훨씬 좋다. 수익은 높아지고 위험은 낮아진다. 주식을 고를 때에는 항상 여러 기준을 통과해야 한다.

10. 일관성을 고수하라

포트폴리오를 구축할 시간이 없고 뮤추얼펀드나 일임계좌에 투자하는 것을 선호한다면 스타일의 일관성을 강조하는 것만 구매하라. 견고하고 엄격한 전략을 따르는 펀드에 투자하라.

11. 주식시장은 무작위가 아니다

시장은 혼돈스럽고 무작위로 움직이는 것이 아니라 특정 전략을 지속적으로 보상하는 한편 다른 전략은 응징한다. 역사를 가이드로 삼아 시간이 성공적이라고 검증한 방법론만을 사용해야 한다.

▌조셉 피오트로스키(Joseph Piotroski), 실무 경험 없이 학술 연구로 고수익 투자 기법을 개발한 회계학 교수

피오트로스키 교수는 비교적 단순한 9개의 재무지표를 사용하여 기업의 재무건전성을 측정하는 'F-Score'를 개발했습니다. F-Score는 수익률이 높은 주식을 선정하는 기준으로 사용될 수 있는 것으로 분석되었습니다. 많은 투자자들이 피오트로스키 교수의 방법을 주식 투자에 실제로 적용하고 있습니다.

　　　　　시장을 이긴 주식 대가의 성공 투자 비결

조셉 피오트로스키는 스탠포드 경영 대학원의 회계학 교수입니다. 1989년 일리노이 대학교에서 회계학 학사 학위, 1994년 인디애나 대학교에서 재무 MBA, 1999년 미시간 대학에서 회계학 박사 학위를 취득했습니다. 1999년부터 2007년 동안 시카고 대학의 교수, 2007년부터 스탠포드 대학에 합류하여 현재까지 교수로 재직하고 있습니다. 피오트로스키 교수는 투자 업계에서 일한 경험이 없었지만, 2000년에 학술지에 간행된 논문으로 투자 업계에서 유명해졌습니다.

피오트로스키 교수는 2000년(당시는 시카고 대학 교수) 발표한 논문에서 수익성, 재무구조, 영업 효율성 등 3가지 영역에서 수익성 변화, 영업 현금흐름, 유동성 등을 측정하는 9개의 간단한 재무지표를 이용하여 기업의 재무건전성을 종합적으로 판단할 수 있는 지표인 F-Score를 제안했습니다.[*] F-Score는 원래 저평가된 종목(장부가치/시가총액 비율 기준으로 상위 20%) 중에서 펀더멘털이 좋은 기업을 선정하기 위해 고안되었습니다. F-Score는 기초적인 재무정보를 이용하기 때문에 회계나 재무에 대한 지식이 많지 않은 사람이라도 누구나 손쉽게 계산할 수 있다는 장점이 있습니다.

피오트로스키 교수는 논문에서 선정된 몇 개의 지표를 기준으로 자신이 고안한 방법에 따라 투자했을 경우 1976년부터 1996년까지 연간 23%의 이익을 얻을 수 있었으며, 이는 S&P 500 지수 수익률의 두 배 이상이라는 사실을 발견했습니다. 피오트로스키 교수의 연구 결과는 많은 투자 관련 전문지와 언론을 통해 소개되었고, 투자 업계로 퍼져 나갔습니다. 피

---

[*] 자세한 내용은 Joseph D. Piotroski, 〈Value Investing: The Use of Historical Financial Statement Information to Separate Winners from Losers〉, Journal of Accounting Research, Vol. 38, 2000 참조하십시오.

오트로스키 교수의 방법을 사용하여 실제로 상당히 높은 투자 성과를 올린 것으로 알려지면서, 피오트로스키 교수의 방법을 추종하여 투자하는 사람들이 늘어났습니다. 투자전문 잡지인 포브스(Forbes)는 2009년 3월 피오트로스키 교수를 전설적인 투자자(Legendary Investor) 중의 한 명으로 선정했습니다.[*] 피오트로스키 교수는 실제 투자업계에 종사하지 않으면서 학술 논문을 통해 투자의 대가로 칭송받는 예외적인 인물이 되었습니다.

9개의 재무지표를 합하여 재무건전성 측정

피오트로스키 교수는 3개의 영역에서 9개의 재무지표를 사용하였습니다. 수익성 지표는 ▲총자산순이익률 ▲총자산순이익률의 변화 ▲총자산 대비 영업현금흐름 비율 ▲영업현금흐름과 순이익의 차이 등 4개의 지표를 사용하였습니다. 재무구조를 나타내는 지표는 ▲레버리지 변화 ▲유동비율 변화 ▲유상증자 여부 등의 3개 지표를 사용하였습니다. 영업활동의 효율성을 나타내는 현금흐름 지표는 ▲매출총이익률 변화 ▲자산회전율 변화 등의 2개를 사용하였습니다.

재무지표가 긍정적인 방향으로 나타나면 1점, 부정적인 방향으로 나타나면 0점을 부여하여 총점 9점 만점인 재무건전성지수 F-Score를 개발하였습니다. 수익성 지표인 매출액순이익률, 매출액순이익률의 변화, 총자

산 대비 영업현금흐름 등의 재무지표가 플러스(+)이면 흑자 기록, 기업 수익성 개선, 영업현금흐름 플러스(+) 등을 의미하기 때문에 1점, 이들 지표가 마이너스(-)이면 0점을 부여하였습니다.

순이익과 영업활동으로 인한 현금흐름의 차이는 발생액(Accrual)으로 정의됩니다(발생액=순이익-영업활동으로 인한 현금흐름). 발생액이 마이너스(-), 즉 영업활동으로 인한 현금흐름이 순이익보다 크면 당기 순이익이 과소계상되어 회계적 기업 수익성이 낮은 반면 차기의 수익성이 높아질 가능성이 크므로 1점을 부여하였습니다. 반대로 발생액이 플러스(+)이면, 즉 영업활동으로 인한 현금흐름이 순이익보다 작으면 당기 현금흐름이 과소계상되고 순이익이 과대계상되었을 가능성이 높으므로 회계적 기업 수익성이 과대계상되었다고 보고 0점을 부여하였습니다.

재무구조 지표에 있어서는 레버리지(장기차입금/자산총액)의 변화가 0 이하이면 재무구조가 개선된 것을 의미하기 때문에 1점을 부여하였고, 0을 초과하면 재무구조가 악화된 것을 의미하기 때문에 0점을 부여하였습니다. 유동비율(유동자산/유동부채) 변화가 0을 초과하면 단기유동성의 개선을 의미하기 때문에 1점을 부여하고, 0 이하이면 단기유동성이 악화된 것을 의미하기 때문에 0점을 부여하였습니다. 유상증자를 실시한 기업은 내부자금조달을 통하여 부채를 상환할 수 없는 재무적 어려움에 처한 기업일 가능성이 높아 0점을 부여하였고, 유상증자를 실시하지 않은 기업은 1점을 부여하였습니다.

매출액총이익률(매출총이익/매출액)과 자산회전율(매출액/자산총액)이 전기에 비해 높을 경우, 영업활동의 수익성이나 효율성이 개선되었음을 의미합니다. 매출총이익률과 자산회전율 변화가 0을 초과하면 1점, 0

이하이면 0점을 부여하였습니다.

피오트로스키의 F-Score 계산을 위한 재무지표와 방법

구분	구성 요소	재무지표와 계산 방법	점수 부여	
			1점	0점
수익성 (4개)	총자산순이익률 (ROA)	총자산순이익률(ROA)=순이익*/자산총액** * 경상적인 영업성과만 반영한 순이익 ** 기초 자산총액 기준(이하 동일)	0 초과	0 이하
	영업현금흐름 (CFO)	총자산 대비 영업현금흐름 비율(CFO) = 영업현금흐름*/자산총액 * 영업활동으로 인한 현금흐름 기준	0 초과	0 이하
	순이익 변화	ROA 변화 = 당기 ROA − 전기 ROA	0 초과	0 이하
	이익의 질	(순이익− 영업현금흐름)/자산총액	0 미만	0 이상
레버리지 (3개)	레버리지 (LEVER) 변화	레버리지 변화 = 당기 LEVER* − 전기 LEVER * LEVER = 장기차입금/자산총액	0 이하	0 초과
	유동성(LIQUID) 변화	유동비율 변화 = 당기 LIQUID* − 전기 LIQUID * LIQUID(유동비율) = 유동자산/유동부채	0 초과	0 이하
	자금조달	보통주 발행 유상증자 여부	미발행	발행
영업 효율성 (2개)	수익성 (MARGIN) 변화	매출총이익률 변화 = 당기 MARGIN* − 전기 MARGIN * MARGIN(매출총이익률) = 매출총이익/매출액	0 초과	0 이하
	회전율(TURN) 변화	총자산회전율 변화 = 당기 TURN* − 전기 TURN * TURN(자산회전율) = 매출액/자산총액	0 초과	0 이하

F-Score는 수익률 높은 주식 선정 기준

피오트로스키 교수는 논문에서 자신이 제시한 단순하게 계산된 F-Score

 시장을 이긴 주식 대가의 성공 투자 비결

가 주가상승률이 높은 종목(winner)과 낮은 종목(loser)을 선택하는 데 훌륭한 기능을 발휘할 수 있다고 발표했습니다. 피오트로스키 교수는 장부가치/시가총액 비율 기준으로 상위 20%의 종목을 우선 선정하고, 이들 종목들의 펀더멘털을 판정하는 기준으로 F-Score를 계산하였고, F-Score와 주식 수익률 간의 관계를 분석하였습니다.

우선 F-Score 점수와 주식 수익률 간에 정(+)의 선형적인 관계가 있는 것을 발견했습니다. F-Score를 기준으로 1년 또는 2년 동안 투자했을 경우 F-Score가 높은 종목들의 주가 상승률이 높았습니다. 9점 만점에서 4점 이상인 경우 재무건전성 지수가 높을수록 시장 대비 높은 초과수익률을 올린 것으로 분석되었습니다.

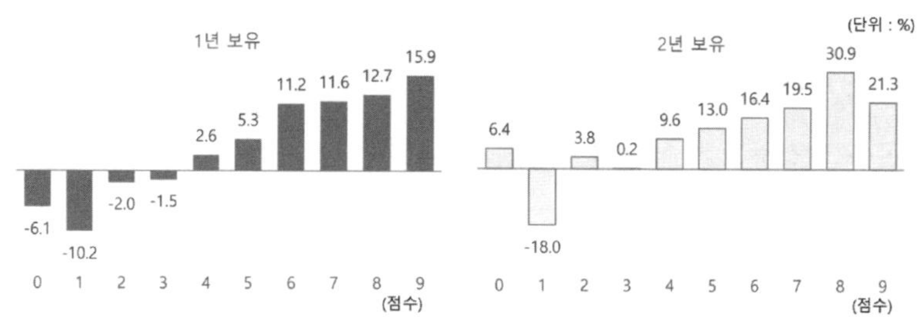

피오트로스키 교수의 연구결과: 점수별 시장대비 초과수익률

주: 점수별 시장 대비 초과수익률(개별종목 수익률 − 주가지수 변화율)의 평균
자료: Joseph D. Piotroski, 〈Value Investing : The Use of Historical Financial Statement Information to Separate Winners from Losers〉, Journal of Accounting Research, 2000

F-Score를 기준으로 투자하면 전반적으로 투자성과가 개선되는 것으로 나타났습니다. 피오트로스키 교수는 F-Score를 기준으로 재무적으로 펀더멘털이 강한 종목을 선정하고 투자하는 방식을 통해 적어도 연간 7.5%

의 수익률을 더 올릴 수 있음을 보여 주었습니다.

피오트로스키 교수는 자신의 방법론에 따라 시장에서 F-Score 상위 종목(8~9점)을 사들이고 최악의 점수(0~1점)를 받은 종목을 공매도하는 투자전략을 실행했을 경우, 1976년~1996년 동안 시장 전체인 S&P 지수 수익률의 2배가 넘는 연 23%의 수익률을 올릴 수 있었을 것이라는 분석 결과를 발표했습니다. 전체 21년 중에서 3개년을 제외한 18개 연도에서 시장을 초과하는 수익률을 올릴 수 있었던 것으로 분석되었습니다. 피오트로스키 교수는 F-Score가 미래의 경영성과 예측에도 사용될 수 있음을 보였습니다.

논문 발표 이후 투자자들은 F-Score를 기업의 경영성과 개선은 물론 주식시장에서 주가 상승 가능성을 포착하는 신호로 사용할 수 있는 종합적인 지수로 받아들였습니다. 피오트로스키 교수의 논문이 발표된 이후 F-Score를 이용하여 기업의 펀더멘털을 평가하고, 주식투자 기준으로 활용하기 위한 시도가 활발히 이루어졌습니다, 실제로 F-Score를 적용하여 종목을 선정하는 사례도 많이 나타났습니다.

투자 대가들의 전략 비교

투자 대가	투자 스타일	핵심 투자 전략	주요 종목 선정 기준	투자 기간	주요 특징
벤저민 그레이엄	가치 투자	내재가치에 비해 현저하게 저평가된 주식 발굴과 투자	낮은 PER 또는 PBR, 재무건전성, 수익성	장기	안전마진확보, 보수적 방어적 투자, 내재가치분석
워런 버핏	가치 투자	강력한 사업모델과 경쟁우위(경제적 해자, Economic Moat)를 가진 내재가치 대비 저평가 기업을 장기 보유	진입장벽 구축한 독점 지위, 강력한 브랜드, 우수한 경영진, 안정적 현금흐름, 높은 수익성, 저평가 수준	장기	경쟁력 높은 우량 기업에 장기 투자, 사업에 대한 이해와 깊은 분석을 바탕으로 투자

투자 대가	투자 스타일	핵심 투자 전략	주요 종목 선정 기준	투자 기간	주요 특징
피터 린치	혼합 (성장+ 가치) 투자	자신이 잘 아는 산업 분야에서 빠른 성장이 예상되는 유망 기업에 투자	매출 및 이익 성장성, 재무 건전성, 현금흐름, 자산의 실제가치, PER, PEG	중장기	이해할수 있는 기업에 투자, 철저한 기업 분석과 가치 평가
존 네프	가치 투자 (저PER 투자)	저평가된 기업 중에서 성장성이 높고 수익성이 좋은 기업에 투자	PER, 성장성, 배당수익률, 현금흐름, 수익성	중장기	소외주(펀더멘털이 좋지만 시장에서 소외되어 저평가된 주식)에 집중 투자
필립 피셔	상장 투자	뛰어난 경영진과 높은 성장 잠재력을 가진 소수의 혁신 기업에 집중 투자, 장기 보유	혁신 제품/서비스, 성장 잠재력, 경영진 능력, 연구개발 능력, 수익성, 노사관계, 투자 여력	(초)장기	사실수집을 통한 정성적 분석 중시, 경영진 대면과 분석, 혁신 능력 평가, 소수 기업 집중 투자
토마스 로우 프 라이스	성장 투자	성장 산업에서 미래 성장 잠재력이 높은 우량기업에 중점 투자	성장성, 수익성, 연구개발 능력, 낮은 PER	장기	기업수명주기 분석을 통해 성장성 평가, 주로 성장성 기준으로 투자, 분할 매입과 매도로 위험관리
마틴 츠 바이크	성장+ 가치 투자 (성장을 더 중시)	경기 및 금융시장 지표를 활용해 매매 타이밍을 결정하고, 성장성 높은 기업 중심으로 포트폴리오 조정	금리, 금융정책, 개인 부채, 시장 전체 및 개별 종목 가격 변화, 낮은 PER, 매출과 이익 성장성, 재무 건전성	중단기 (주로 단기)	기술적 분석과 성장성 중시, 기술적 분석으로 매매 타이밍 결정, 기본적 분석으로 주로 성장성 높은개별 기업 선정
조엘 그린블 라트	가치 투자	자본수익률과 이익수익률을 동시에 고려하는 마법공식을 이용하여 투자	자본수익률, 이익수익률	중장기	마법공식(자본수익률+이익수익률)을 이용하여 내재가치 대비 저평가 종목 선정

투자 대가	투자 스타일	핵심 투자 전략	주요 종목 선정 기준	투자 기간	주요 특징
윌리엄 오닐	CAN SLIM 접근법 (성장+ 가치+ 모멘텀)	기업 실적, 기술 혁신 능력, 수급 상황, 시장 추세 등을 종합적으로 검토하여 주가가 상승세를 보이는 성장주에 투자	순이익 변화, 신기술 개발 등 경영혁신 능력, 주식 거래와 상승률, 기관 매수세, 시장 추세	중단기	재무정보를 이용한 기본적 분석과 주가 추이를 통한 기술적 분석을 모두 사용하여 주식 투자 종목을 선정하고 매매 시점 결정
케네스 피셔	성장 + 가치 투자	펀더멘털 분석과 가치 평가를 통해 슈퍼스톡 (고성장 기대 우량기업 중 내재가치 대비 저평가 주식) 매수	이익 성장성, 수익성, 현금흐름, 재무건전성	중장기	PSR(주가매출액비율)을 가치평가를 위한 핵심 주가배수로 사용
데이비드 드레먼	역발상 가치 투자	저평가된 주식 중에서 펀더멘털이 튼튼한 기업에 투자	주가배수(PER, PBR, PCR, 배당수익률), 이익 증가율, 재무구조, 수익성	중장기 (주로 장기)	역발상 투자 (시장에서 인기가없어 저평가된 종목에 선별 투자)
제임스 오쇼너시	퀀트 투자 (계량적 분석)	역사적 데이터를 기반으로 여러 지표를 종합하여 높은 순위의 기업에 투지	주가배수(PER, PBR, PSR, PCR, EV/EBITDA), 주주수익률, 주가 변화율, 수익성, 성장성, 이익의 질	중장기	방대한 과거 데이터를 사용한 계량 분석을 통해 투자 성과가 가장 높은 투자전략 개발
조셉 피오트로 스키	가치 투자	저평가 종목 중에서 수익성과 재무상태, 효율성 등을 종합하여 펀더멘털이 튼튼한 기업에 선별 투자	장부가치/시장가치, 수익성과 현금흐름 수준, 재무건전성, 수익성 및 효율성 변화	중장기	장부가치/시장가치가 낮은 저평가 주식 중에서 9개의 재무지표를 결합한 F-Score 기준으로 종목 선정

　시장을 이긴 주식 대가의 성공 투자 비결

주식 대가의 기준을 적용하여
종목을 선별하고 추천하는 기업들

투자 대가들의 투자 전략을 추종하고 종목 선정 기준을 적용하여 포트폴리오를 구성하고 종목을 추천하는 투자 리서치 기업들이 생겼습니다. 구루포커스닷컴(www.gurufocus.com)과 밸리디아(Validea)가 대표적인 기업입니다.

구루포커스닷컴(www.gurufocus.com)

구루포커스(GuruFocus)는 전 세계 가치 투자자들에게 다양한 정보를 제공하는 온라인 웹사이트입니다. 2004년 찰리 티안(Charlie Tian) 박사에 의해 설립했습니다. 찰리 티안 박사는 중국 베이징대학교에서 물리학 박사 학위를 취득한 이후 미국에서 광섬유 및 레이저 분야의 연구원으로 일했습니다. 찰리 티안 박사는 2000년대초 인터넷 버블이 붕괴된 후 워런 버핏, 벤저민 그레이엄, 피터 린치와 같은 주식 투자 대가들의 지혜에 영감을 받아 세계 최고의 투자자들이 실제로 투자한 종목을 참고하면 투자 실수와 위험을 줄일 수 있을 것이라는 신념으로 GuruFocus를 창립하여 투자자들에게 정보를 제공하고 있습니다. 2017년에는 주식 투자 대가들을 연구한 『구루들의 투자법(Invest Like a Guru)』을 출간하여 가치투자에 대한 통찰을 투자자와 공유했습니다.

구루포커닷컴은 전 세계에서 100만 명 이상이 사용하고 있으며, 100개 이상이 시장에서 거래되는 10만 개 이상이 주식 종목에 대한 정보를 제공하고 있습니다. 주요 정보 서비스로는 ▲스크리너(특정 기준에 맞은 종목을 필터링하는 기능) ▲주식 대가 포트폴리오 추적(주식 대가들의 투자 포트폴리오 변화) ▲내부 거래(임원 등과 같은 기업 내부자의 주식 거래 정보 제공) ▲시장 정보(시장 가치 지표, 경제 지표, 산업별 성과 등에 대한 정보 제공) ▲기업 재무 데이터 및 분석(장기적 재무 정보와 가치 평가 지표) ▲실시간 투자 정보 및 뉴스 등을 제공하고 있습니다.

그루포커스닷컴(www.gurufocus.com) 홈페이지

밸리디아(Validea)

밸리디아는 유명한 투자 서적인 『주식시장의 천재투자자들(The Guru Investor)』의 공동 저자인 존 리즈(John P. Reese)와 잭 포핸드(Jack M. Forehand)가 공동으로 설립하였습니다. 리즈와 포핸드는 기존 펀드매니저와 전문가들의 성과

　　　　　　　　　시장을 이긴 주식 대가의 성공 투자 비결

에 실망하고, 워런 버핏, 피터 린치, 벤저민 그레이엄 등 전설적인 주식 대가들의 전략을 분석하고 계량화하여 일반 투자자들도 활용할 수 있는 시스템을 개발했습니다. 밸리디아는 시장 수익률을 뛰어넘는 가장 효과적인 방법은 역사적으로 우수한 성과를 거둔 주식 대가들의 전략을 따르는 것이라고 믿었습니다. 이러한 믿음을 바탕으로 투자자들이 주식 대가들의 전략을 적용해서 종목을 분석하고 포트폴리오를 구성할 수 있도록 돕는 것을 목표로 설립되었습니다.

밸리디아닷컴(www.validea.com) 홈페이지

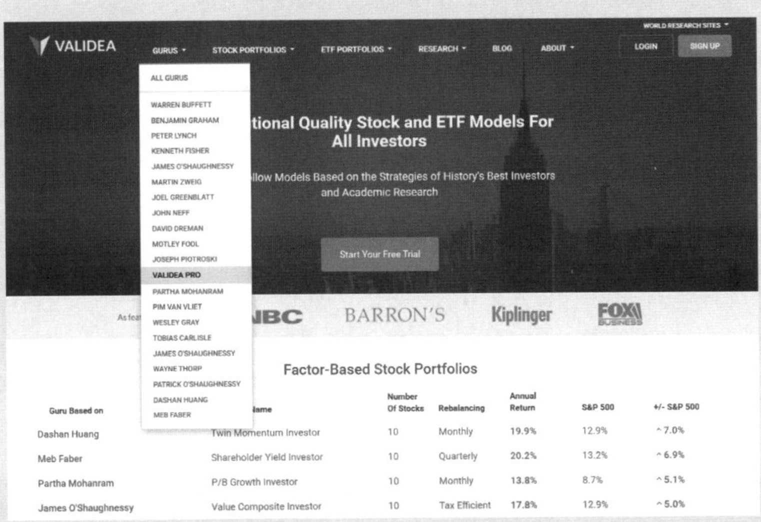

Factor-Based Stock Portfolios

Guru Based on	Name	Number Of Stocks	Rebalancing	Annual Return	S&P 500	+/- S&P 500
Dashan Huang	Twin Momentum Investor	10	Monthly	19.9%	12.9%	^ 7.0%
Meb Faber	Shareholder Yield Investor	10	Quarterly	20.2%	13.2%	^ 6.9%
Partha Mohanram	P/B Growth Investor	10	Monthly	13.8%	8.7%	^ 5.1%
James O'Shaughnessy	Value Composite Investor	10	Tax Efficient	17.8%	12.9%	^ 5.0%

리즈와 포핸드는 2003년부터 밸리디아닷컴을 통해 투자자들이 활용할 수 있도록 여러 서비스를 제공하고 있습니다. 밸리디아닷컴은 장기적으로 가장 좋은 실적을 보이는 요인 기반 전략을 파악하고 구현하는 것, 그리고 투자자에게 장기적 성과를 저하시키는 감정과 편견을 극복하는 데 도움이 되는 체계적인 투자 프레임워크를 제공하는 것을 목표로 삼고 있습니다. 주요 서비스로는 ▲대가들의

투자 전략 연구 분석(역사상 뛰어난 성과를 올인 주식 대가들의 투자 철학과 종목 선정 기준에 대한 자료 제공) ▲주식 포트폴리오 스크리닝(주식 대가들의 종목 선정 기준을 적용한 모델 포트폴리오의 구성과 성과에 대한 정보 제공) ▲ETF 포트폴리오(밸리디아의 투자 전략을 기반으로 운용되는 ETF에 대한 정보 제공) ▲리서치(투자 전략, 시장 및 종목 분석 등에 대한 리포트 제공) 등을 제공하고 있습니다.

시장을 이긴 주식 대가의 성공 투자 비결

7가지 주요 주식 투자 전략 비교

투자자들이 살아오면서 쌓아온 경험과 지식에 따라 개인적 성향과 투자 철학이 달라집니다. 투자자들은 자신들의 투자 철학과 목표, 투자 기간, 재무 상태, 위험 선호도 등에 따라 주식 투자 전략을 선택하게 됩니다. 주식 투자 전략에 따라 종목 선정과 포트폴리오 구성이 결정됩니다.

주식시장 접근 방식에는 수많은 투자 전략이 존재합니다. 그 중에서 많은 투자자들이 사용하고 있는 7가지 전략은 투자 대가들은 물론 투자 초보자에게도 유용한 대표적인 주식 투자 전략입니다. 실제로 주식 대가들의 상당수는 7가지 전략 중에 하나를 사용합니다. 7가지 투자 전략은 이미 소개한 ▲가치 투자 ▲성장 투자를 포함하여 ▲역발상 투자 ▲모멘텀 투자 ▲수동적 인덱스 투자 ▲매입가격 평균화 투자 ▲배당/이익 투자 등입니다. 주식 투자에 앞서 투자 전략을 공부하고 자신에게 적합한 투자 전략을 선택하고 지속적으로 실행하는 것이 투자 목표 달성에 중요합니다.

- **가치 투자**(Value Investing): 내재가치보다 낮게 평가된 기업에 중점 투자하는 전략. 주로 수익성이 높고 배당금을 꾸준히 지급하며, 건실한 재무구조를 가진 전통적 우량기업에 투자

- **성장 투자**(Growth Investing): 현재 이익이 많지 않더라도, 향후 높은 성장

이 기대되는 기업에 집중적으로 투자하는 전략. 주로 IT(정토통신), AI(인공지능), 바이오 등과 같은 혁신 산업 분야 기업에 투자

- **역발상 투자**(Contrarian Investing): 시장에서 형성된 컨센서스와 반대로 투자하는 전략. 주로 투자자들의 관심을 받지 못하는 소외된 기업에 투자

- **모멘텀 투자**(Momentum Investing): 주식시장의 흐름에 따라 투자하는 전략. 상승 추세를 보이는 주식은 매수하고, 하락 추세를 보이는 주식은 매도

- **수동적 인덱스 투자**(Passive Index Investing): KOSPI, S&P 500 같은 시장 지수를 그대로 추종하면서 시장 평균 수익률을 목표로 하는 전략. 주로 시장 지수를 추종하는 ETF나 뮤추얼 펀드에 투자

- **매입가격 평균화 투자**(Dollar-Cost Averaging, DCA): 정기적으로 일정 금액을 계속 투자하여 매입 단가를 낮추고, 시장 변동성에 따르는 타이밍 리스크를 회피하는 전략. 주로 연금과 같은 장기 투자에 사용

- **배당/이익 투자**(Dividend/Income Investing): 배당과 같은 일정한 수입을 목표로 투자하는 전략. 주로 성숙기에 들어서 안정적으로 이익을 내고 배당을 지급하는 기업에 투자

일반 주식 초보자들이 사용할 수 있는 주식 투자 전략

전략	핵심 원칙	투자 위험 수준	이익 가능성	투자 기간	필요 역량
가치 투자	내재가치 대비 저평가 기업에 초점을 맞춰 매수	중간~낮음, 대체로 중간	중간~높음	장기	재무제표 분석, 기업 분석, 인내심
성장 투자	고장성 또는 높은 성장 잠재력을 가진 기업에 초점을 맞춰 투자	다소 높음	높음.	중장기	산업 분석, 미래 전망, 기술에 대한 이해, 성장성 평가

전략	핵심 원칙	투자 위험 수준	이익 가능성	투자 기간	필요 역량
역발상 투자	시장 심리와 반대 방향으로 투자, 인기 없는 소외주에 투자	대체로 높음	높은 수익 가능	다양함. 보통 중장기, 단기도 가능	시장 분석, 심리 분석, 독립적 분석 및 사고, 강인한 멘탈
모멘텀 투자	주식 가격 추세에 따라 투자 결정, 상승 추세 매입, 하락 추세 매도	중간~높음, 대체로 높음.	단기 고수익 가능	단기~중기, 대체로 단기	시장 추세 분석, 기술적 분석, 빠른 판단과 의사결정 및 결단
수동적 인덱스 투자	시장 전체(특정 지수를 추종하는 ETF 또는 펀드)에 맞춰 투자, 거래 비용 최소화	대체로 낮음 (시장과 같음)	시장 평균 수준의 지속적이고 안정적 수익 가능	장기	시장과 금융상품 (ETF, 펀드 등)에 대한 이해, 특별한 역량 필요 없음.
매입 가격 평균화 투자	일정 금액을 정기적으로 장기간 투자	낮음(단기 변동성 완화)	중간	중장기	투자 규칙 준수하는 인내심, 자금 관리 능력
배당/ 이익 투자	안정적 배당 수익에 초점, 안정적 이익을 창출하고 배당금을 꾸준히 지급하는 기업에 투자	낮음~중간	안정적 수입 가능	중장기, 주로 장기	기업의 수익성 및 재무 건전성 분석, 배당 능력/정책 분석

전략	적합한 투자자	주요 장점/ 기회 요인	주요 단점/ 위험 요인	주요 투자 측정 지표	최적 시장 상황
가치 투자	장기투자 선호, 보수적이고 분석적이며 인내심 강한 투자자	시장 변동성에 신경 쓰지 않고 안정적 장기이익 추구, 가격하락 위험 제한(안전마진 확보), 분석 능력에 따라 투자성과 결정	내재가치 분석 및 평가 어려움, 저평가 장기간 지속 가능성, 투자 성과 실현에 장기간	PER, PBR, EV/ EBITDA, ROE	변동성 높거나 약세장. 경기 침체 또는 약세장 지속에 따라 저평가 주식이 많아진 시장.

전략	적합한 투자자	주요 장점/ 기회 요인	주요 단점/ 위험 요인	주요 투자 측정 지표	최적 시장 상황
성장 투자	고위험-고수익 추구, 위험 부담 능력 높은 적극적 투자자, 혁신 신산업에 관심 높은 투자자	높은 자본 차익 가능성 있는 혁신기업 투자, 빠른 투자 이익 실현 가능, 기업 탐색이 쉬움.	높은주가변동성, 높은 가격 부담, 기업 성장 실패 또는 고평가된경우손실발생	매출 성장률, 이익(EPS) 성장률, PEG(PER),	강세장, 경기 확장, 기술 혁신 등으로 신성장 산업 출현, 벤처기업 활성화
역발상 투자	고위험을 감수하는 강한 신념과 인내심 강한 투자자	시장과 차별화된 방식으로 저평가 주식 선정을 통해 고수익 가능	예측과 다를 경우 손실 발생과 심리적 압박, 높은 단기 변동성으로 타이밍 맞추기 어려움	시장심리지표, 변동성, PER, PBR, 거래량(과매도/ 과매수) 상황, 뉴스, 이벤트	극단적 또는 과도한 낙관론/비관론이 지배하는 시장, 극단적 불황 또는 거품 붕괴 이후
모멘텀 투자	단기 투자자, 추세 분석에 능하고 시장 변화에 빠르게 대응할 수 있는 투자자	단기간 높은 투자 이익 실현 가능, 단순한 투자 거래	시장 장세의 급격한 변동 시 커다란 손실 발생, 많은 거래비용 부담, 매매 타이밍 포착 어려움	이동평균선, 거래량,주가상승률,상대강도지수(Relative Strength Index, RSI)	강한 상승 추세 시장
수동적 인덱스 투자	투자 경험 적은 초보자, 시간이 부족한 투자자, 장기 안정적 수익 추구 투자자	단순하여 실현 용이, 적은 노력과 낮은 비용으로 분산 투자 효과 및 시장 수익률 달성	시장 평균 이상의 높은 수익률을 얻기 어려움, 시장 하락 시에 손실 발생	시장 지수 수익률, 추적 오차, 운용 비용	모든 시장 상황, 특히 장기적으로 지속 성장하는 시장
매입 가격 평균화 투자	투자 초보자, 위험 회피형 장기 투자자, 장기간 꾸준한소득이발생하는투자자	시장의 단기 변동성 위험 완화 및 손실 방지, 시장 상황에 관계없이 자동화된 투자, 유지 관리 최소화, 심리적 안정.	단기 고수익 어려움, 시장 상승기에 효과 낮음, 시장 하락 시 손실 발생, 대체로 낮은 수익률, 투자에필요한안정적현금흐름필요	평균 매입 가격, 총 누적 투자 수익률	변동성이 높은 시장, 장기적으로 상승세가 기대되는 시장

시장을 이긴 주식 대가의 성공 투자 비결

전략	적합한 투자자	주요 장점/ 기회 요인	주요 단점/ 위험 요인	주요 투자 측정 지표	최적 시장 상황
배당/ 이익 투자	안정적인 현금 흐름이 필요한 은퇴 준비 투자자, 일정한 소득을 벌고 있는 투자자	안정적이고 지속적 배당 수입 확보	배당 축소 위험. 금리 상승 시 투자 매력 하락. 전반적으로 낮은 수익률(주로 성장성 낮은 주식에 투자)	배당수익률, 주당배당금 증가율, 배당 성향, 이익(현금흐름) 안정성, 시중 금리 수준	저금리, 경기 안정 등으로 시장이 성장하지 못하지만, 고배당 기업이 많아진 안정적인 시장

4장

주식 대가에게 배우는 성공 투자의 교훈

주식 대가들은 자신들만의 투자 원칙과 전략을 개발하고 일관되게 준수했습니다. 기업을 철저하게 분석하여 우량기업 중에서 저평가된 종목을 선별하여 적절하게 분산 투자하면서 장기 보유했고, 사전에 정한 매도 기준을 철저하게 지켰습니다.

주식 대가들의 투자 방식에는 비슷한 점이 많습니다. 투자 후보 기업 탐색부터 분석, 투자 대상 기업 선정, 투자 실행, 보유, 매도 등의 투자 단계별로 공통적인 특징들이 나타납니다. 주식 대가들은 ▲경제, 시장, 기업 등을 면밀하게 관찰했으며 ▲철저하게 기업을 분석했고 ▲좋은 주식을 선정하여 ▲적절하게 분산 투자하고 ▲장기 보유했으며 ▲고평가되거나 기준을 충족하지 못하면 과감하게 매도하는 방식을 통해 높은 투자 성과를 장기간 유지할 수 있었습니다. 그리고 이와 같은 자신들의 투자 원칙을 철저하게 준수하였습니다.

주식 대가들의 투자 단계별 공통적인 특징

주식 대가들의 투자 원칙과 종목 선정 기준에는 공통점이 많지만, 차이점도 상당히 찾아볼 수 있습니다. 투자 대가들은 제각각 투자 원칙이 달랐습니다. 이에 따라 세부적인 종목 선정 기준에 있어서 서로 차이가 나는 부분이 상당히 있었습니다. 예를 들어 가치투자를 원칙으로 하는 투자 대가들은 안정성을 중시하는 반면 성장투자를 원칙으로 하는 투자 대가들은 성장성을 중시했습니다. 가치 투자자들은 가격이 실적에 비해 상대

적으로 낮은 주식에 주로 투자하는 반면 성장 투자자들은 가격이 높고 상승하는 주식에 주로 투자했습니다.

주식 대가들은 대부분 이해하기 쉽고, 일반 투자자들이 실제 사용할 수 있는 단순한 종목 선정 기준으로 높은 성과를 거두었습니다. 종목 선정을 위해 상당히 복잡한 방법을 사용한 주식 대가도 있었습니다. 그렇지만 대부분은 회계와 재무에 대해 어느 정도 지식이 있으면 이해할 수 있고 종목 선정에 적용도 가능한 방법을 사용했습니다. 회계에 대한 기초 지식을 가진 투자자라면 누구라고 투자 대가들의 종목 선정 기준을 적용하여 자신들의 포트폴리오를 만들 수 있을 것으로 보입니다.

▌ 투자 원칙을 철저하게 지킨다

주식 대가들은 경험과 연구 및 분석을 통해 쌓은 전문지식을 활용하여 자신들만의 투자 철학을 세우고 투자 원칙을 확립했습니다. 그리고 주식 대가들은 자신들의 투자 원칙을 철저하게 지켰습니다. 투자 철학과 원칙은 주식 대가 개인별로 차이가 있었습니다. 예를 들면 벤저민 그레이엄은 안정성을 중시하는 보수적인 가치투자 기조를 일관성 있게 유지했던 반면 필립 피셔는 성장성을 중시하여 성장성이 높고 주가가 상승하는 종목에 투자했습니다. 워런 버핏은 저평가된 우량기업의 주식을 매수하여 장기간 보유했으며, 주식시장에서 아무리 인기가 높더라도 자신이 잘 알지 못하는 주식에는 절대로 투자하지 않았습니다. 피터 린치는 자신이 관찰하고 분석하여 잘 이해할 수 있는 기업에 투자했습니다.

주식 대가들이 높은 성과를 올릴 수 있었던 핵심적인 요인은 감정을 통제하면서 일관되게 투자 원칙을 지켰기 때문으로 보입니다. 주식 대가들은 시장의 단기적인 변화나 일시적인 유행에 흔들리지 않고 자신들의 투자 원칙을 고수했습니다.

주식 대가들은 항상 위험을 인식하고 대비했습니다. 분산 투자를 통해 특정 종목의 변동성에서 발생하는 위험을 관리했습니다. 주식 대가들은 손실이 발생할 위험에 대비했습니다. 기업에 대한 철저한 분석을 통해 가격 하락 가능성이 낮은 종목을 찾아냈습니다. 그럼에도 불구하고 자신의 분석이 틀렸을 가능성에 대비해 시장가격이 내재가치에 비해 매우 낮은 주식에 선별 투자하여 안전마진을 확보하기 위해 노력했습니다.

앞에서 소개한 주식 대가들의 투자 원칙과 구체적인 투자 전략을 다시 정리하면 아래의 표와 같습니다. 주식 대가별로 높은 성과를 거두었던 투자 원칙과 전략이 매우 다양하다는 점을 알 수 있습니다. 개인별로 서로 다른 접근 방식을 통해 시장을 이기는 높은 성과를 달성했던 것입니다. 시장을 이길 수 있는 투자 원칙과 전략이 많음을 시사합니다.

투자 대가의 투자 원칙과 핵심 투자 전략

이름	투자 원칙	핵심 투자 전략(구체적 실행 방식)
벤저민 그레이엄	· 내재가치보다 훨씬 낮은 시장 가격에 매입하여 '안전마진' 확보	· 계량적 분석 중시: 재무 건전성과 수익성과 이익의 안정성을 갖춘 기업 선택 · 엄격한 보수적 투자: 장부가 대비 현저히 저평가된 종목에 투자 · 분산투자와 장기투자. 다만 목표로 삼은 적정 가치 도달 시 매도
워런 버핏	· 기초 역량이 탁월한 기업을 적정 이하의 가격에 매수하고 장기 보유 · 시장 유행을 따르지 않고 자신만의 원칙 준수	· 강한 실력을 가진 기업에 투자: 기업의 펀더멘털을 철저하게 분석, 경영진의 자질과 도덕성 평가, 가치 창출능력(수익성) 분석, 안정적으로 장기 성장하는 경제적 해자 보유 기업 발굴 · 가격이 아닌 본질적 가치에 집중: 시장가격이 내재가치에 비해 저평가된 주식에 투자 · 한번 투자하면 장기투자 원칙 고수
피터 린치	· 자신이 잘 알고 이해하고 있는 기업에 투자 · 빠르게 성장하는 종목 선별	· 일상 생활에서 투자 아이디어 탐색 · 기업 탐방, 제품 사용 등 현장 정보 중시 · 기업을 철저하게 연구하고 분석하여 성장성과 수익성이 높고, 재무구조가 튼튼한 기업 선정, 재고와 배당, 현금흐름 지표도 중요 기준으로 사용 · 주로 높은 성장이 기대되는 중소형주 중심 투자 · 장기 투자(10~20년)가 원칙이지만, 단기라도 목표 가격에 도달하면 매각

이름	투자 원칙	핵심 투자 전략(구체적 실행 방식)
존 네프	· 펀더멘털이 튼튼하지만 시장에서 인기가 없어 저평가(저PER)된 주식(소외주)이 좋은 투자 기회 · 가격 회복에 따른 투자 성과 실현 추구 · 매도 기준 수립과 확고한 준수	· 성장 기대가 낮은 산업이나 기업에서 기회 탐색 · PER를 기준으로 주가 수준 판단: 시장 평균보다 40~60% 정도 낮은 시장에서 소외된 종목 · 기업 분석을 통해 펀더멘털이 튼튼하여 고성장/고수익/고배당 가능성이 높은 기업을 엄격한 기준을 적용하여 선별: 성과 지표 중에서 매출증가율과 이익증가율, 배당수익률, 현금흐름, 수익성 등을 중시 · 펀더멘털이 훼손된 주식은 손실이 발생해도 매도, 목표 가격에 도달한 주식은 매도하여 이익 실현
필립 피셔	· 철저한 질적 분석(사실수집)을 통한 성장 기업 선별 · 재무성과 수치보다 질적 요인 중시	· 철저한 정보 조사를 통한 사실수집: 경영진과의 인터뷰, 사실 확인을 위한 이해관계자(고객, 경쟁기업, 업계 전문가 등) 대상 조사를 통한 정보 수집과 분석 · 질적 요인 평가를 통해 혁신성이 강한 기업 선별: 경영진의 능력, 제품 경쟁력과 장기 시장 지배력, 연구개발 역량, 고객 기반, 수익성, 노사관계 등을 사실수집에 기초하여 평가 · 높은 성장성이 기대되는 적은 수의 주식을 엄선하여 집중 투자하고 장기 보유
토머스 로우 프라이스	· 구조적 성장 산업과 기업을 찾아내서 장기 투자 · 동일 업종 기업에 비해 상대적으로 높은 성장세가 기대되는 우량기업을 식별하여 투자	· 인구, 소득, 기술 등의 구조적 성장 트렌드 분석 · 기업수명주기에서 성장기 초기 단계에 있는 기업에 집중 투자 · 경영진의 능력을 주요 기준으로 투자: 경영진 면담은 투자 결정의 필수 절차로 진행 · 경쟁력 요인으로 노사관계를 평가 · 높은 미래 성장잠재력과 더불어 안정적인 수익성과 재무구조가 튼튼한 기업 선별 · 시장 추세를 감안하여 목표 가격을 정하고 분할하여 매수하거나 매도
마틴 츠바이크	· 거시경제와 금융시장, 주식시장의 기술적 지표 등을 종합하여 주식시장 전체의 추세 변화를 판단, 주식 투자 비중을 조정하고 매매 타이밍 결정 · 기업의 펀더멘털 요인을 중시	· 시중 금리와 유동성, 통화정책, 주식시장 거래량 등을 종합하고 점수로 집계하여 주식 투자 비중을 조정하고 매수/매도 시점 포착 · 강세장에서 모멘텀 종목 선호: 시장이 강세일 때 주식 비중을 늘리고, 시장의 약세일 때 매도하여 주식 비중 축소 · 성장주이면서 펀더멘털이 좋은 기업에 선별 투자: 기업에 대한 기본적 분석을 통해 일정한 재무성과 기준을 충족하는 성장주 선택

이름	투자 원칙	핵심 투자 전략(구체적 실행 방식)
조엘 그린블라트	· 좋은 기업의 주식을 내 재가치보다 싼 가격에 매입하는 것이 시장을 이기는 핵심 · 마법공식 적용한 체계적 시스템 접근 방식(감정을 배제한 규칙 기반의 투자)	· 마법공식은 단순하지만 시장을 이길 수 있는 방법, 평균 이상 기업들의 주식을 평균 이하 가격으로 매입할 수 있도록 창안된 장기 투자 전략 · 마법공식(자본수익률+이익수익률)으로 종목 선별 · 마법공식 상위 20~30개 종목에 분산 투자 · 기업 분석 능력이 있으면 5~8개의 우량기업을 선별하여 투자 집중 · 장기투자(3~5년) 권장
윌리엄 오닐	· 기업 성과에 대한 펀더멘털 분석과 주가 추이의 기술적 분석을 결합하여 성장 가능성 높은 주식을 선별하여 투자 · 상승 추세 기간이 이익을 극대화할 수 있는 적기	· 재무적으로 기초적 요인이 뛰어난 주식을 선정하고, 주가와 거래량 변화를 분석하여 최적의 매수 타이밍 포착 · 펀더멘털이 뛰어난(높은 이익과 매출 증가세 및 자기자본이익률) 기업 중에서 주가가 빠르게 상승하고 있고, 기관투자자들이 많이 보유하고 있는 주식에 선별 투자 · 종목 선정 기준은 CAN SLIM 접근법 적용 · 자신이 잘 알고 있고 이해도가 높은 종목 가운데 신중하게 선정한 4~5개 종목에 집중 투자 · 매도 기준 철저 준수: 매수 가격에서 7~8% 하락하면 손절매, 20% 상승하면 이익 실현
케네스 피셔	· 기업 분석을 통해 펀더멘털이 튼튼한 슈퍼 컴퍼니를 선정하고, 가치평가를 통해 슈퍼 컴퍼니 중에서 주가 상승 가능성이 높은 슈퍼 스톡을 찾아내서 투자	· 기업 분석을 통해 경쟁력이 높은 슈퍼 컴퍼니 선별: 성장성과 수익성, 재무구조, 현금흐름 등이 일정 기준을 충족하는 기업 · 가치평가를 통해 내재가치에 비해 시장가격이 낮은 슈퍼스톡 매수: 핵심지표로 주가매출액비율(PSR), 보조지표로 주가연구개발비비율(PRR) 적용 · 주가가 일정 수준 이상으로 상승하여 매도 기준을 넘어서면 매각하여 이익 실현
데이비드 드레먼	· 역발상 투자: 시장의 군중심리와 투자자들의 과잉 반응에 역행, 시장의 비효율성에서 기회 탐색 · 가치투자: 저평가된 우량기업을 선별하여 투자하고 장기간 보유	· 시장에서 인가가 없어 저평가된 주식을 주가배수 하위 20%를 기준으로 선별(역발상 지표) · 펀더멘털이 튼튼한 기업을 중심으로 집중 투자: 대형기업 중에서 성장성, 수익성, 재무구조 등이 우수한 종목 선정 · 배당성향은 낮지만 배당수익률이 높은 주식 선별 · 장기투자와 분산투자

이름	투자 원칙	핵심 투자 전략(구체적 실행 방식)
제임스 오쇼너시	· 감정을 배제한 계량분석 기반의 정량적 규칙 투자로 장기 수익 추구	· 많은 데이터를 분석하여 성과가 검증된 전략을 구축하여 실제 투자에 사용 · 재무성과(성장성과 수익성), 가치(주가배수), 모멘텀(주가 변화)를 결합하여 투자 전략 설정 · 성공이 검증된 전략을 일관되고 반복적으로 적용 · 장기간 전략 유지
조셉 피오트로스키	· 저평가 종목 중에서 우량기업만 골라내면 높은 성과 가능	· PBR를 기준(하위 20%)으로 저평가 종목 선정 · 9개 재무 지표로 구성된 F-Score 활용하여 재무 건전성이 뛰어난 우량 기업 선별

주식 대가들의 투자 원칙을 자세히 살펴보면 특별하지 않았습니다. 주식 투자에 관심을 가진 투자자라면 대부분 알고 있고 수긍할 수 있는 것들입니다. 다양한 원칙과 전략 속에서도 펀더멘털이 튼튼한 기업에 투자하는 가치 투자의 성향을 가진다는 공통점이 있습니다. 주식 대가들은 예외 없이 성장성과 수익성이 높고 재무구조가 건실한 우량기업을 투자 대상으로 선정하는 투자 기준을 적용하였습니다.

투자대가별 투자 원칙과 투자 전략 분류

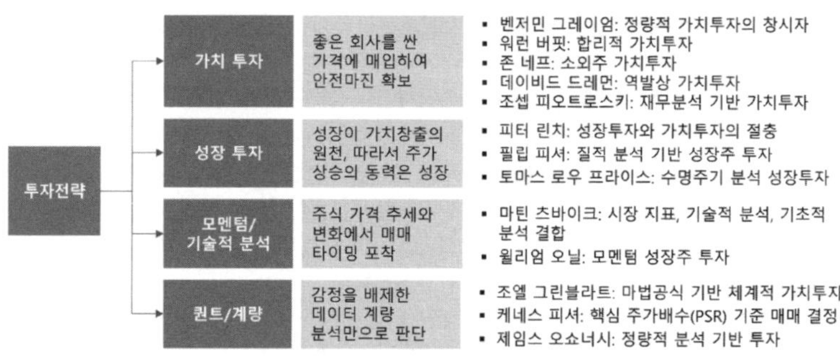

주식 대가들은 제각각 특유한 투자 원칙과 전략은 적용하여 높은 성과

를 거두었습니다. 우선 시장을 이길 수 있는 투자 원칙을 확립하고, 투자 원칙과 일관된 투자 전략을 수립하는 것이 중요합니다. 이에 못지 않게 높은 투자 성과를 달성할 수 있었던 핵심 요인은 지속적인 실행력이었습니다. 일시적인 시장 환경의 변화에 흔들리지 않고 투자 원칙과 전략을 꾸준히 고수했습니다. 원칙이나 전략 자체보다 주식 대가들은 철저하게 원칙과 전략을 실행하고 고수했다는 점이 투자자들이 새겨야 할 중요한 교훈으로 보입니다.

주식 대가에게 배우는 실전 투자 가이드라인: 자신만의 투자 원칙 정립과 일관된 준수

· 시장을 이길 수 있는 투자 원칙과 전략은 다양하다.
· 자신의 성향에 맞는 투자 원칙을 확립하고, 투자 원칙에 일관된 투자 전략을 수립하고 실천해야 한다.
· 시장의 일시적인 유행이나 충격에 흔들리지 않고 투자 원칙과 전략을 일관되게 준수하는 것이 더욱 중요하다.

▌ 경제, 시장, 기업을 계속해서 주의 깊게 관찰한다

주식 대가들은 다양한 자료를 통해 주가에 영향을 미치는 경제 상황, 주식시장 동향, 기업의 경영성과 변화 등을 항상 주의 깊게 관찰했습니다. 특히 관심을 가진 기업에 대해서는 세밀한 정보를 수집하여 동향을 파악하고 기업가치를 분석했습니다. 수집한 데이터와 사실을 분석하여 유용한 정보를 찾아내고 의미를 추출하여 투자를 판단하였습니다. 감각보다는 사실과 통계를 믿었고, 여러 투자 전략을 분석하고 검증하여 시장을 이길 수 있는 전략을 찾기 위해 노력했습니다.

피터 린치는 생활 주변을 관찰하여 잘 팔리고 있는 제품에 주목하여 좋은 주식을 찾아냈습니다. 워런 버핏도 주변에서 잘 팔리고 있는 제품들을 통해 투자 대상 기업을 선정했습니다. 윌리엄 오닐은 시장의 방향을 파악하기 위해 매일 거래와 가격 지수 변화를 주의 깊게 관찰하였고, 경기 국면별로 개별 업종이 거시 경제 변수들로부터 어떤 영향을 어떻게 받는지 분석하였습니다. 마틴 츠바이크는 거시 경제와 금융시장의 주요 지표를 관찰하여 주식시장 장세를 예측하였습니다. 필립 피셔는 종목 탐색을 위해 매일 신문과 산업 관련 전문지를 꼼꼼하게 읽었습니다.

주식 대가들은 경제와 시장, 기업에 대한 관찰과 투자 경험을 바탕으로 기업의 펀더멘털 변화에 영향을 미치는 요인들을 잘 파악하고 있었습니다. 경제와 시장의 변화가 기업가치에 미치는 영향에 대해 정통했기 때문에 새로운 변화가 일어났을 때 기업가치 변화를 예상하고 미래가 유망한 새로운 종목을 빠르게 발굴하여 남보다 앞서 투자할 수 있었습니다.

주식 대가에게 배우는 실전 투자 가이드라인: 세상에 대한 관찰과 금융 지능 강화

· 촉각을 곤두세우고, 세상의 변화를 면밀하게 관찰한다.
· 경제와 금융시장, 기업 분석과 가치 평가에 대한 지식을 쌓고 계속 업그레이드한다.
· 경제, 시장, 산업, 기업에 대한 정보를 지속적으로 업데이트한다.

▮ 철저하게 기업을 분석하여 펀더멘털이 튼튼한 좋은 기업을 찾아낸다

주식 대가들은 다양한 자료를 통해 가능한 많은 정보를 수집하여 기업을 철저하게 분석하였습니다. 주식 대가들은 기업 분석에 대해 상당한 수준의 전문 지식을 가지고 있었습니다. 주식 대가들은 기업 분석에 정통했기 때문에 독자적으로 기업을 철저하게 분석할 수 있었습니다. 재무제표 분석에 능숙해서 회계 정보를 통해 기업의 현황을 파악하고 경쟁력을 분석하여 미래의 성장성과 수익성을 전망할 수 있었습니다. 누구의 도움을 받지 않고 스스로 기업가치를 평가할 수 있는 능력을 갖고 있었습니다.

워런 버핏은 상장기업의 사업보고서와 분석 자료를 읽고 분석하는 것으로 대부분의 시간을 보냈습니다. 워런 버핏은 미국 주식시장에 상장된 기업의 대부분을 어느 정도 알고 있을 정도였습니다. 피터 린치도 투자 대상으로 선정된 종목에 대해 재무구조와 경영성과, 주가 수준 등을 철저하게 분석했습니다. 피터 린치는 "종목에 대해 연구하지 않고 주식 투자를 하는 것은 패를 보지 않고 포커를 치는 것과 같다"라고 말해 기업 분석의 중요성을 강조했습니다. 필립 피셔는 분석을 마친 기업이라도 고객, 경쟁기업, 납품업자, 외부 전문가 등을 만나 추가적인 기업 정보를 수집하여 자신의 분석 결과를 확인했고, 경영진을 면담하여 사전에 파악된 내용들을 다시 한번 추가로 확인한 이후에 최종적으로 투자를 결정했습니다.

주식 대가들이 기업을 고르는 기준은 개인에 따라 세부적인 측면에서 다소 차이가 있었지만, 공통적인 요인이 상당히 많았습니다. 주식 대가들은 기업분석을 통해 펀더멘털이 튼튼한 기업을 찾아냈습니다. 펀더멘털이 좋은 기업이란 성장성, 수익성, 안정성, 활동성 등이 우수한 기업을 의미합니다. 주식 대가들은 안정성과 활동성보다는 성장성과 수익성을 중시하는 경향을 보였습니다. 주식 대가들이 종목 선정 기준으로 사용한 재무지표를 살펴보면 성장성 지표에서는 이익증가율, 수익성에서는 사기사본이익률(ROE)을 중시했습니다. 안정성 지표 중에서는 유동비율과 부채비율을 주요 종목 선정 기준으로 사용했습니다. 회전율 지표를 종목 선정 기준으로 사용한 주식 대가는 많지 않았습니다.

주식 대가들이 사용한 재무지표는 아래의 표와 같습니다. 펀더멘털이 튼튼한 기업을 찾아내기 위해서는 기업 분석에 대한 지식과 정보가 필요합니다.

투자 대가들의 종목 선정 기준으로 많이 사용한 재무지표

투자대가	종목 선정 기준 재무지표		
	성장성	수익성	안정성
벤저민 그레이엄	· EPS 증가율: 10년 전 대비 33% 이상	· 10년 동안 이익 흑자 지속	· 유동비율: 200% 이상 · 부채비율: 100% 이하
워런 버핏	· EPS 증가율: 10년 평균 10% 이상 · 이익잉여금 증가율: 업종 평균 이상	· 자기자본이익률: 10년 평균 15% 이상 · 매출액순이익률: 10% 이상 · 매출총이익률: 20% 이상	· 부채비율: 80% 이하 · 유동비율: 100% 이상 · 이자보상배율: 6.7배 이상
피터 린치	· 이익증가율: 20% 이상 · 재고증가율: 매출증가율보다 낮은 수준	· 세전이익률: 업종 평균 이상	· 자기자본비율: 75% 이상 · 부채비율: 33% 이하
존 네프	· 이익증가율: 5년 동안 7~20% 이상 · 매출증가율: 이익증가율의 70% 이상 또는 7% 이상	· 자기자본이익률, 영업이익률, 세전이익률, 배당수익률: 업종 평균 이상	

　　　　　　　시장을 이긴 주식 대가의 성공 투자 비결

투자대가	종목 선정 기준 재무지표		
	성장성	수익성	안정성
필립 피셔	· 매출증가율: 지속 증가	· 영업이익률: 높은 수준	
티 로우 프라이스	· EPS 증가율: 최근 10년 2배 이상 · 매출증가율: 지속 상승	· 자기자본이익률: 15% 이상 · 투하자산수익률: 15% 이상 · 세전이익률 : 6% 이상 · 매출액순이익률: 지속 상승	
마틴 츠바이크	· EPS 증가율: 최근 5년 15% 이성 · 매출증가율: 최근 5년 30%, EPS 증가율의 80% 이상		· 부채비율: 업종 평균 이하
조엘 그린블라트		· (자본수익률+이익수익률) 상위 20~30위	
윌리엄 오닐	· 매출증가율: 25% 이상 · EPS 증가율: 35% 이상	· 자기자본이익률: 17% 이상 · 세후순이익률: 지속 증가 또는 과거 최고 수준 근접	· 부채비율: 2~3년 동안 하락
케네스 피셔	· 이익증가율: 15% 이상	· 순이익률: 5% 이상	· 부채비율: 67% 이하
데이비드 드레먼	· EPS 증가율: 시장 또는 업종 평균 이상	· 자기자본이익률: 상위 1/3 · 세전이익률: 8% 이상 · 배당수익률: 시장 평균 이상, 상승 지속	· 유동비율: 업종 평균 또는 200% 초과 · 부채비율: 업종 평균 이하
제임스 오쇼너시	· 이익증가율 · 순영업자산증가율	· 주주수익률(=자사주매입수익률 + 배당수익률 · 발생액/총자산	
조셉 피오트로스키		· 총자산순이익률 · 영업현금흐름/자산 · 매출총이익률	· 장기차입금/자산 · 유동비율

주: EPS(Earnings Per Share): 주당순이익, 활동성 비율은 이용하는 주식 대가(워런 버핏, 조셉 피오트로스키)가 적어 제외

· 경영성과와 재무구조를 분석하여 펀더멘털이 튼튼한 좋은 기업에 선별 투자한다. 주식 대가들의 기준에서 뽑아낸 좋은 기업 선정을 위한 대략적인 규칙(rule of thumb)은 다음과 같다.

[매출 성장성이 높고 유지되는 기업]

· ▲최근 5년 동안 연평균 매출증가율 10% 이상 또는 시장 평균 또는 동종 업종 기업 평균 이상 ▲가장 최근 전년 동기 대비 매출증가율이 0% 이상이고, 최근 1년 동안 지속 상승했으며, 장기(5년) 연평균보다 높아진 기업

[이익 성장성이 높고 유지되며 전망이 좋은 기업]

· ▲최근 5년 동안 연평균 순이익(또는 주당순이익) 증가율 20% 이상 또는 시장 평균 또는 동종 업종 평균 이상 ▲최근 4분기 동안 전년 동기 대비 주당순이익 증가율이 0% 이상이면서 계속 증가 추세 유지 ▲가장 최근 분기 전년 동기 대비 주당순이익 증가율이 장기(5년) 연평균 주당순이익 증가율보다 높은 기업 ▲향후 1~2분기 순이익 예상치가 1년 전 같은 분기의 순이익보다 증가할 것으로 전망

· ※ 주식 대가들은 대부분 매출과 이익(주당순이익) 증가율 20~30%대의 높은 수준을 종목 선정 기준으로 삼고 있지만, 한국 유가증권시장 상장기업의 2015~2024년 연평균 매출증가율(3.6%)과 순이익증가율(19.1%)을 감안하여 보수적인 기준 적용

[수익성이 높은 기업]

· ▲자기자본이익률 15% 이상 ▲매출액순이익률 10% 이상 ▲투하자산수익률 15% 이상 ▲ 투하자산수익률을 계산하기 어려운 경우 매출액영업이익률 15% 이상 ▲업종 또는 경쟁사 평균 이상

[재무구조가 건전한 기업]

· ▲타인자본 의존도는 업종 평균 이하, 낮을수록 선호 ▲부채비율 100% 이하 ▲ 유동비율 200% 이상

주식 대가들의 종목 선정 기준은 다양하면서 각각 차이가 났지만, 공통점도 있었습니다. 주식 대가들은 대체로 성장성에 있어서는 이익증가

율과 매출증가율의 수준과 지속성, 수익성에 있어서는 자기자본이익률(ROE), 매출액순이익 등을 중시하였습니다. 재무구조(안정성) 측면에서는 부채에 대한 의존도가 낮을수록 좋게 평가했지만, 성장성이나 수익성에 비해 상대적으로 중요성은 낮았습니다.

▌ 저평가된 좋은 주식에 투자한다

주식 대가들은 기업분석 못지 않게 가치평가의 전문가였습니다. 가치와 가격의 차이를 분석했습니다. 가치평가를 통해 시장가치가 내재가치보다 낮은 저평가된 종목을 찾아냈습니다. 그리고 주식 대가들은 저평가된 종목 중에서도 좋은 주식을 엄선하여 투자했습니다. 좋은 주식이란 시장가격이 내재가치보다 낮아 저평가되어 있어 주가 상승 가능성이 높은 주식을 의미합니다. 펀더멘털이 튼튼하여 지속 성장할 수 있는 경쟁력을 보유하고 있는 기업의 주식 중에서 저평가된 주식을 선별했습니다.

주식 대가들의 투자 원칙은 개인별로 차이가 있었지만, 모든 투자 대가들이 지키는 공통적인 투자 원칙이 있었습니다. 펀더멘털이 튼튼한 우량기업의 주식이면서 시장가치가 내재가치에 비해 낮아 저평가되어 있는 종목에 투자하는 것입니다. 주식 대가들은 철저한 기업분석과 정교한 가치평가를 통해 저평가된 주식을 끊임없이 찾았습니다.

투자 대가들은 주로 주가배수를 사용하여 가치평가를 했지만, 현금흐름할인법도 잘 알고 있었고, 일부는 사용하기도 했습니다. 워런 버핏은 주가배수를 주로 살펴보았지만, 한편으로는 미래 10년 동안의 실적을 전망하고 현금흐름할인법을 사용하여 내재가치를 계산하고 시장가치와 비교하여 투자를 결정했습니다. 다만 워런 버핏은 자신의 전망에 20% 정도의 오차가 있다고 생각하고, 시장가치가 내재가치에 비해 상당히 낮은 주식들을 중심으로 보수적으로 접근했습니다.

주식 대가들 대부분은 가치평가를 할 경우 주가배수를 사용했습니다. 주가배수 중에서는 PER를 사용하는 주식 대가들이 많았습니다. 여러 가지 주가배수를 결합하거나 변형하여 주가 수준을 평가하기도 했습니다. 피터 린치는 PER를 성장성으로 조정한 PEG를 사용했습니다. 케네스 피셔는 PSR(주가매출액비율)과 PRR(주가연구개발비배율)을 사용했습니다. 제임스 오쇼너시는 6가지 주가배수를 취합하여 계산한 점수를 종목 선정 기준으로 사용했습니다.

투자 대가들의 종목 선정 기준으로 많이 사용한 재무지표와 주가배수

투자대가	종목 선정 기준 주가배수
벤저민 그레이엄	· PER 15 이하, PBR 1.5 이하, PER x PBR ≤ 22.5
워런 버핏	· 1/PER(이익수익률) > 10년 만기 국채수익률, PER 상한 기준 40
피터 린치	· PER: 과거 평균(일반기업 15배) 또는 산업 평균 이하 · PEG(PER/이익증가율) 0.5 이하
존 네프	· PER가 시장 평균보다 40~60% 이하 · [(이익증가율+배당수익률)/PER]이 2 이상, 시장(업종) 평균의 2배 이상
티 로우 프라이스	· PER: 성장주는 20~25, 평균적인 주식은 10~12
마틴 츠바이크	· PER: 시장 평균의 3배 이하, 5~43인 종목
케네스 피셔	· PSR(주가매출액비율): 0.75 이하 최적, 0.75~1.5는 신중하게 매입 검토, 전통 굴뚝산업 대기업은 0.4 이하 · PRR(주가연구개발비비율): 최적은 5 이하, 보통 5~10애서 매입

   시장을 이긴 주식 대가의 성공 투자 비결

투자대가	종목 선정 기준 주가배수
데이비드 드레먼	· PER, PBR, PCR, PDR(배당수익률): 전체 종목 중에서 하위 20%
제임스 오쇼너시	· PER, PSR, PBR, PCR, EV/EBITDA, 주주수익률(자사주매입수익률+배당수익률) 등을 결합한 점수 상위 10%
조셉 피오트로스키	· PBR(장부가치/시가총액) 하위 20%

주: 주가배수를 종목 선정 기준으로 사용하지 않은 주식 대가 제외

    좋은 주식을 선정하기 위한 주가배수의 절대적인 기준을 찾기는 쉽지 않습니다. 주식 대가들의 기준을 살펴보아도 중점적으로 살펴보는 주가배수와 수준에 상당한 차이가 있습니다. 그렇지만 대략적으로 PER를 가장 많이 사용하였고, 상대적인 수준은 시장 또는 업종 평균 이하, 절대 수준으로는 15배 정도를 기준으로 적용했습니다. 보수적으로 PER 10 이하 또는 전체 종목 중에서 주가배수별로 하위 20%에 포함되면 저평가된 주식이라고 판정할 수 있을 것으로 보입니다.

주식 대가에게 배우는 실전 투자 가이드라인: 좋은 주식 찾아내기

· 내재가치가 시장가치에 비해 높은 저평가된 주식을 골라낸다.

· 주가배수는 시장, 업종, 경쟁사 평균보다 낮은 종목을 선정한다.

· 다른 주가배수를 사용하기 어렵거나, 사업 방법을 잘 모를 경우에는 주가배수 하위 20% 또는 PER를 기준으로 15(보수적인 기준은 10 이하), PBR 1.5(보수적인 기준은 1 이하) 이하인 주식을 선정한다.

적절하게 분산 투자한다

주식 대가들은 소수 종목 보유에 따르는 가격변동 위험을 줄이기 위해 여러 종목에 분산하여 투자했습니다. 여러 종목에 투자하더라도 우량기업에 투자하면 시장보다 높은 수익률을 얻을 수 있다고 믿었습니다. 다만 지나치게 많은 종목에 투자하기보다는 자신이 분석할 수 있는 한계를 감안하여 적정한 기업 수로 한정하여 분산 투자했습니다.

벤저민 그레이엄은 일부 종목이 하락하더라도 다른 종목이 상승하면 가격 변동이 서로 상쇄되기 때문에 적절한 분산투자가 바람직하다고 보았습니다. 벤저민 그레이엄은 충분하지만 과도하지 않은 분산 투자를 권고하면서 10~30개 정도를 보유할 것을 제안했습니다. 조엘 그린블라트는 자신의 기준에 따라 선정된 종목에는 나쁜 종목보다 좋은 종목이 많이 포함되어 있기 때문에 분산 투자한다면 평균적으로 시장을 상회하는 초과 수익을 올릴 수 있다고 보았습니다. 조엘 그린블라트는 20~30개 종목에 투자할 것을 권고했습니다. 다만 기업에 대해 분석 능력이 있고 시간이 충분하다면 철저한 분석을 통해 투자 대상을 5~8개로 한정하는 것도 좋다고 하였습니다. 데이비드 드레먼은 소수의 기업이나 업종에 '올인'하는 것은 위험하기 때문에 위험 분산을 위해 다양한 업종과 종목에 대한 분산 투자가 필수적이라고 보고 15개 이상의 다양한 업종에서 30~40개 종목에 투자할 것을 권고했습니다.

분산투자가 바람직하지만, 맹목적인 과도한 분산투자를 경계하는 주식 대가도 있었습니다. 필립 피셔가 대표적입니다. 필립 피셔는 분산 투자하되, 너무 과도하게 분산 투자하지 말라고 제안했습니다. 투자자가 제대로 파악하고 있는 기업에 투자해야 한다는 취지였습니다. "기업에 대한 충분한 지식 없이 주식을 매입하는 것은 분산 투자를 제대로 하지 않는 것보다 훨씬 더 위험하다"고 분산투자 이전에 기업분석의 중요성을 강조했습니다. "자신이 제대로 관리할 수 없을 정도로 많은 종목을 갖고 있을 경우 오히려 아주 적은 종목에 투자하는 경우보다 낮은 투자 수익을 올리는 경우가 많다. 중요한 것은 수많은 종목이 아니라 최고의 주식을 찾아내는 데에 전력을 기울여야 한다는 점이다"라고 분산투자의 핵심을 지적했습니다. 워런 버핏도 상당한 종목을 보유하고 있었지만, 분산투자보다는 자신이 잘 알고 있는 종목에만 투자하는 집중투자의 특성을 갖고 있었습니다.

주식 대가들은 대부분 분산투자가 바람직하다고 보았습니다. 다만 전제 조건으로 기업분석을 통해 좋은 주식을 선별할 수 있는 능력이 필요하다는 점을 강조했습니다. 분산투자를 해야 하지만, 무조건 보유 주식 숫자를 늘리는 것은 의미가 없으며, 자신이 잘 알고 있는 좋은 주식을 중심으로 분산 투자해야 한다는 교훈을 얻을 수 있습니다.

주식 대가에게 배우는 실전 투자 가이드라인: 적절한 분신 투자

· 펀더멘털이 튼튼한 우량기업을 중심으로 적절하게 분산하여 투자한다. 다만 과도한 분산 투자는 관리하기 어려워서 바람직하지 않다.
· 전문 투자자가 아니라면 최대 30종목을 상한으로 한다. 업종을 분산하여 10개 정도의 종목에 투자해도 분산투자 효과는 충분히 나타난다.
· 기업 분석에 자신이 있는 투자자는 5~10개 정도로 투자 종목을 한정해도 괜찮다.

▌ 장기적 관점에서 투자하고 장기 보유한다

　주식 대가들은 장기적인 관점에서 투자했습니다. 대체로 매입한 주식을 장기 보유하는 투자 전략을 유지했습니다. 워런 버핏은 안정적으로 성장하는 기업의 저평가된 주식에 투자하면 주가가 상승할 것으로 믿고 10년 이상 장기 보유했습니다. 피터 린치는 주가가 목표 수준에 도달하면 매각하여 이익을 실현했지만, 원칙적으로 10~20년 동안 장기 보유를 권고했습니다. 조엘 그린블라트는 3년 이상 장기 투자하면 시장보다 높은 성과를 얻을 확률이 95%에 달한다는 분석 결과를 제시하면서 3~5년 이상 장기투자를 권장했습니다. 필립 피셔는 높은 성장성이 기대되는 혁신기업 주식을 신중하게 선별하여 투자하고 장기간 보유하였습니다.

　주식 대가들이 장기 보유하는 이유는 단기 예측의 어려움 때문입니다. 주식 대가들은 단기적인 예측 능력이 약하다는 점을 인정했습니다. 반면에 펀더멘털의 변화에 대한 장기 전망은 상대적으로 맞출 확률이 높다고 보았습니다. 제임스 오쇼너시는 단기 예측은 어렵지만 장기 예측은 쉬워진다고 하면서 단기를 무시하는 것이 포트폴리오 성과 제고를 위해 가장 어려우면서도 필요한 일이라고 말했습니다. 티 로우 프라이스는 단기적인 예측 능력이 없음을 인정하고 성장성 높은 좋은 주식에 투자하여 장기간 보유하는 것에 자산 운용의 초점을 맞추었습니다.

　주식 대가들은 주가가 장기적으로 내재가치에 수렴하는 현상을 알고 있었습니다. 좋은 주식에 투자하고 기업의 시장가치가 내재가치에 수렴할 때를 기다렸습니다. 데이비드 드레먼은 주가가 장기적으로 내재가치

　시장을 이긴 주식 대가의 성공 투자 비결

로 수렴하기 때문에 시장에서 인기가 없지만 저평가된 종목에 투자하고 장기간 보유하면 높은 수익률을 올릴 수 있다는 역발상 투자를 제안했습니다. 존 네프는 철저한 분석을 통해 저평가된 종목에 투자하고 안내심을 갖고 목표 가격에 도달할 때까지 기다렸습니다.

주식 대가들이 장기 투자를 할 수 있었던 이유는 기업들을 철저하게 분석하여 장기간 지속해서 기업가치가 증가할 수 있는 기업을 엄선하여 투자했기 때문입니다. 단기간 동안에는 일시적인 시장 교란 요인으로 인해 내재가치와 시장가치가 동반하여 움직이지 않을 가능성도 있습니다. 그렇지만 장기적으로는 좋은 기업의 좋은 주식은 기업의 내재가치가 계속 증가하면서 주가도 내재가치와 같은 방향으로 동반 상승합니다. 주식 대가들은 좋은 기업의 좋은 주식은 장기간 보유할수록 투자 이익이 증가하다는 점을 믿고 일시적인 가격 움직임에 흔들리지 않았습니다. 장기투자를 실천하여 높은 성과를 얻기 위해서는 좋은 주식을 찾아낼 수 있는 안목이 필요합니다.

성공적인 장기 투자의 필수적인 요건은 인내심과 분석 능력입니다. 주식 대가들은 장기 투자일수록 성공할 가능성이 높기 때문에 단기적인 주가 하락을 견딜 수 있는 인내력의 중요성을 강조했습니다. 철저한 분석을 통한 우량종목 선별이 투자 성공의 핵심으로 보았습니다. 필립 피셔는 "주식을 매수해야 할 때에 해야 할 일을 정확히 했다면 그 주식을 팔아야 할 시점은 영원히 찾아오지 않는다"는 말로 종목 선정의 중요성을 강조했습니다.

▌투자 원칙이나 보유 기준에 맞지 않은 주식은 과감하게 매도한다

주식 대가들이 매수뿐만 아니라 매도 원칙과 기준도 정해놓고 지켰습니다. 매도 기준은 ▲주가가 상승하여 고평가되었다고 판단되는 경우 ▲기업의 펀더멘털이 약해졌을 경우 ▲자신의 판단이 잘못되었을 경우 등입니다. 가격이 상승하여 고평가되었다고 판단되면 과감하게 매도하여 이익을 실현하였습니다. 주식을 매입한 이후 기업의 내부적인 변화에 의해 투자 원칙에 맞지 않는 종목이 되거나 미리 정한 매도 기준에 해당하면 주가가 하락하여 손실이 발생하더라도 매도하였습니다.

주식 대가들의 최우선 매도 기준은 주가 상승이었습니다. 주가가 상승하여 사전에 설정한 목표 가격에 도달하거나 고평가되었다고 판단되면 매도하여 이익을 실현하였습니다. 케네스 피셔는 PSR을 기준으로 3을 넘어서면 매도했고, 윌리엄 오닐은 매수가격에서 20% 상승하면 매도하는 것을 원칙으로 하였습니다. 존 네프의 경우 주가가 목표가격 수준에 도달하면 매도했는데, 시장의 변화와 기업의 성과에 따라 목표가격을 조정했습니다.

주식 대가들의 다른 매도 기준은 기업의 경쟁력 하락입니다. 기업의 펀더멘털이 훼손되었다고 판단될 경우에는 주식을 매각했습니다. 강력한 경쟁기업의 등장, 경영진 변경, 새로운 규제 등과 같은 사업 환경 변화에 따라 기업의 경쟁력이 하락해서 당초 기대했던 펀더멘털을 충족하지 못하거나 약화될 것으로 판단될 경우에는 손실이 발생하더라도 과감하게 매도했습니다.

주식 대가들의 또다른 매도 기준은 자신들의 잘못된 분석이나 판단입니다. 주식 대가들은 중요한 정보를 놓치거나 분석의 실수 등으로 자신의 투자 결정이 잘못되었다고 판단되면 주식을 매도했습니다. 윌리엄 오닐은 상승할 것이라 예상했던 주가가 하락하면 자신의 결정이 잘못되었다고 생각하고 7~8%의 하락률을 한도로 무조건 매도하여 손실을 최소화하는 것을 원칙으로 삼았습니다. 프라이스는 기업에 대한 악재가 뉴스로 발표되어 주가 하락이 예상되면 낮은 가격이라도 상승하기를 기다리지 않고 매도했습니다.

주식 대가들은 장기 보유를 원칙을 하였습니다. 여기에는 기업의 펀더멘털이 개선되면서 주가가 계속 상승할 것이라는 전제가 깔려 있습니다. 이와 같은 전제가 주식을 매입한 이후 충족되지 못하면 무조건 장기간 보유하지는 않았습니다. 미리 정해 높은 매도 기준에 맞으면 매도하여 이익을 실현하거나, 예상하지 못한 가격 하락이 나타나면 매각하여 추가적인 손실을 최소화했습니다. 존 네프는 종목 선정에 못지 않게 매도 전략이 중요함을 강조했고, 매도 원칙을 일관되게 유지한 것이 수익률 제고에 기여했다고 밝혔습니다.

투자 대가들의 매도 기준

투자대가	매도 기준
벤저민 그레이엄	· 주가가 50% 이상 상승(또는 목표가격보다 50% 이상 상승) · 매수 시점에서 2년 동안 목표에 도달하지 못한 경우 · 주가가 하락할 경우 내재가치(목표가격)의 150%에 도달할 때
워런 버핏	· 기업의 내재가치 훼손: 경쟁우위 상실, 경영진 신뢰 상실, 장기적 수익 악화가 확실성 높게 예상되는 경우 · 주가의 과도한 고평가: PER 40 이상 · 더 좋은 다른 투자 기회의 발생 또는 현금 확보 필요
피터 린치	· 주가가 실적에 비해 과도하게 고평가된 주식(PER가 지나치게 높은 종목) – 일반 PEG(PER/이익증가율) 기준 2 이상, – 배당조정 PEG(PER/(이익증가율+배당수익률)) 1 이상
존 네프	· 펀더멘털이 심각하게 훼손된 경우: 이익 추정치와 성장률로 판단 · 주가가 목표가격 수준에 근접했을 경우
티 로우 프라이스	· 성숙기에 진입한 기업의 주식 매도: 성장성과 수익성 하락 · 목표가격에 도달한 주식 · 커다란 주가 하락이 예상되는 경우: 주식시장 전체 하락세 전환 또는 돌발 악재 출현
윌리엄 오닐	· 매수 가격에서 최대 7~8% 하락하면 무조건 매도 · 주가가 20% 상승하면 매도하여 이익 실현 · 약세장에서는 15% 상승하면 이익 실현, 3% 하락하면 무조건 손절매
케네스 피셔	· 일반기업의 경우 PSR(주가매출액비율)이 3을 넘으면 매각, 강세장에서는 6을 기준으로 결정 · 전통 산업 대기업의 경우 PSR 0.8을 기준으로 매각 · PRR(주가연구개발비비율) 기준 15 넘으면 매각

주: 구체적인 매도 기준을 찾을 수 없는 주식 대가는 제외

　　주식 대가들은 주식 매수에 못지 않게 매도를 중요하게 생각했습니다. 종목을 잘 선정하여 매수하는 것이 중요하지만, 제때에 적정한 가격에 주식을 매도하지 못하면 좋은 성과를 얻기 어렵다고 생각했습니다. 이에 따라 주식 대가들은 각자의 투자 전략에 맞는 매도 기준을 정했습니다. 주

로 주가가 지나치게 고평가되었을 때를 매도 기준으로 삼았습니다. 주가
의 적정성을 판단하기 위해 계속해서 기업을 분석하고 내재가치를 평가
하였습니다. 일시적인 외부 충격이나 감정에 흔들리지 않고 사전에 정한
매도 기준과 시점을 준수했습니다.

주식 대가에게 배우는 실전 투자 가이드라인: 매도 기준 준수

· 사전에 정해 놓은 매도 기준을 철저하게 지킨다. 매도 기준을 충족하면 무조건 매
  도한다. 특히 손절매 기준은 반드시 지킨다.
· 기업 분석과 가치 평가를 통해 주가의 적정성 여부를 계속 점검한다.
· 매도 기준으로 시점(timing)보다 가치평가(valuation)를 통한 적정가격 수준을
  중시한다.

한국 개인 투자자들의 투자 성과 저조…
금융 지식 강화 필요

코로나 사태를 겪으면서 개인 투자자들의 주식시장 참여가 많이 증가했습니다. 하지만 개인 투자자들의 투자 성과는 상당히 부진했던 것으로 나타났습니다. 개인 투자자들의 투자 성과를 개선하기 위해서는 국가적 차원에서 주식시장 장세 판단에 필요한 금융 지식과 기업 분석에 필요한 회계 및 재무 분야에 대한 지식을 강화하여 투자의 기초 역량을 업그레이드할 필요가 있습니다.

코로나 사태 이후 불붙었던 주식투자 열풍이 사그라지면서 이익을 얻은 승자들은 소리 없이 숨어들고, 손실을 곱씹으며 푸념만 늘어놓는 패자들만 남았습니다. 우리나라 주식시장에서 투자의 실패자들은 주로 개인 투자자들입니다. 2020~2021년 동안 주식시장 활황의 분위기에 휩싸여 주가 상승이 계속될 것이라는 기대로 별다른 준비 없이 주식 투자에 뛰어들었던 많은 개인 투자자들이 2022년 주식시장이 약세로 돌아서면서 손실을 입었습니다.

코로나 사태 이후 개인 투자자들의 주식 투자에 나타난 특징을 살펴보았습니다. 개인 투자자들의 주식시장 참여 패턴 변화와 투자 성과를 파악하면, 향후 개인 투자자들을 대상으로 하는 금융시장 차원의 정부 정책이나 금융회사 차원의 영업 전략과 관련된 시사점을 도출할 수 있다고 보았습니다. 요약하면 젊은층과 여성을 중심으로 개인 투자자들이 많이 늘었고, 주식에 공격적으로 투자했지만 투자 성과는 부진했던 것으로 나타났습니다.

개인 투자자 급증

2020년 초부터 전 세계로 본격 확산된 코로나 사태 이후 우리나라에서 주식 투자에 참여하는 개인 투자자가 급격하게 증가했습니다. 2019년 말 612만 명이었던 개인 투자자 수는 2020년 말 911만 명, 2021년 말에는 1,374만 명으로 증가했습니다. 2년 만에 개인 투자자 수가 2배 이상 증가했습니다. 이와 같은 개인 투자자 증가에서 주식투자 열풍을 짐작할 수 있습니다.

개인 투자자 수 추이(만 명)

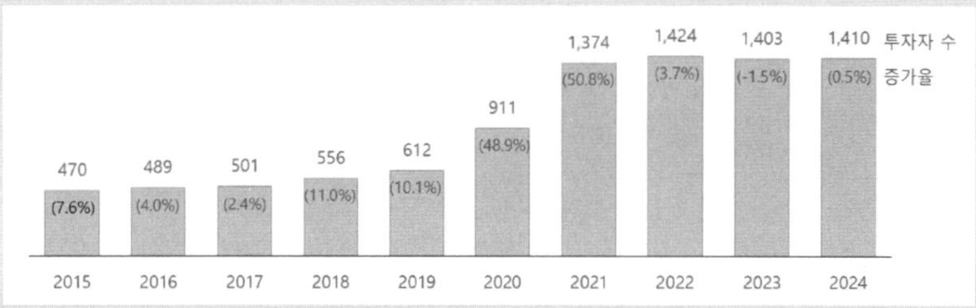

주: 매년 말 12월 결산 상장법인 주식 소유자 기준
자료: 한국예탁결제원 보도자료, 매년 12월 결산 상장법인 주식 소유자 현황

코로나 사태가 진정된 2022년 이후에는 주식시장이 약세를 보이면서 개인 투자자들의 주식시장 참여가 줄었습니다. 2022년 개인 투자자 수는 1,424만 명으로 전년 대비 3.7% 증가하는 데 그쳤습니다. 2023년에는 주식시장 부진이 지속되면서 개인 투자자 수가 소폭 감소했습니다. 2024년에도 개인 투자자 수는 거

의 제자리에 머물렀습니다. 주가가 강세를 보이면 개인 투자자들의 주식시장 참여가 늘고, 반대로 주가가 약세를 보이면 개인 투자자들의 주식시장 참여가 정체되는 모습을 보였습니다. 개인 투자자들의 주식시장 참여를 유도하기 위해서는 주식시장의 활성화가 중요하다는 것을 시사합니다.

주식거래를 위한 계좌 수도 지속적으로 증가했습니다. 연말 기준으로 2019년 3,187만 개였던 주식거래 활동계좌 수는 2024년 말 8,657만 개로 5년 만에 2.7배나 증가했습니다. 개인 투자자 수의 증가 추세는 크게 둔화되었지만, 주식 투자에 사용되는 계좌는 2022년 이후에도 지속적으로 증가했습니다. 개인 투자자들이 여러 증권회사에 계좌를 동시에 개설하여 주식에 투자하고 있음을 알 수 있습니다.

주식거래 활동계좌 수 추이(만 개)

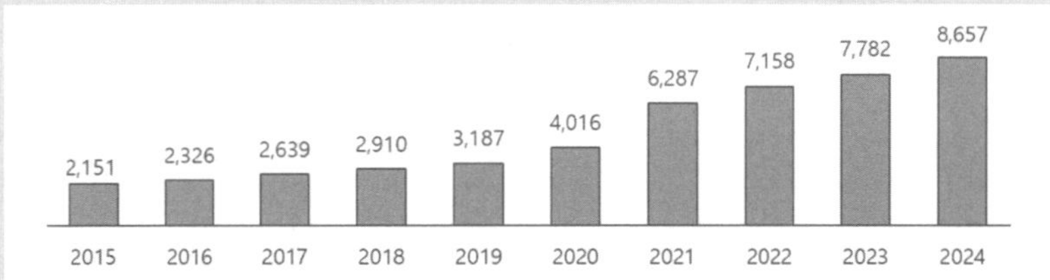

주: 매년 말 기준

자료: 금융투자협회 종합통계서비스(freesis.kofia.or.kr)

개인 투자자가 증가한 것은 주식 투자에 대한 관심이 높아졌기 때문입니다. 코로나 사태 이후 경기 침체를 막기 위한 저금리 정책으로 자산 가격이 크게 상승했습니다. 주식과 부동산 가격이 급등하면서 재테크에 대한 관심이 높아졌습니다. 주식투자의 경우 많은 비용 없이 소액 투자가 가능하고 누구나 쉽게 접근할

 시장을 이긴 주식 대가의 성공 투자 비결

수 있습니다. 최근에는 휴대폰을 통해 언제 어디서라도 주식거래를 할 수 있게 되었습니다. 이와 같은 주식 투자의 편리함이 개인 투자자들의 주식 투자를 활성화시키는 주된 요인으로 작용한 것으로 보입니다.

실제로 코로나 사태 이후 주식 투자를 새로 시작하는 개인 투자자들이 많이 늘었습니다. 2019년 9.3%에 그쳤던 신규 투자자 비중이 2020년에는 32.8%로 크게 늘었습니다.[*] 주가 상승으로 주식에 대한 전반적인 관심이 크게 증가하면서 새롭게 투자에 나서는 개인 투자자들이 크게 늘어났던 것으로 보입니다.

젊은층과 여성의 주식시장 참여 활발

코로나 사태 이후 20~30대 젊은층(2030 세대)과 여성을 중심으로 개인 투자자들이 증가했습니다. 개인 투자자 중에서 30대 이하가 차지하는 비중은 2019년 말 25.3%에서 2021년 말 40.4%로 늘었습니다. 2030 세대들은 사회에 진출한 지 얼마 되지 않아 소득이 많지 않고 재산도 많이 가지고 있지 못해 투자 여력이 크지 못합니다. 이와 같은 2030 세대들이 주식시장 활황을 통해 재산을 증식할 기회를 노리고 소액 투자가 가능한 주식 투자에 대거 나서면서 신규 투자자가 많이 증가했던 것으로 보입니다. 특히 여성 투자자들이 많이 늘었습니다. 여성 투자자 비중은 2019년 말 39.3%에서 2021년 말 47.0%로 빠르게 증가했습니다.

2022년부터 다른 모습이 나타났습니다. 주식 투자자 중에서 30대 이하 젊은층은 줄고 60대 이상 고령자 층의 주식시장 참여가 증가했습니다. 주식시장이 약세로 돌아서면서 젊은층 투자자들이 가상화폐 등으로 투자 대상을 다변화하

---

[*] '2020년 12월 결산 상장법인 개인소유자 보유금액 현황', 한국예탁결제원 보도자료, 2021. 4. 1.

면서 주식시장 이탈이 늘어났던 것으로 보입니다. 30대 이하 개인 투자자 비중은 2024년 말 34.1%로 줄었습니다. 반면 고령자들은 주식시장 상승을 추종하여 뒤늦게 주식 투자에 참여한 것으로 보입니다. 60대 이상 고령층은 2022년부터 투자자 수와 비중이 모두 증가했습니다. 2021년 말 16.5%(226만 명)이었던 60대 이상 투자자 비중은 2024년 21.3%(301만 명)로 늘었습니다. 고령층이 주식에 투자하여 자산 구성을 다변화하는 것은 바람직하지만, 지나친 주식 투자는 경계할 필요가 있습니다. 가격 변동이 심한 주식시장에 고령자들이 많은 자금을 직접 투자할 경우 노후에 필요한 자금을 잃을 위험에 더 많이 노출되기 때문입니다. 그만큼 고령층의 주식 직접투자에는 신중한 접근이 필요합니다.

개인 투자자 연령별, 성별 소유자 비중 변화

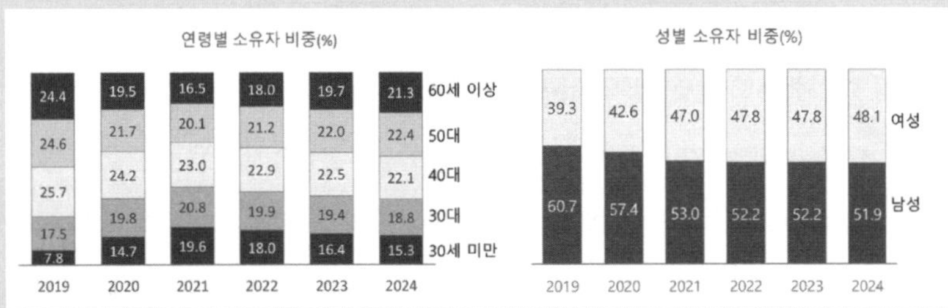

주: 매년 말 12월 결산 상장법인 주식 소유자 기준
자료: 한국예탁결제원 보도자료, 매년 12월 결산 상장법인 주식 소유자 현황

공격적으로 주식에 투자

코로나 사태 이후 개인 투자자들은 공격적으로 주식투자에 나섰습니다. 자금을 차입하여 주식에 투자하는 소위 '영끌'(영혼까지 끌어모으다)하는 투자자들도

　시장을 이긴 주식 대가의 성공 투자 비결

늘었습니다. 2020~2022년 동안 개인 투자자들이 순매수한 규모는 166조 원에 이릅니다. 같은 기간 동안 기관투자자들이 94조 원, 외국인투자자들이 62조 원 순매도한 것과 대조를 보였습니다. 기관투자자와 외국인투자자들이 매각한 주식을 개인 투자자들이 매입한 것으로 해석해 볼 수 있는 대목입니다.

2020~2021년은 개인 투자자들이 주식 매수를 주도하면서 주식시장이 크게 상승한 장세라고 해도 과언이 아닙니다. 주식시장이 상승하면서 기관투자자와 외국인투자들은 주식을 매각하면서 차익을 실현한 반면 개인 투자자들은 주식시장이 하락세로 돌아선 2022년에도 추가적인 상승에 대한 기대로 적극적으로 주식을 매입하였습니다. 기관과 외국인 투자자들은 개인 투자자들의 공격적 투자로 주가가 크게 상승했던 2020년과 2021년을 차익실현을 위한 적기로 활용하여 주식을 대거 매도했던 것으로 보입니다.

투자자별 순매수 규모

| | 개인(조 원) | 기관(조 원) | 외국인(조 원) | KOSPI | |
				평균(P)	변화율(%)
2015	2.0	−0.7	−3.9	2,011.9	1.5
2016	−2.9	−9.6	12.4	1,987.0	−1.2
2017	−8.7	−4.2	9.7	2,311.4	16.3
2018	10.9	−3.9	−6.3	2,325.0	0.6
2019	−5.5	5.3	0.8	2,106.1	−9.4
2020	63.9	−36.1	−24.7	2,220.1	5.4
2021	76.9	−44.1	−26.0	3,111.3	40.1
2022	25.4	−13.6	−11.3	2,522.3	−18.9
2023	−5.8	−4.3	12.6	2,498.9	−0.9
2024	1.1	−2.8	2.8	2,632.2	5.3

자료: 통계청 국가통계포털 이용하여 계산

개인 투자자들의 투자 성과는 부진

코로나 이후 개인 투자자들의 투자 성과는 부진했던 것으로 분석됩니다. 상당 수의 개인 투자자들은 손해를 보았을 것으로 추정됩니다. 개인 투자자들이 집중적으로 주식을 매입한 이후 주식시장이 하락세를 보였기 때문입니다. 개인 투자자들은 주식시장이 상승했던 2020~2021년 동안 대규모 주식을 매입했습니다. 개인 투자자들은 주가가 최고 수준에 도달했던 기간에 주식을 많이 매입했던 것입니다. 반면에 기관투자자와 외국인투자자들은 주가가 낮을 때에 매입했던 주식을 주가가 높을 때에 매도했기 때문에 이익을 실현했을 가능성이 높습니다.

개인 투자자들이 많이 순매수한 종목들의 주가는 하락 국면에서는 주식시장 전체보다 더 많이 하락하고, 상승 국면에서는 주식시장 전체보다 상승률이 낮았습니다. 2015년 이후 개인 투자자들의 순매수 상위 10개 종목들의 주가 변화를 살펴보면, 2015~2019년 동안은 주가가 하락했습니다. 반면에 기관투자자나 외국인투자자들이 많이 순매수한 종목들은 대부분 주가가 상승했고, 하락하더라도 주식시장 전체보다 하락률이 작았습니다.

개인 투자자들이 대규모로 주식을 매입한 2020년 이후에도 비슷한 패턴이 반복되었습니다. 2020년과 2021년 개인 투자자들의 순매수 상위 10개 종목의 주가는 상승(2020년 35.5%, 2021년 5.5%)했지만 기관투자자(2020년 101.0%, 2021년 65.2%)나 외국인투자자(2020년 162.8%, 2021년 24.2%)에 비해 상승 폭은 훨씬 낮았습니다. 2022년 개인 투자자의 순매수 상위 10개 종목의 주가는 47.8%(중앙값 기준) 하락하여 시장 전체(24.9% 하락)에 비해 훨씬 많이 하락했습니다. 2023~2024년 동안에도 개인 투자자들이 많이 매수한 종목은 하락은 반면 기관과 외국인 투자자들이 많이 매수한 종목이 가격이 상승했습니다. 순매수 상위 종목의 주가 변화율만으로 투자자별 성과를 정확하게 측정하기는 어렵습니다. 그렇지만 개인 투자자들이 많이 매수한 종목의 주가가 많이 하락했다는 점은 개인 투자자들의 투자 성과가 저조했을 가능성이 높음을 시사하는 결과로 보입니다.

순매수 상위 10개 종목의 주가 변화율(%)

	2015	2016	2017	2018	2019	2020	2021	2022	2023	2024
개인	−29.6	−19.9	−5.1	−25.5	−23	35.5	5.5	−47.8	−5.4	−31.6
기관	16.6	28.4	74.2	−5.7	6	101	65.2	−6.7	17.3	24.8
외국인	10.8	9.5	57.3	1.3	13.9	162.8	24.2	−2.6	38.4	35.3
KOSPI	2.4	3.3	21.8	−17.3	7.7	30.8	3.6	−24.9	18.7	−9.6

주: 매년 투자자별 순매수 상위 10개 기업의 매년 말 주가 기준 변화율의 중앙값, KOSPI는 매년 종
　가 기준 변화율

　자본시장연구원이 2021년 실제 매매 데이터를 분석한 결과에 따르면 개인 투자자들은 평균적으로 주식시장 전체에 비해 뒤처지는 투자 성과를 거둔 것으로 나타났습니다.[*] 자본시장연구원은 4개 대형 증권사가 제공한 2021년 3월부터 10월까지 약 20만 명에 이르는 개인 투자자들의 거래를 분석하였습니다. 개인 투자자들은 전체적으로 거래비용을 포함하면 14.4%의 플러스(+) 수익률을 기록했습니다. 수익률 수준만 보면 투자 성과가 양호해 보이지만, 시장 전체에 비해 2%p가 낮아 상대적으로 투자 성과가 부진했습니다.

---

[*]　김민기, 김준석, 〈코로나19 국면의 개인 투자자: 투자행태와 투자성과〉, 자본시장연구원 이슈보고서 21-11, 2021.06.14.

개인 투자자들의 수익률

구분		전체 투자자	기존 투자자	신규 투자자
총수익률	거래비용 제외	18.4%	18.8%	5.9%
	거래비용 포함	14.4%	15.0%	−1.2%
초과 수익률	거래비용 제외	2.0%	2.4%	−10.5%
	거래비용 포함	−2.0%	−1.4%	−17.6%

주: 초과수익률 = 합산 포트폴리오 수익률 − KOSPI와 KOSDAQ 가중평균 수익률

자료: 김민기, 김준석, 〈코로나19 국면의 개인 투자자: 투자행태와 투자성과〉, 자본시장연구원 이슈보고서 21-11, 2021.06.14

특히 신규 투자자들의 투자 성과가 부진했습니다. 신규 투자자들의 수익률은 거래비용을 포함할 경우 -1.2%에 불과해 손실을 보았고, 시장 전체에 비해서도 17.6%p나 낮았습니다. 신규투자자의 60%(기존투자자는 36%)가 손실을 보았고, 신규투자자의 68%(기존투자자는 56%)가 시장 전체 수익률보다 낮은 성과를 거둔 것으로 조사되었습니다. 신규 투자자 3명 중에서 2명 정도가 절대적인 금액이나 시장 전체 대비 상대적인 수준에서 손실을 보았을 만큼 투자 성과가 좋지 못했습니다.

자본시장연구원은 "개인 투자자들은 투자역량이 부족하고 과잉확신에 따른 과잉거래, 대박을 노린 투기적 투자, 단기투자 등과 같은 잘못된 행태를 따르는 경향이 있어 직접투자를 통해 높은 성과를 기대하기 어렵다"고 진단했습니다. 개인 투자자의 투자성과를 제고하기 위해 ▲간접투자수단의 활용도 제고 ▲금융회사의 보다 정교한 투자관리 서비스 제공 ▲개인 투자자 투자행태의 문제점 진단과 바람직한 투자습관에 대한 홍보와 교육 등을 통한 투자습관 개선 노력 등을 제안했습니다.

주식시장 상승으로 주식 투자에 관심이 많아진 개인 투자자들은 뉴스나 테마

시장을 이긴 주식 대가의 성공 투자 비결

에 따라 주가가 상승하면 매입하고, 주가가 하락하면 매도했습니다. 비쌀 때에 매입한 주식을 쌀 때에 매도하여 손해를 보는 매매 패턴을 보였습니다. 개인 투자자들은 주식시장이 하락할 때에도 지속적으로 매수하였고, 하락세가 추가로 지속되면 매도하여 손실 규모가 확대되었습니다. 기업의 성장성과 수익성 등에 대한 분석을 바탕으로 미래가치를 평가하여 투자를 결정하기보다는 일시적 유행이나 시장 장세를 추종하여 투자하는 경향이 강했던 것으로 보입니다.

기업을 분석하여 미래가치가 높은 종목(좋은 주식)을 발굴하는 것이 투자 성공의 관건입니다. 수많은 주식 중에서 좋은 주식을 골라내려면 기업을 분석할 수 있는 회계지식과 재무지식을 알고 있어야 합니다. 다시 말하자면 회계지식과 재무지식이 투자의 성공을 좌우하는 핵심 요인입니다. 주식 투자에 성공하기 위해서는 기업분석과 가치평가에 대한 공부를 통해 투자의 기초 역량을 강화해야 합니다. 기업의 펀더멘털에 대한 분석뿐만 아니라 거시경제, 금융시장, 국제 정세 등에 대해 지속적으로 공부하고 모니터링하면서 합리적인 투자 전략을 개발하고 실행하는 투자자 개인의 노력이 필요합니다. 투자자 각자의 개인적인 노력에 더해 투자 경험과 지식이 부족한 젊은층에 대한 국가 정책 차원의 체계적인 금융교육 강화도 필요해 보입니다.

참고 자료

1. 주식 대가들을 간략하게 소개한 서적

강영연, 최재원 저, 「주식, 나는 대가처럼 투자한다: 한 권으로 익히는 월가의
전설 10명의 투자원칙과 실제 활용방법」, 한국경제신문, 2020. 9. 14.

고이즈미 히데키 저, 김하경 역, 「거장들의 투자공식: 12인의 투자자에게 배
우는 투자원칙」, 이레미디어, 2017. 7. 5.

글렌 아널드 저, 이광희 역, 「가치투자의 거장들」, 국일증권경제연구소, 2011.
6. 24.

박정태 저, 「대가에게 배우는 투자의 지혜」 미래에셋투자교육연구소, 2007.
5. 20.

류종현 저, 「대한민국 주식투자 글로벌 가치투자거장 분석: 저평가, 수익성,
성장성 중심 가치투자거장들의 17가지 투자전략」, 한국주식가치평가원,
2014. 4. 25.

매그너스 안젠펠트 저, 정윤미 역, 「위대한 투자자 위대한 수익률 - 세계 최고
의 투자자들은 왜 기본에 집중할까?」, 페이지2북스, 2022. 4. 25.

매슈 파트리지 저, 이지열 역, 「시장을 이긴 투자의 전설들: 제시 리버모어에서
워런 버핏까지 주식시장을 이긴 거장들의 투자 전략」, 미지biz, 2025. 1. 20.

이종진, 이우근, 문호준 외 2인 저, 「현명한 퀀트 주식투자 누구나 쉽게 할 수
있다! 간단하지만 강력한 자동매매」, 이레미디어, 2021. 1. 15.

이춘근, 이원영 저, 「전설적인 주식 대가들의 투자전략 (개정 증보판), 30명의
월가 주식 부자들에게 배우는 투자전략」, 퍼플, 2024. 7. 26.

존 리즈 , 잭 포핸드 저, 김승진 역, 「주식시장의 천재투자자들 10인의 거장들
에게 배우는 역사상 가장 탁월한 투자 전략」, 슬로디미디어, 2020. 11. 5.

존 트레인 저, 오승훈, EMILY MOON 역, 「대가들의 주식투자법: 초보자도 꼭
알아야하는 주식투자의 정석」, 오픈마인드, 2006. 11. 01.

찰리 티안 저, 조성숙 역, 「구루들의 투자법: 대가들이 말하는 가치투자의 공
식」, 이콘, 2020. 05. 12.

프레더릭 반하버비크 저, 이건 서태준 역, 「초과수익 바이블: 100년을 관통하
는 세계적 대가들의 주식투자 절대 원칙」, 에프엔미디어, 2020. 9.15.

홍진채 저, 「거인의 어깨 1: 벤저민 그레이엄, 워런 버핏, 피터 린치에게 배우
다」, 포레스트북스, 2022. 12. 12.

홍진채 저, 「거인의 어깨 2: 치밀한 전략가 필립 피셔에게 배우다」, 포레스트
북스 2022. 12. 12.

Nikki Ross, 「Lessons from the Legends of Wall Street」, Dearborn, 2000

2. 주식 대가들의 저서 또는 특정 주식 대가를 집중 분석한 서적

■ 벤저민 그레이엄(Benjamin Graham)

벤저민 그레이엄·이건 번역·신진오 감수, 「현명한 투자자(개정판 4판)」, 국일
증권경제연구소, 2020. 5. 26.

■ 워런 버핏(Warren Buffett)

메리 버펫, 데이비드 클라크 저, 이기문 역, 「주식투자 이렇게 하라: 주식왕 워렌 버펫의 성공 투자 바이블」, 청림출판, 2000. 9. 30.

메리 버펫, 데이비드 클라크 저, 김상우 역, 「워렌 버핏만 알고 있는 주식투자의 비밀」, 부크홀릭, 2008. 9. 30.

로버트 핵스트롬 저, 박정구, 김석한 역, 「워렌 버펫 포트폴리오」, 나무와숲, 2000. 5. 25.

로버트 해그스트롬 저, 김중근 역, 「워렌 버핏 투자법」, 청림출판, 2004. 5. 5.

로버트 해그스트롬 저, 신현승 역, 「워런 버핏의 완벽투자기법」, 세종서적, 2020. 5. 29.

티머시 빅 저, 김기준 역, 「워렌 버핏의 가치투자 전략」, 비즈니스북스, 2005. 7. 25.

Mary Buffett, David Clark, 「The New Buffettology: The Proven Techniques for Investing Successfully in Changing Markets That Have Made Warren Buffett the World's Most Famous Investor」, 「Scribner, 2002. 9. 24.

Mary Buffett and David Clark, 「Warren Buffett and the Interpretation of Financial Statements: The Search for the Company with a Durable Competitive Advantage」, 「Scribner, 2008. 10. 14.

■ 피터 린치(Peter Lynch)

피터 린치, 존 로스차일드 저, 이건 역, 「전설로 떠나는 월가의 영웅」, 국일증권경제연구소, 2021. 7. 7.

피터 린치, 존 로스차일드 저, 고영태 역, 「피터 린치의 투자 이야기」, 흐름출판, 2021. 12. 1.

　　　　　　　　시장을 이긴 주식 대가의 성공 투자 비결

피터 린치, 존 로스차일드 저, 권성희 역, 「피터 린치의 이기는 투자」, 흐름출판, 2021. 12. 8.

■ 존 네프(John Neff)

존 네프, 스티븐 L. 민츠 저, 김광수 역, 「가치투자, 주식황제 존 네프처럼 하라」, 시대의창, 2016. 11. 15.

■ 필립 피셔(Philip Fisher)

필립 피셔 저, 박정태 역, 「위대한 기업에 투자하라」, 굿모닝북스, 2005. 6. 10

필립 피셔 저, 박정태 역, 「보수적인 투자자는 마음이 편하다」, 굿모닝북스, 2005. 7. 10.

■ 티 로우 프라이스(Thomas Rowe Price)

Cornelius C. Bond, 「T. Rowe Price: The Man, The Company, and The Investment Philosophy」, Wiley, 2019. 3. 19.

■ 마틴 츠바이크(Martin Zweig)

Martin E. Zweig, 「Martin Zweig's Winning on Wall Street」, Warner Books, 1997. 6. 1.

John Swetye and William T. Ziemba, 「Using Zweig's monetary and momentum models in the modern era」, Quantitative Finance Letters, 2016, Volume 4, 35~39

Dave Brickell, 「Martin Zweig Growth Investing Screen: How Does It Work?」, 2025년 3월 20일 접속, https://www.gurufocus.com/news/131951/martin-zweig-growth-investing-screen-how-does-it-work

■ 조엘 그린블라트(Joel Greenblatt)

조엘 그린블라트 저, 안진환 역, 「주식시장을 이기는 작은 책」, 알키, 2021. 5. 25.

■ 윌리엄 오닐(William O'Neil)

윌리엄 오닐 저, 박정태 역, 「최고의 주식 최적의 타이밍」, 굿모닝북스, 2012. 6. 20.

윌리엄 오닐 저, 김태훈 역, 「윌리엄 오닐의 성공투자 법칙」, 이레미디어, 2021.
7. 18.

윌리엄 오닐 저, 이혜경 역, 「윌리엄 오닐의 이기는 투자」, 이레미디어, 2022. 7. 29

■ 케네스 피셔(Kenneth Fisher)

켄 피셔 저, 이건, 김홍식 역, 「슈퍼 스톡스」, 중앙books, 2019. 9. 3.

■ 데이비드 드레먼(David Dreman)

데이비드 드레먼 저, 신가을 역, 「데이비드 드레먼의 역발상 투자」, 이레미디
어, 2017. 9. 10.

■ 제임스 오쇼너시(James O'Shaughnessy)

제임스 오쇼너시, 이건, 서태준, 정호탁, 주민근, 모지환, 정창훈, 배금일, 최
준석 역, 「월가의 퀀트 투자 바이블」, 에프엔미디어, 2021. 12. 20.

■ 조셉 피오트로스키(Joseph Piotroski)

Joseph D. Piotroski, 「Value Investing: The Use of Historical Financial
Statement Information to Separate Winners from Losers」, Journal of
Accounting Research, Vol. 38, Supplement 2000

3. 좋은 주식, 좋은 투자에 대한 서적

김동환, 김한진, 윤지호 저, 「주식의 시대, 투자의 자세: 조바심 내지 않고 시
장의 기회를 잡는 법」, 페이지2북스, 2021. 2. 5.

이남우 저, 「좋은 주식 나쁜 주식」, 한국경제신문, 2021. 3. 12.

리처드 번스타인 저, 홍춘욱 역, 「순환 장세의 주도주를 잡아라: 리처드 번스타인의 스타일 투자 전략」, 에프엔미디어, 2018. 5. 10.

백복현, 장귀화, 최종학 저, 「재무제표분석과 기업가치평가」, 박영사, 2022. 8. 10.

찰리 티안 저, 조성숙 역, 「구루들의 투자법: 대가들이 말하는 가치투자의 정석」, 이콘, 2020. 5. 12.

Aswath Damodaran, 〈Explaining a Paradox: Why Good (Bad) Companies can be Bad (Good) Investments!〉, 2017. 3. 9. https://aswathdamodaran.blogspot.com/2017/03/explaining-paradox-why-good-bad.html

Michael Solt, Meir Statman, 〈Good Companies, Bad Stocks〉, June 1989, The Journal of Portfolio Management 15(4):39-44

투자 대가들의 투자 성과 출처 및 참고 사항

투자 대가	투자 성과 출처 자료 및 참고 사항
벤저민 그레이엄	■ 『주식시장의 천재 투자자들』, 위키피디아
워런 버핏	■ 버크셔 해서웨이 2024년 Annual Report
피터 린치	■ 『위대한 투자자 위대한 수익률』, 『주식시장의 천재 투자자들』, 위키피디아
존 네프	■ 『위대한 투자자 위대한 수익률』, 『주식시장의 천재 투자자들』
필립 피셔	■ 투자수익률은 인터넷 검색 결과로 공식적인 성과는 아님(출처 〈The Alpha, jayjobusinesslab.imweb.me〉는 현재 폐쇄되어 검색 불가). ■ 투자 기간은 Fisher & Co.를 설립하고 은퇴까지의 기간 ■ 시장수익률은 투자자문사 Fisher & Co.사를 설립한 다음 연도 1932년부터 은퇴한 1999년까지 S&P500 지수의 연평균수익률(CAGR)
티 로우 프라이스	■ 『위대한 투자자 위대한 수익률』에 나오는 투자 성과 ■ 프라이스의 생애와 투자 활동을 소개한 『T. Rowe Price: The Company, and The Investment Philosophy』(Cornelius C. Bond, 2019)에 따르면 1934년에서 1972년까지 프라이스의 모델 포트폴리오 가치는 2,600%, 배당금은 600% 증가, 같은 기간에 다우존스 지수는 600% 증가, 이를 연평균 수익률로 환산하면 프라이스의 연평균 수익률은 13.4%(배당 증가를 배당 수익률로 해석), 다우존스 지수는 4.7% 증가하여 초과수익률은 8.7% 기록, 같은 기간 동안 S&P500 지수는 연평균 6.4% 증가
마틴 츠바이크	■ 수익률은 『위대한 투자자 위대한 수익률』 ■ 자산 운용 기간은 헤지펀드 운용을 시작한 1984년부터 츠바이크 어드바이저스(Zweig Advisers)에서 은퇴한 2007년까지 기간(여러 자료 검색 결과)
조엘 그린블라트	■ 『주식시장을 이기는 작은 책』의 저자 소개에 언급된 투자 성과
윌리엄 오닐	■ 투자수익률은 『초과수익 바이블』 ■ 시장수익률은 1964~1988년(25년) 동안 S&P 500 지수의 연평균 수익률(GAGR)로 계산 ■ 윌리엄 오닐의 투자 성과는 공식적으로 검증된 결과가 아니라 인터뷰와 자체 보고에 근거한 것으로 알려짐.

시장을 이긴 주식 대가의 성공 투자 비결

투자 대가	투자 성과 출처 자료 및 참고 사항
케네스 피셔	■ 수익률은 『위대한 투자자 위대한 수익률』 ■ 자산 운용 기간은 피셔 인베스트먼트(Fisher Investments) 설립 연도 (1979년)를 기준으로 추정
데이비드 드레먼	■ 홍춘욱 교수 인터뷰(유튜브), 한국경제TV 기사
제임스 오쇼너시	■ 수익률은 『위대한 투자자 위대한 수익률』 ■ 자산 운용 기간은 오쇼너시 자산운용(O'Shaughnessy Asset Management, OSAM)을 설립한 2007년부터 매각한 2021년까지로 추정 ■ 자산 운용 기간은 오쇼너시 캐피털 매니지먼트(O'Shaughnessy Capital Management)를 설립한 1987년까지 거슬러 올라감.
조셉 피오트로스키	■ 실제 투자 결과가 아니라 논문에서 제시한 방법을 적용한 백테스트 결과

알고 나면 단순하고 쉬운 주식 대가의 성공 비결, 관건은 실천

투자 원칙과 종목 선정 기준을 중심으로 주식 대가들의 성공 비결을 찾아보았습니다. 주식 대가들의 성공 비결은 알고 나면 단순하고 쉽습니다. 다만 주식 대가들의 성공 비결을 알고 따라하기 위해서는 경제와 기업에 대한 지식이 요구됩니다. 기업을 분석하기 위해서는 회계와 재무에 대한 지식이 필요합니다. 이와 같은 주식 투자에 필요한 지식을 익히고 금융지능을 강화하는 것은 개인의 몫입니다. 주식 투자를 위해서는 세상에 대해 관심을 갖고 예의주시하는 한편 투자에 필요한 지식을 배우고 익히려는 마음가짐이 필요합니다.

앞으로 개인들의 자산 관리에서 주식의 역할이 커질 것으로 예상됩니다. 과거 우리나라 개인들은 부동산을 중심으로 투자했습니다. 앞으로는 금융시장이 발전하고 주식에 대한 투자 환경이 개선되면서 주식 비중이 확대될 가능성이 높습니다. 정보통신 기술의 발달로 시간과 장소에 구애 없이 주식 투자를 할 수 있는 시대가 되었습니다. 과거 우리나라에만 머물던 투자할 수 있는 주식의 범위가 이제는 전 세계로 확대되었습니다. ETF(Exchange Traded Funds: 상장지수펀드)와 같이 다양한 간접투자 상품이 개발되면서 주식 초보자라도 종목에 직접 투자하지 않아도 원하는 산업이나 상품에 쉽게 접근할 수 있게 되었습니다. 지금까지 우리나라에서는 부동산에 투자하여 부자가 된 사람들이 많았습니다. 그렇지만 앞으로 자산 증식의 주된 수단은 주식이 될 것으로 보입니다.

현대 자본주의 시장경제 체제에서 기업과 주식시장은 자본주의의 꽃으로 불립니다. 기업은 부의 창출의 원천이고, 주식시장은 창출된 부를 배분하는 주요 통로이기 때문입니다. 현대 사회에서 경제 활동의 대부분은 기업을 중심으로 이루어집니다. 주식시장은 기업에게 자금조달의 창구, 투자자에게 기업이 창출한 부를 분배하는 창구 역할을 합니다. 성장성 높은 유망사업에 진출했지만, 자금이 부족한 기업들은 주식시장을 통해 조달한 자본을 투자하여 성장의 발판으로 삼습니다. 투자자들은 주식시장을 통해 거래되는 주식을 매입하여 성공 기업들의 결실을 언제든지 자신의 것으로 만들 수 있습니다. 자본주의 사회에서 주식시장은 부자가 되고 싶은 사람은 누구라도 올라설 수 있는 마당 같은 공간이라고 할 수 있습니다.

세계의 최고 부자에는 기업을 창업한 경영자들이 많습니다. 마이크로소프트의 빌 게이츠, 아마존의 제프 베이조스, 메타의 마크 저커버그, 테슬라의 일론 머스크 등이 대표적입니다. 이와 같은 창업 경영자들은 자신들이 설립한 기업의 주식을 주식시장에 상장하여 엄청난 부자가 되었습니다. 만약에 주식시장이 발전하지 못해 기업 경영에 필요한 자금을 조달하지 못했다면 경영자가 아무리 뛰어난 경영 능력을 갖추었더라도 지금과 같이 대기업으로 성장하기 어려웠을 가능성이 큽니다. 기업 경영에 성공하더라도 기업 가치를 제대로 인정받으면서 주식을 매각할 수 있는 통로인 주식시장이 존재하지 않았다면 창업자들이 지금과 같은 부자가 되기는 어려웠을 것입니다.

미국이 오늘날 세계 최강의 경제 대국이 된 배경에는 기능이 잘 작동하는 주식시장이 자리잡고 있습니다. 주식시장의 자금은 효율성과 성장성이 높은 분야와 기업으로 모입니다. 창업된 기업들이 주식시장에 상장하여 성장에 필요한 자금을 조달하고, 부자가 된 창업 경영자들은 벤처기업에 투자하여 새로운 산업과 기업의 성장을 촉진하는 선순환 구조가 정착되면서 미국 경제의 전반적인 효율성을 개선시키는 요인으로 작용했던 것입니다. 투자자들의 기대를 충족시키지 못하는 기업은 주가가 하락하고 자금조달이 어려워지면서 도태되었습니다. 우리나라에도 산업 측면에서 신산업의 성장을 촉진하고, 개인 측면에서 더 많은 부자가 될 기회를 제공하기 위해서는 주식시장의 기능 강화와 성장이 필요합니다.

주식시장은 모든 사람에게 부를 쌓을 기회를 제공합니다. 주식시장에서 저평가된 좋은 기업을 골라내서 투자하면 누구라도 부자가 될 수 있습니다. 이처럼 주식시장에서 부자가 될 기회는 누구에게나 열려 있지만, 주식 투자를 통해 부자가 되기는 쉽지 않습니다. 부자가 되기 위해서는 장기간에 걸쳐 높은 수익률을 유지해야 하기 때문입니다. 그렇지만 전문가조차 주식 투자를 통해 장기간 계속해서 이익을 얻기는 만만치 않습니다. 실제로 S&P의 조사 분석에 따르면 미국 주식시장에서 지난 10년 동안 시장보다 높은 투자 성과를 달성한 주식형 펀드의 비중은 10% 정도에 불과했습니다.[*] 하물며 투자에 대한 전문 지식이 부족한 개인 투자자들이 장기간에 걸쳐 높은 이익을 얻기는 더욱 어렵습니다.

그럼에도 불구하고 주식 대가들을 따라하면 성공 확률은 높아질 것입니다. 다만 주식 대가들의 종목 선정 기준을 적용하여 좋은 주식을 선택

---

[*] 조사 결과는 www.spglobal.com/spdji/en/research-insights/spiva/ 참고

하고 좋은 투자를 하는 것이 높은 성과를 보장하지는 못합니다. 종목 선정에서 끝나는 것이 아니라 주식 대가들의 투자 철학을 이해하고 투자 전략을 포함한 투자 과정 전체를 실천하는 것이 중요합니다. 아무리 좋은 주식을 선정해도 주식 대가들의 투자 원칙을 실천하지 못한다면 주식 대가들과 같은 높은 성과를 얻기는 어려울 것입니다.

주식 대가들의 철학과 원칙을 이해하고 전략을 파악하여 자신만의 투자 원칙과 전략을 만들고 실천하는 것이 중요합니다. 주식 대가들에 대해 공부하고 지식을 쌓아 주식 대가들처럼 생각하고 행동하면서 자신의 투자 방식을 만드는 것이 성공 투자의 비결로 보입니다. 주식 대가들의 모든 성공 비결을 완벽하게 찾아내서 똑같이 복제하여 추종하는 것은 불가능합니다. 그렇지만 일반 투자자라도 관심을 기울이고 노력하면서 주식 대가들의 투자 방식을 활용한다면 자신만의 성공 투자 방식을 빨리 만들어 갈 수 있을 것입니다.

주식 대가들의 성공 비결의 핵심은 '투자 원칙 지키기'로 보입니다. 주식 대가의 성공 비결을 아는 것이 필요하지만, 실천하지 않으면 성공도 없을 것입니다. 주식 대가들의 성공 비결을 따라 실천하면 주식 대가만큼 부자가 되지는 못하더라도 지금보다는 훨씬 부자가 될 수 있을 것입니다. 이 책이 우리나라 주식시장에서 펀더멘털에 기초한 투자 문화가 자리잡고, 일반 투자자가 주식 투자를 통해 부자 되는 데에 조금이라도 도움이 되기를 희망합니다.

감사의 글

이 책을 완성하기까지 많은 분들의 응원과 격려가 큰 힘이 되었습니다.

먼저 언제나 변함없는 믿음과 사랑으로 지지해 주신 부모님께 존경과 감사의 마음을 올립니다. 한결같은 관심과 격려로 든든한 후원자가 되어 주신 장인어른, 장모님께도 진심으로 감사드립니다.

곁에서 묵묵히 함께하며 늘 따뜻한 위로와 든든한 버팀목이 되어 준 평생의 동반자 아내 김현숙에게 깊은 사랑과 감사를 전합니다. 든든하게 성장해 준 두 아들 대식과 원식에게도 고마움과 사랑을 전합니다.

또한 지난 시간 LG경영연구원에서 치열하게 고민하면서 동고동락했던 동료들과 선후배님들께 감사드립니다. 그 곳에서의 경험과 배움이 이 책을 쓰는 데 소중한 밑거름이 되었습니다.

이 글을 빌려 저와 인연이 닿은 모든 분들께 진심으로 감사의 마음을 전합니다.

　　　　　　　　시장을 이긴 주식 대가의 성공 투자 비결